D1869260

BASTEI
LÜBBE

Evelyn Bassoff

Lieben und doch loslassen

Der Mutter-Tochter-Konflikt

Aus dem Englischen übersetzt
von Ingrid Hake

BASTEI
LÜBBE

BASTEI-LÜBBE-TASCHENBUCH
Band 66173

1. Auflage 1990
2. Auflage 1992

Deutsche Erstveröffentlichung
Translated from the English MOTHERS AND DAUGHTERS:
Loving and Letting Go by Evelyn Bassoff, Ph. D.

Published by arrangement with NAL PENGUIN INC.,
New York, N. Y.

Printed in Germany, Juni 1992
Einbandgestaltung: Adolf Bachmann
Titelfoto: Gottfried Renz
Satz: Kremer-Druck GmbH, Lindlar
Druck und Bindung: Ebner Ulm
ISBN 3-404-66173-7

Der Preis dieses Bandes versteht sich einschließlich
der gesetzlichen Mehrwertsteuer

Für meine Familie:
Meinen Mann Bruce,
Meine Kinder
Jon und Leah,
Und meine Mutter
Helene Silten.

INHALT

VORWORT

Während sich die Menschen in den meisten Liebesbeziehungen mit der Zeit immer näherkommen, müssen Mütter und heranwachsende Töchter in ihren liebevollen Beziehungen lernen, sich voneinander zu lösen. Da die Mutter-Tochter-Bindung sehr intensiv ist, ist der Abschied nicht immer herzlich, sondern oft unbeholfen, abrupt, verwirrend oder manchmal sogar grausam. Wie die Psychoanalytikerin Anna Freud deutlich gemacht hat, sind nur wenige Situationen im Leben schwerer zu bewältigen als die Loslösung von den Eltern. Wenn ich ihr auch zustimme, so habe ich doch inzwischen auch gelernt, daß eine Frau – eine Mutter – bei der Trennung von ihren erwachsen gewordenen Kindern die große Chance hat, zu Reife, Weisheit und einem erfüllten Leben zu gelangen.
Dieses Buch beschreibt, wie Frauen zu zufriedeneren Menschen und liebenderen Müttern werden können, wenn sie ihre Einstellung verändern, sich von ihren Töchtern lösen und ihr eigenes Leben mehr in die Hand nehmen.
Ich habe mich der reichen und mannigfaltigen psychologischen Literatur bedient, die die Wirkung des Kindes auf das Innenleben der Eltern beschreibt. Und

ich habe aus weniger wissenschaftlichen Quellen geschöpft: aus der großen Dichtung, insbesondere den Mythen, Sagen und Märchen. Deren bezaubernde Frauen – antike griechische Göttinnen, Märchenprinzessinnen und selbst eine »böse« Stiefmutter – tauchen in diesem Buch als Leitfiguren auf. Und ich habe aus meiner eigenen Erfahrung als Mutter geschöpft, in der Hoffnung, daß die Erfahrungen, die ich bei meinen Bemühungen, mich zusammen mit meiner heranwachsenden Tochter weiterzuentwickeln, mache, anderen Frauen nützen können. Aber meine wichtigsten Quellen sind sicherlich die Mütter: verheiratete Hausfrauen, Angestellte und Karrierefrauen, alleinstehende Mütter, Adoptivmütter und Stiefmütter, die mir während ihrer Psychotherapie Schwierigkeiten, Fehlschläge und Triumphe mitgeteilt haben. Ihre Geschichten sind das Herzstück dieses Buches und erfüllen die von mir beschriebenen Theorien mit Leben. Um das Vertrauen dieser Frauen nicht zu verletzen, habe ich ihre Identität verschleiert, indem ich Einzelheiten ihrer Situationen verändert und in einigen Fällen die Geschichten von zwei oder mehreren Frauen zu einer zusammengefaßt habe. Trotz dieser Änderungen glaube ich nicht, daß ich die grundlegende Bedeutung ihrer Erfahrung verzerrt habe.
Die psychologische Literatur, meine persönliche Erfahrung und meine klinische Arbeit haben mich zu der Erkenntnis gebracht, daß sich Mütter und heranwachsende Töchter gleichzeitig weiterentwickeln müssen. Im schlimmsten Fall untergräbt und hemmt die eine das Wachstum der anderen, aber im günstigsten Fall erweckt jede in der anderen den Mut, sich den Herausforderungen des Lebens zu stellen und sie

zu meistern. Wenn dieses Buch seinen Zweck erfüllt, dann hilft es anderen Frauen, ihre Mutterrolle und die daraus resultierenden Möglichkeiten der Selbstverwirklichung und der liebevollen Beziehungen neu zu verstehen.

DANK

Als erstes möchte ich meinem Mann Bruce Bassoff danken – für seine Liebe, seine Freude an meinen Leistungen und seinen Ansporn zu immer neuen Kämpfen und Veränderungen. Ebenso bin ich ihm dankbar für die vielen Stunden, die er sich mit meinem Manuskript beschäftigt hat, um Korrekturen vorzuschlagen, und dafür, daß er mich aus jedem Tief herausgeholt hat.

In Liebe danke ich auch meinem Sohn Jon für seine Zuwendung, seinen Witz und sein Verständnis, meiner Tochter Leah für ihren wachen Geist und ihre Anregungen, meinen Schwiegereltern Sylvia und Isidore Bassoff für ihre bedingungslose Unterstützung. Meiner Mutter Helene Silten danke ich für die Geborgenheit, die sie mir gab, und die Hilfe, Flügel zu entwickeln.

Dankbare Anerkennung gilt meinen lieben Freunden Susan Rosewell-Jackson, Alice Levine und Judah Levine. Mit außerordentlicher Güte hat Susan die Ideen, die zu diesem Buch führten, mit Kannen heißen Kaffees, Feuer im Kamin, Schallplatten, frischen Blumen und herzlichen Gesprächen vorangetrieben und mich versorgt, wenn wir uns – recht häufig – nach Glacier Lodge in Estes Park zurückzogen. Alice half mir nicht nur, einen Verleger für das Buch zu finden, sondern machte auch unzählige hilfreiche Vorschläge zur Verbesserung des Manuskripts. Trotz seiner vielen beruflichen Verpflichtungen war Judah immer bereit, die frühen Entwürfe durchzusehen und über meine Ideen engagiert zu diskutieren.

Ich hatte das Glück, mit zwei großartigen Frauen bei New American Library zusammenzuarbeiten: Vizepräsidentin und Herausgeberin Elaine Koster und Cheflektorin Alexia Dorszynski. Ihre Hilfsbereitschaft, Ermutigung und Vorschläge haben zum guten Gelingen dieses Projekt beigetragen.

Eine ganze Reihe Kollegen aus dem Bereich der Psychologie haben mir sehr geholfen: Reesa Porter, Lee Moyer, Eleanor Mimi Schrader, Donald Williams, Katharine Krueger, Ivan Miller, Lynn Gullette, Jim Brodie, Diane Skafte, Sue Weatherly, Polly Mahoney, Sharon Kornman und Christina Kauffman. Für ihre wertvollen Ratschläge bin ich ihnen sehr dankbar.

Mein Dank gilt auch den Mitgliedern des Lehrkörpers und den Angestellten der Universität von Colorado in Boulder, die meine Forschung und kreative Arbeit unterstützt haben: den Professoren Gene Glass, Philip DiStefano und Richard Turner, dem Sekretariat des Pädagogischen Instituts, besonders Suzanne Reissig und Sue Middleton, und der Doktorandin Karen von Gunten. Und ich danke den vielen graduierten Studenten des Beratungsprogramms für ihre Anregungen und wertvollen Hinweise.

Evelyn Bassoff
Februar 1988

1
OFFENE TÜREN
Eine Einführung

Eines Abends, als sie Grippe hatte, kam meine unabhängige, kluge fünfzehnjährige Tochter zu mir.
»Mami«, begann sie zaghaft, »es klingt vielleicht komisch, aber kannst du nicht in mein Zimmer kommen und mich ins Bett bringen … so wie früher?«
Gerührt und überrascht erfüllte ich ihren Wunsch. Dann saß ich für ein paar stille Augenblicke auf ihrer Bettkante, strich über ihre fiebrige Stirn und dachte daran, wie lange es her war, daß sie mir erlaubt hatte, sie zu streicheln.
Unmerklich und plötzlich hatte sich unsere Beziehung verändert. Wir waren ein wenig befangen, nicht mehr so in Einklang wie früher. Ich versuchte die Ereignisse zu rekonstruieren, die zu diesen Veränderungen zwischen uns geführt hatten.
Wann hatte sie zum erstenmal richtige Abwehr gezeigt, als ich sie umarmen wollte? Oder mißbilligend die Augen verdreht? Wann hatte sie mich zum erstenmal gebeten, im Kaufhaus die Umkleidekabine zu verlassen, damit sie ungestört Kleider anprobieren konnte? Wann hat sie mich zum erstenmal mitten im Satz unterbrochen, um zum klingelnden Telefon zu

rennen? Ab wann war ihr beinahe alles, was ich tat, peinlich?
Aber jetzt waren wir wieder zusammen, eng und sicher, so wie früher. Als mich die Erinnerungen an ihre frühe Kindheit und meine junge Mutterschaft überkamen, war ich von einer ununterdrückbaren zärtlichen Sehnsucht erfüllt. Ich wäre gern länger an ihrem Bett geblieben, um meinen Träumen von der Vergangenheit nachzuhängen. Aber ich wußte, daß es Zeit war zu gehen und beugte mich über meine beinahe erwachsene Tochter, um ihr einen Gutenachtkuß zu geben.
»Mußt du schon gehen?« fragte sie. Ich streichelte noch einmal über ihr liebes Gesicht und nickte.
»Mami«, flüsterte sie im Halbschlaf, »mach bitte meine Tür nicht ganz zu.«

Bedeutung und Schönheit des Lebens beruhen meist auf unseren engsten Bindungen, aber diese Bindungen beinhalten auch Enttäuschung, Verwirrung und Leid. Dieses Buch erzählt von der besonders komplexen Beziehung von Frauen zu ihren heranwachsenden Töchtern. Mutter zu sein hat zwei anscheinend gegensätzliche Aspekte: die Aufgabe einer Mutter besteht darin, eine Einheit mit ihrem Kind zu schaffen und diese Einheit dann Stück für Stück wieder aufzugeben. Aber, wie die Psychoanalytikerin Helene Deutsch schreibt, leiden die meisten Mütter, wenn die psychische Nabelschnur durchtrennt wird, die sie mit ihren Kindern verbindet. Der Wunsch, den engen Kontakt aufrechtzuerhalten, gehört zu den mütterlichen Eigenschaften, und die Trennung zu überwinden und sinnvoll zu verarbeiten, ist eine der größten Herausforderungen des Mutterseins.

Ich beschreibe die Bemühungen, Veränderungen und Entwicklungen von Frauen, die im Begriff sind, unabhängig von ihren heranwachsenden Töchtern zu werden. Ich möchte damit beginnen, die Psyche der Jugendlichen zu beschreiben. Schließlich beeinflussen Mutter und Tochter sich gegenseitig in ihrer Entwicklung: um die Mutter zu verstehen, müssen wir auch die Tochter verstehen.

Die Hauptaufgabe, die Jugendliche zu bewältigen haben, besteht darin, sich von ihren Eltern unabhängig zu machen und eine eigene Identität zu entwickeln. Während dieses Prozesses müssen die Kinder ihre Überzeugungen und Werte, ihre Wünsche, Sehnsüchte und Träume kennenlernen. Sie müssen ihren eigenen Weg in der Welt finden und das Vertrauen entwickeln, daß sie stark genug sind, außerhalb des schützenden Familienkreises zu überleben. Letzten Endes stellen sich alle jungen Frauen die Fragen: »Wer bin ich?« und »Welchen Weg werde ich einschlagen?« Um eine Antwort zu finden, müssen sie sich denen entziehen, die ihre zunehmende Eigenständigkeit bedrohen. Fast immer ist die Mutter diejenige, die sie am meisten behindert.

Die Mutter ist eine ständige Erinnerung daran, daß es noch gar nicht so lange her ist, daß diese jungen Frauen keine eigenständigen Persönlichkeiten waren. Sie waren ein Teil der Mutter – sicher, geborgen, vor jeder Gefahr geschützt. Um ihre Stärke und Individualität zu behaupten, müssen die Töchter der starken Versuchung widerstehen, in die Babyzeit zurückzufallen, als Mutter sie verwöhnte, pflegte und ernährte und vor allen Härten des Lebens schützte. Und das ist nicht einfach. Sehnen wir uns nicht alle von

Zeit zu Zeit danach, bemuttert zu werden? Hinzu kommt, daß junge Frauen auch vor Mutters Kontrolle fliehen müssen. Vor kurzer Zeit hatte die Mutter die Macht, jeden Lebensbereich ihrer Kinder zu überwachen: ihre Nahrung, ihre Verdauung, die Zeiten zum Schlafen und Spielen. Tatsächlich wußten die Kinder am Anfang gar nicht, wo die Mutter begann und sie selbst aufhörten. Mutter und Kind waren eins. Beinahe erwachsene Kinder können die Erinnerung an solche Kontrolle nicht mehr ertragen und müssen sich dagegen wehren. »Laß mich allein ... hör auf, mein Leben zu bestimmen ... Ich kann auf mich selbst aufpassen« – das sind die Forderungen, die sie stellen. Aber gleichzeitig sind die Jugendlichen gar nicht sicher, ob sie selbst auf sich aufpassen können oder tatsächlich allein gelassen werden wollen. Während sie nach Unabhängigkeit schreien, sehnen sie sich vielleicht gleichzeitig nach der mütterlichen Fürsorge und der Sicherheit. Trotz dieser Sehnsüchte wissen sie, daß sie nicht in Mutters Arme zurückfallen dürfen, denn ein solcher Rückschritt bedroht ihr Erwachsenwerden und unterminiert ihre Stärke. Die in diesem Konflikt gefangenen Jugendlichen müssen lernen, gegen den Wunsch, beschützt und umsorgt zu werden, anzukämpfen. Während sie erwachsen werden, müssen sie sich von ihrer Mutter lösen, indem sie eine gefühlsmäßige Distanz herstellen. In Erinnerung an ihre eigene Jugend schreibt Simone de Beauvoir: »Ich wollte, daß meine Schutzmauern undurchdringlich waren. Ich war sorgfältig darauf bedacht, Maman nichts preiszugeben aus lauter Angst vor der Qual und dem Entsetzen, daß sie in mich hineinsehen könnte.«

Vor ein paar Jahren beriet ich die siebzehnjährige Alice, als sich ihre Eltern scheiden ließen. Da sie glaubte, daß ihre Mutter, die sie sehr liebte, unter extremer Einsamkeit litt, war es für meine junge Patientin besonders schmerzlich, den notwendigen emotionalen Bruch herbeizuführen. Demzufolge versuchte sie, die Harmonie ihrer Kindheit fortzuführen. Wie die folgende Geschichte jedoch zeigt, war der normale Wille, sich von der Mutter zu lösen, ziemlich stark und stand den Vorsätzen meiner Patientin entgegen.

Eines Tages verbrannte sich Alice beim Kochen leicht die Hand. Ohne vorher nachzudenken, rief sie ihre Mutter an, die ihr wie immer sofort Hilfe anbot. Sie wollte von der Arbeit nach Hause kommen, um Alice zu ihrem Hausarzt zu fahren. Zu beider Entsetzen und Überraschung wurde Alice über dieses Angebot wütend. Nachdem sie kurzangebunden und unfreundlich kundgetan hatte, daß sie nicht von ihrer Mutter zum Arzt gefahren werden wollte, beendete Alice abrupt das Gespräch. Als wir während unserer Therapiesitzung über den Vorfall sprachen, erkannten wir, daß dieser Ausbruch Alices Art war, ihre Unabhängigkeit auszudrücken. Kaum hatte sie die Nummer ihrer Mutter gewählt, wurde sie zornig auf sich selbst, weil sie in einen Zustand kindlicher Hilflosigkeit zurückgefallen war. Und ihren Zorn ließ sie dann an der Mutter aus. Alice wollte – zugegebenermaßen auf nicht besonders taktvolle Art – beweisen, daß sie allein mit allem fertig werden konnte und wollte. Und sie zwang sich dazu, sich vor der verlockenden Hilfe ihrer Mutter zu schützen. Wie alle Jugendliche sehnte sich Alice einerseits nach der mütterlichen Fürsorge und Trost, während sie andererseits gegen die eigenen kindlichen Wünsche ankämpfte. Alice war ärgerlich auf ihre Mutter und ihre ständige bedrohliche Präsenz. Trotz der unangenehmen Folgen der Scheidung ihrer Mutter war es an der Zeit, sich aus der gegenseitigen Abhängigkeit zu lösen.

Es mag für Mütter schwierig sein, ihre enorme Macht über ihre Kinder zu erkennen. Natürlich sehen sie sich selbst nicht als Verführerinnen, die sich zum Ziel gesetzt haben, ihre Töchter nicht erwachsen werden zu lassen, oder als machtgierige Geschöpfe, die darauf aus sind, die Körper, Seelen und den Geist dieser unglücklichen Kinder zu besitzen. Wie könnten sie von sich so denken, wenn sie das Bestreben haben, aus ihren Kindern glückliche, verantwortungsbewußte junge Erwachsene zu machen? Aber Mütter, besonders die »ideale« Mutter, verfügen nun einmal über eine große Macht – im positiven wie im negativen Sinne. Die Mutter, oder das, was die Mutter symbolisiert, ist tatsächlich eine Kraft, mit der gerungen werden muß. Sie ist mehr als Fleisch und Blut; sie ist eine großartige Schöpfung der menschlichen Psyche. Um ihren eigenen Einfluß zu erkennen, müssen sich Frauen nur daran erinnern, daß sie selbst immer noch von ihren Müttern beeinflußt werden. Es ist normal, daß eine tüchtige Erwachsene in Gegenwart ihrer Mutter zu einem kleinen Kind zusammenschrumpft. Ich muß zugeben, daß ich – obwohl ich über vierzig bin – mir manchmal wie zehn vorkomme, wenn ich mit meiner Mutter zusammen bin.

Wir müssen uns klarmachen, daß die feindselige Distanzierung der Jugendlichen von ihren Müttern normalerweise zeitlich begrenzt ist. Die Forschung zeigt, daß die meisten Mütter mit ihren erwachsenen Töchtern guten Kontakt haben und daß sie sich gegenseitig unterstützen (Bromberg 1983). Erst wenn junge Frauen Zutrauen zu sich selbst haben und wissen, daß sie stark genug sind, sich davor zu schützen, in kindliches Verhalten zurückgedrängt zu werden, können sie zu ihren Müttern zurückkehren. Sie kehren als Erwachsene zurück. Als Psychologin konnte ich meinen erwachsenen Patienten oft helfen, indem ich ihnen klarmachte, daß der Bruch in der Beziehung zu ihren heranwachsenden Kindern kaum von Dauer sein wird. Die Einsicht, daß gegenseitige Beweise von Liebe, Respekt, Sorge und Anerkennung in einem späteren Stadium möglich sein werden, kann den erlittenen Verlust mildern. Aber in der Zwischenzeit müssen junge Leute Schutzzäune errichten und ihre Türen schließen, um erwachsen werden zu können. Die Zäune werden jedoch niedrig genug sein, daß man von Zeit zu Zeit drüberklettern kann, und die Türen werden nicht ganz geschlossen.

Bis vor kurzem waren Jugendpsychologen der Meinung, daß die Mütter, während ihre Kinder diese dramatischen inneren Veränderungen durchmachen, unverändert, ausgeglichen und resolut bleiben würden. Mütter wurden sozusagen als gleichbleibender Hintergrund für die Aktion auf der Bühne gesehen. Eine weit verbreitete, aber falsche Annahme ist es, daß innere Veränderungen ein Vorrecht der Jugend seien, weil Erwachsene festgefügte Persönlichkeiten sind. Aber ebenso wie die halbwüchsige Tochter wird auch eine Mutter im mittleren Alter zu Veränderungen getrieben. Ihre Entwicklungsaufgaben sind nicht einfacher als die ihres Kindes. Als Mutter muß sie frühere Verhaltensmuster aufgeben und neue lernen; als Per-

sönlichkeit muß sie ihre Interessen über das Heim hinaus ausdehnen, indem sie durch neue Aktivitäten – politisch, sozial, kreativ oder beruflich – ihren Beitrag zur Gesellschaft leistet.
Die Journalistin Ellen Goodman schreibt oft über ihre eigenen Erfahrungen als Mutter einer jugendlichen Tochter und bemerkte einmal, daß Muttersein fälschlicherweise als ein Zustand, ein Verhaltensmuster geschildert wird. Tatsächlich setzt sich Muttersein aber aus verschiedenen Stadien zusammen. Ein Säugling, ein Kleinkind, ein Schulkind und ein Jugendlicher verlangen von der Mutter unterschiedliche Behandlung. Ellen Goodman beschrieb, wie sie automatisch nach der Hand ihres Kindes griff, als sie eine verkehrsreiche Kreuzung überquerten, und völlig vergaß, daß dieses Kind inzwischen eine junge Frau von siebzehn Jahren war. Wie das heranwachsende Kind die beschützende Mutter der Vergangenheit aufgeben muß, so muß die Mutter im Laufe der Zeit von der Vorstellung lassen, daß sie ihr Kind vor jeder Gefahr beschützen kann.
Beatrice, eine temperamentvolle und sehr erfolgreiche Patientin und Mutter eines achtzehnjährigen Mädchens, beschrieb, wie ängstlich sie wurde, als ihre Tochter mit ein paar Collegefreunden während der Ferien nach Mexico fuhr. Obwohl ihre Tochter verantwortungsbewußt und intelligent ist, hatte Beatrice Angst um sie. Sie stellte sich vor, daß Arielle in einem mexikanischen Gefängnis landen und dort gefoltert werden würde. Obwohl sie versuchte, diese absurden Gedanken zu verdrängen, glaubte sie wirklich, daß ihr Kind nur in ihrer Nähe sicher war.
Eine Erklärung für solche Ängste können Theorien

über die Art menschlicher Bindungen bieten. Der Ethnologe John Bowlby erklärt, daß das Überleben unserer Spezies von der Nähe der Mutter zum Säugling abhängt. Ohne die allumfassende Sorge der Mutter kann das hilflose kleine Kind nicht existieren. Verhaltensweisen von Säuglingen wie schreien, jammern, lächeln, sich anklammern und saugen dienen dazu, die Nähe zur Mutter zu sichern. Gleichzeitig ist die Mutter darauf programmiert, ihrem Baby nahe zu sein. Wenn ihr Baby sich in einer bestimmten Entfernung befindet und verzweifelt nach ihr ruft, wird sie sofort herbeieilen, um ihrem Kind zu helfen. Diese festgefügten Verhaltensmuster verschwinden nicht wie von Zauberhand, wenn das Kind heranwächst. Oft bleibt eine Spur von Trennungsangst, wenn die Mutter nicht mehr die Aufgabe hat, ihr Kind zu beschützen. Die Katastrophengedanken, die meine Patientin Beatrice plagten, scheinen Symptome dieser Trennungsangst gewesen zu sein. Als Mutter eines Jugendlichen hat man unter anderem die Aufgabe, diese Ängste zu unterdrücken und sein Verhalten zu ändern.

Eine andere Erklärung für Beatrices Ängste ist aus den psychoanalytischen Formulierungen von Therese Benedek abzuleiten, die erklärt, daß jede kritische Periode im Leben eines Kindes im Elternteil verwandte Entwicklungskonflikte wachruft. Wenn das Kind zum Beispiel ins Teenageralter kommt, wird die Mutter Aspekte der eigenen Jugend wieder erleben. Lange vergrabene Emotionen und ungelöste innere Konflikte tauchen jetzt vielleicht wieder auf, und man hat die Möglichkeit, sich mit ihnen auseinanderzusetzen und sie zu lösen.

Beatrice und ich fanden heraus, daß sie wegen ihrer eigenen sehr frühen sexuellen Erfahrungen befürchtete, daß ihrer Tochter in Mexiko Unheil geschähe. Beatrices liberale Eltern hatten ihr während ihrer Jugendzeit nur wenig Grenzen gesteckt und Beatrice sogar zu sexuellen Experimenten mit Gleichaltrigen ermuntert. Aber für diese junge Frau war Sex nicht etwa befreiend, wie ihre Eltern es sich vorgestellt hatten, sondern nur verletzend. Beatrice dachte daran, daß Arielle während des Mexiko-Urlaubs Gelegenheit zu sexuellen Abenteuern hatte, und das brachte in Beatrice alte Ängste und Sorgen wieder an die Oberfläche, die sich in der Vorstellung, Arielle würde in einem Gefängnis gefoltert, äußerten.

Es mag ungerecht erscheinen, daß man die Konflikte der eigenen Jugend im Erwachsenenalter noch einmal durchleben muß. Auf der anderen Seite jedoch bietet sich eine zweite Chance, die Dinge zu verarbeiten. Beatrice wurde ermutigt, die langjährige Abneigung ihren Eltern gegenüber besser zu verstehen und ihnen schließlich ihre Nachlässigkeit zu verzeihen. Beatrice fand auch den Mut, sich mit ihren ständigen sexuellen Ängsten zu beschäftigen. Schließlich trat sie einer Frauengruppe bei, die sich mit sexuellen Störungen beschäftigte, und war mit dieser Unterstützung in der Lage, einige Probleme zu lösen.

Bei anderen Frauen werden die Probleme mit den Kindern andere Konflikte heraufbeschwören. Als meine Tochter ein medizinisches Problem hatte, wurde ich plötzlich umgehender ängstlich und übertrieben fürsorglich. Mit Hilfe eines Therapeuten lernte ich zu verstehen, daß Leahs Situation die Erinnerungen an meine eigene anfällige Gesundheit weckte. Als junges Mädchen litt ich unter Magen-Darm-Problemen, hatte Untergewicht und war zu klein. Ich konnte mit meinen robusteren Freunden nicht mithalten und fühlte mich schwach und nicht richtig auf das Leben vorbereitet. Bevor ich in der Lage war, das kränkliche Phantomkind in mir nicht mehr mit Leah in Zusammenhang zu bringen, konnte ich ihr als Mutter nicht wirklich helfen. Ich verwechselte meine Ängste mit ihren wirklichen Bedürfnissen. Erst als ich über meine eigenen Schwierigkeiten in der Jugend gesprochen und Mitleid mit ihrem Schmerz hatte, konnte ich den Konflikt lösen. Danach erst war ich in der Lage, auf Leahs Situation richtig zu reagieren, indem ich die Empfehlungen ihres Arztes akzeptierte und ihr die Bestätigung gab, die *sie* brauchte. Ich mußte mich erst selbst heilen, bevor ich meiner Tochter bei ihrer Heilung helfen konnte.

Welche Konflikte auch immer durch die Kinder wieder aktiviert werden, ihre Lösung verspricht ein höheres Maß an psychischer Integration und größere Reife. Der Autor Peter De Vries verstand diesen Prozeß, als er fragte, ob irgend jemand von uns reif genug für Kinder ist, bevor die Kinder geboren sind. Das Wunder des Mutterseins, schreibt er, besteht nicht darin, daß Mütter Kinder produzieren, sondern darin, daß Kinder Mütter produzieren.

Mutterliebe ist nicht konstant. Damit sie fortdauert, muß sie sich anpassen. Im pränatalen Stadium, wenn das Kind ein Teil des mütterlichen Körpers ist, ist Mutterliebe eng verwandt mit Selbstliebe. Mutter und Kind sind eins. Selbst nach der Geburt bleiben Mutter und Kind Teil voneinander kraft ihrer außerordentlichen gegenseitigen Sensibilität. Marshall Klaus und

John Kennel, die die Mutter-Säugling-Beziehung studiert und darüber geschrieben haben, zeigen, daß in bestimmten Entwicklungsländern, in denen die Mutter das Baby auf dem Rücken trägt, von ihr erwartet wird, das Bedürfnis des Babys nach kleinen oder großen Geschäften vorauszuahnen und es rechtzeitig vom Körper wegzuhalten. Ein solches Verhalten erfordert außerordentliches Einfühlungsvermögen und ein waches Gespür für die geringsten körperlichen Veränderungen des Babys. Aber auch in unserer Kultur sind die meisten Mütter bemerkenswert auf die Bedürfnisse ihrer Kinder eingestimmt. Und für diese Sensibilität werden Mütter durch die wachsende Bewunderung belohnt, die ihre Ausstrahlung und ihre Macht vergrößert. Für ihre kleinen Töchter sind Mütter nichts Geringeres als Göttinnen. Reifer werdende Mutterliebe verlangt, diese kindliche Idealisierung ohne Bitterkeit schwinden zu sehen.

Die Mutter muß akzeptieren, daß sie immer weniger verehrt und glorifiziert wird. Auf der Suche nach größerer Eigenständigkeit werden die Jugendlichen außerhalb der Familie nach Vorbildern suchen und andere finden, die sie idealisieren und denen sie nacheifern. Manche Mütter fühlen sich dadurch vernachlässigt. Aber gerade in diesem Stadium muß eine Mutter besonders verständnisvoll sein. Die reife Mutter ist sich bewußt, daß ihr Kind sich selbst kennenlernen muß und wird die notwendige Abnabelung sogar fördern. Sie weiß, daß sich dadurch ihre Macht und ihr Einfluß auf das Kind verringert.

Die Mutterliebe verändert sich also im Laufe der Zeit. Zuerst ist sie hauptsächlich von Fürsorge geprägt, später aber verringert sich der Einfluß, und eine wirk-

lich liebende Mutter entläßt ihr Kind gern in die Freiheit. Manche Mütter empfinden diesen Prozeß als äußerst schmerzhaft. Trotzdem müssen sie lernen, sich von der Vergangenheit zu lösen. Auch sie müssen Türen hinter sich schließen.
Die Jungianerin Esther Harding kann uns durch ihre Interpretation antiker griechischer Mythen, die die ritualisierte Opferung jugendlicher Söhne zum Thema haben, helfen, diese notwendigen Gefühlsveränderungen zu verstehen (Harding 1976). Ich glaube, die Bedeutung dieser Mythen gilt im gleichen Maße für Töchter. Esther Harding meint, daß eine Mutter ihren Sohn gerade deshalb opfert, *weil* sie ihn liebt und weil es für seine Entwicklung ebenso wichtig ist wie für ihre eigene. Esther Harding erklärt, daß die Mythen die archetypische Mutter von zwei Seiten schildern. Auf der einen Seite ist sie mitfühlend und aufopfernd, während sie auf der anderen Seite entschlossen, hart und kindlicher Abhängigkeit gegenüber intolerant ist. Die dunklere Seite erlaubt es der Mutter, ihrem Sohn den Rücken zuzukehren oder ihn symbolisch zu opfern, so daß er ein starker Mann und sie eine reifere Frau werden kann. Eine zu starke hellere Seite – mütterliche Besorgnis und Zuwendung – kann das Erwachsenwerden des Sohnes behindern, ebenso wie ein zu anhänglicher Sohn ihre Selbständigkeit behindert. Esther Harding beschrieb die notwendigen Veränderungen, die eine Mutter vollziehen muß – etwa das Aufgeben der übergeordneten Position der Geberin. Und das Kind ist nicht mehr auf die untergeordnete Position des Nehmers festgelegt. Zur gleichen Zeit hört die liebende Nachsichtigkeit der Mutter auf. Eine einseitige Frau schadet dem heranwachsenden

Kind, aber eine Frau, die sowohl sanft als auch hart sein kann, fördert seine Entwicklung. Unglücklicherweise neigen wir dazu, von guten Müttern zu erwarten, daß sie immer ruhig, nachgiebig, trostspendend und gütig sind. Es fällt schwer, zu verstehen, daß Mütter, die sich zu eifrig um die Bedürfnisse ihrer Kinder kümmern, diesen damit die Möglichkeit nehmen, für sich selbst zu sorgen. Aber verhätschelte Jugendliche können wie alle Menschen, die immer nur nehmen, nie das Gefühl entwickeln, ganz allein etwas leisten zu können. Sie werden durch die guten Absichten ihrer Mütter geschwächt.

Ein Beispiel dafür, wie zerstörerisch sich zuviel mütterliche Zuwendung auf ein Kind auswirken kann, ist die Beziehung zwischen Pilate und ihrer Enkelin in Toni Morrisons *Song of Solomon*. Obwohl Pilate große Ehrfurcht vor anderen Menschen empfindet und ihre Enkelin wirklich liebt, ist ihre Zuneigung zu extrem. Das Mädchen kann deswegen nicht das nötige Selbstbewußtsein und keine Widerstandskraft entwickeln, um Verluste und Zurückweisung ertragen zu können. Als die Enkelin von dem Mann, den sie liebt, abgewiesen wird, ist sie fassungslos und steht unter großem seelischem Schock. Sie ist schließlich so besessen von dem Mann, der sie abweist, daß sie versucht, ihn umzubringen, um die Zurückweisung für sich zu rechtfertigen. Am Schluß stirbt sie schließlich an ihrem Wahnsinn – unfähig, die nie gekannte Erfahrung der Ablehnung zu verkraften. Ironischerweise weist ihre Großmutter, als sie bei der Beerdigung ausruft »Und sie wurde geliebt« genau auf die Fürsorge hin, die half, sie zu zerstören.

Interessant ist, daß der Mann, den die Enkelin liebte,

selbst von seiner Mutter sehr verwöhnt wurde. Sie stillte ihn beispielsweise sehr lange, und die magischen Kräfte, die sie mit dem Akt des Stillens verband, werden wie eine Begebenheit aus einem Märchen geschildert: »Sie hatte den Eindruck, daß seine Lippen einen Lichtfaden aus ihr zogen. Es war, als sei sie ein Kessel, aus dem gesponnenes Gold quoll. Wie die Müllerstochter, die nachts in einem mit Stroh gefüllten Raum saß und erfüllt war von der geheimen Macht, die Rumpelstilzchen ihr gegeben hatte: Sie konnte den goldenen Faden von ihrem eigenen Schiffchen strömen sehen.« Nachdem jemand entdeckt hat, daß der junge Mann ungewöhnlich lange gestillt wurde, bekommt er den Namen »Milchmann«, und er stellt fest, daß sein Wille, zu kämpfen und sich in der Welt zu behaupten, schon sehr früh gebrochen wurde. Nur mit großer Mühe ist er schließlich in der Lage, sich auf die Suche zu machen, um zu erwachsenem Verständnis zu gelangen.

Verwöhnte Kinder verkümmern, und Mütter, die sich weigern, ihr allzu fürsorgliches Verhalten aufzugeben, versagen auch in ihrer Entwicklung als Frau. Sie können anderen gegenüber nur mütterlich auftreten. Ein humorvolles Beispiel für dieses Versagen ist eine Figur in Bernard Slades Stück *Nächstes Jahr, selbe Zeit*: Während einer Dinnerparty ist eine Frau in eine anregende Unterhaltung mit dem Boß ihres Mannes vertieft und merkt plötzlich, daß sie ihm das Fleisch auf seinem Teller kleingeschnitten hat – so wie früher für ihre Kinder.

Viele Frauen haben nur in begrenztem Maße Gelegenheit, sich in einer anderen als der mütterlichen Sphäre zu bestätigen. Deshalb ist es verständlich, daß sie ihre fürsorgliche Rolle nur widerwillig aufgeben wollen. Viele Mütter wissen nicht einmal mehr, daß es noch andere Aufgaben als das Sorgen für die Familie gibt. Frieda Fromm-Reichmann, die bekannte Psychoanalytikerin, hat das folgendermaßen ausgedrückt: »Eine Tür schließt sich hinter uns, und wir sehen traurig zu, wie sie sich schließt. Erst wenn wir weggerissen werden, entdecken wir, daß sich gegenüber eine neue auftut.«

Den Frauen bietet sich die Chance, ihre kreativen Energien in neue Bahnen zu lenken. Wenn sie ihre wehmütige Einstellung der Vergangenheit gegenüber aufgeben, haben sie die Möglichkeit, in eine neue Phase einzutreten, die der Dichter Valery *le bel aujourd'hui* genannt hat – »das schöne Heute«. Daß sie in der Familie weniger gebraucht werden, verpflichtet sie, ihre Energien in neue Unternehmungen zu investieren – berufliche, kreative, politische oder soziale. Wie ihre Kinder müssen auch sie ihre Persönlichkeit erweitern und lernen, neue Aufgaben zu erfüllen.

Kürzlich hatte ich die Freude, Auszüge aus dem Tagebuch von Käthe Kollwitz zu lesen:

»Ich möchte nicht sterben ... Ich möchte nicht eher gehen, als bis ich das Beste aus meinem Talent gemacht und die Saat gehegt habe, die in mich gepflanzt wurde, bis der letzte kleine Zweig gewachsen ist ... Mir ist nicht nur gestattet, meine Arbeit zu beenden – ich bin dazu verpflichtet ... Das scheint die Bedeutung des Ganzen zu sein ... Kultur entsteht nur, wenn das Individuum seinen Zyklus von Verpflichtungen erfüllt.«

Vielen Frauen, die wegen Depressionen bei mir in Behandlung waren, habe ich ohne Medikament oder langwierige Analyse geholfen, indem ich sie ermutigte, ihre Talente zu entdecken und zu erkennen, daß sie etwas Wertvolles leisten können. Ich habe Frauen beobachtet, die an dem Gefühl der Unzulänglichkeit verzweifelten, aber durch sinnvolle Arbeit wieder lebenslustig wurden. Wie Käthe Kollwitz in einem anderen Teil ihres Tagebuches schreibt, bedeutet die Arbeit den Frauen im mittleren Alter sehr viel. Aber eins sollte klar sein: von der Rolle einer sorgenden Mutter in andere zu wechseln, erfordert große Anstrengungen. Nur zu oft meinen Mütter, kein Recht auf sinnvolle Arbeit zu haben.

Am Anfang dieses Kapitels habe ich von Alice, meiner jugendlichen Patientin, und ihrem Kampf ums Erwachsenwerden erzählt. Ihre Mutter jedoch durchlebte eine genauso schwere Zeit beim Übergang von einer Lebensphase in eine andere. Als Alice ihre Mutter wegen der kleinen Verbrennung anrief, war Claudia gerade bei der Arbeit. Einen Monat nach der Scheidung hatte sie sich einen verantwortungsvollen Posten in einer großen Firma sichern können. Als Alice anrief, war sie gerade in ein interessantes neues Projekt vertieft. Sie war glücklich, an ihrem Schreibtisch zu sitzen, umgeben von Mitarbeitern, die langsam zu Freunden wurden. Obwohl sie durch die Scheidung einen schmerzlichen Verlust erlitten hatte, fühlte sie in diesem Moment, daß sie alles überwinden würde. Es ist traurig, daß der Anruf ihrer Tochter dieses schöne Gefühl von Wohlbefinden und Zuversicht zunichte machte. Sobald Alice ihr Mißgeschick geschildert hatte, empfand Claudia Angst und plötzlich meldeten sich Schuldgefühle. Sie dachte mit einemmal, sie hätte kein Recht, glücklich bei ihrer Arbeit zu sein, und gehörte nach Hause, um sich wie vor der Scheidung um ihre beiden heranwachsenden Kinder zu kümmern. Sie war sogar davon überzeugt, daß Alice sich nicht verletzt hätte, wenn sie zu Hause gewesen wäre. Erst nach vielen Wochen Beratung hatte Claudia begriffen, daß sie ein Recht – ja sogar die Pflicht – hatte, ein produktives Arbeitsleben zu führen. Nachdem sie sich gestattete, ihre Arbeit zu genießen, war sie in der Lage, die Bindung an ihre Kinder zu lockern. Danach konnte jeder sein Leben leben.

Claudias ängstliche Reaktionen sind kein Einzelfall. Nur allzu oft haben Frauen das Gefühl, kein Recht auf Arbeit und Leistung zu haben. In unserer Gesellschaft werden Frauen oft noch immer mehr oder minder dazu gedrängt, nur für die Familie dazusein. Sie unterdrücken dann vielleicht ihren gesunden Ehrgeiz, Konkurrenzbereitschaft und ihre eigenen Interessen. Sie haben Angst, daß eine solche Autonomie sie dazu zwingen würde, ihre wichtigsten Beziehungen aufzugeben. Viele glauben, daß sie kein Recht auf Liebe und sinnvolle Arbeit gleichzeitig haben.

Ich kenne einige Frauen, die in ihrem Inneren mächtige Schranken aufgebaut haben, die ein ausgefülltes, produktives Leben außerhalb der Familie verhindern. Eine meiner Patientinnen berichtet, daß sie immer, wenn sie vorhat, eine erfolgreiche berufstätige Frau zu werden, von der Schreckensvorstellung geplagt wird, daß man ihr ihr Kind wegnimmt. In ihrem Herzen glaubt sie, daß Mutter zu sein alle anderen Betätigungen für sie ausschließen würde. Eine Kollegin, erfolgreiche Autorin zweier Bücher, gestand, daß sie, wo immer sie auch ist oder was sie auch tut, um sechs Uhr abends Magenkrämpfe bekommt, als würde sie dafür

bestraft, daß sie nicht zu Hause ist, um für ihren Mann und ihr sechzehnjähriges Kind das Abendessen zuzubereiten.
Was mich überraschte, war die Erkenntnis, daß ich mir selbst auch solche Hindernisse schuf. Da ich seit vielen Jahren Beruf und Muttersein kombinierte, war ich davon überzeugt, diesen Rollenkonflikt seit langem überwunden zu haben. Als ich jedoch mit diesem Buch begann, tat ich alles Menschenmögliche, um zu verhindern, daß ich mich tatsächlich dieser Arbeit widmete. Ich fühlte mich schuldig, weil meine Tätigkeit als Psychologin mich schon von zu Hause fernhielt, und beschloß deshalb, zu Hause zu schreiben. Immer wenn ich arbeitete, ließ ich meine Tür weit offen, so daß ich für meine Kinder immer erreichbar war. Meine Kinder Jon und Leah sind tüchtige junge Leute, aber natürlich reagierten sie auf diese Einladung mit Unterbrechungen und unzähligen Fragen. Zwischen einzelnen Absätzen machte ich ihnen etwas zu essen und suchte nach verschwundenen Schuhen. Unnötig zu sagen, daß ich nicht sehr produktiv war. Die liebevolle Unterstützung meines Mannes erlaubte mir schließlich, das Buch ernsthaft zu schreiben und der Freude an kreativer Arbeit zu frönen. In dem Vertrauen, daß ich ein Recht auf Liebe und Arbeit hatte, konnte ich eine vernünftige Balance zwischen meinen Beziehungen und meiner Leistung finden. Jetzt bitte ich meine Kinder zu akzeptieren, daß ich ohne unnötige Unterbrechungen schreiben muß. Und ohne Schuldgefühle habe ich beschlossen, die Tür zu meinem Arbeitszimmer zu schließen … aber nicht ganz.

2

DEMETERS GESCHICHTE:

Verlust und Transzendenz

Jeder von uns braucht das Gefühl, zu lieben und geliebt zu werden. Und doch können uns gerade die engsten Beziehungen, in denen diese Bedürfnisse ausgelebt werden, verwirren und enttäuschen. Oft wissen wir nicht, was wir erwarten sollen – von anderen oder von uns selbst.

Aus diesen Gründen kann es hilfreich sein, sich den frühen und beständigen Quellen der Weisheit unserer Zivilisation zuzuwenden – den Mythen und Märchen. In diesen alten Geschichten finden wir direkte und klare Erklärungen für menschliches Verhalten und Beziehungen. Mythen und Märchen sind nicht wie die meisten anderen Literaturformen das Werk einzelner, sondern die Schöpfung ganzer Kulturen, das Produkt kollektiver Phantasie. Von zahllosen Menschen ausgeschmückt und von einer Generation zur nächsten weitergegeben, beschreiben diese Geschichten die uns allen gemeinsamen Krisen menschlichen Lebens. Wie Jung-Schüler deutlich gemacht haben, sind Mythen und Märchen Phantasieprodukte mit wahrem Kern. Sie zeichnen genaue Porträts der verschiedenen Aspekte unserer Psyche. Lange bevor Psychologen entdeckt haben, daß Mythen und Märchen unsere Selbsterkenntnis verbessern können, erkannten Künstler und Dichter ihre erklärende Macht. Friedrich Schiller schrieb, daß für ihn in den Märchen seiner Kindheit mehr Bedeutung lag als in den Dingen, die ihn das Leben lehrte.

Die *Hymne an Demeter* von Homer, ungefähr um 650 vor Christus entstanden, ist der Inbegriff der Bindung zwischen Mutter und heranwachsender Tochter. Ich habe mich entschlossen, auf diesen Mythos besonders einzugehen, weil er so brillant darstellt, welchen Verlust Muttersein unausweichlich mit sich bringt und welche Veränderungen dieser Verlust möglich macht. Weil sie schließlich etwas Sinnvolles aus ihrer Leere macht, kann Demeter, die göttliche Mutter, als Vorbild für ihre modernen sterblichen Pendants gelten.

Traditionelle Interpretationen des Mythos von Demeter und Persephone, auch Ceres und Kore genannt, messen der zyklischen Erneuerung der Erde mehr Bedeutung bei als Verlust, Trauer und Transzendenz. Die letztere, weniger konventionelle Interpretation verdanke ich der Jungianerin Polly Young-Eisendrath, deren Artikel *Demeter's Folly* mich inspirierte. Zuerst möchte ich Demeters Geschichte erzählen und dann ihre Erfahrung von Verlust und Lösung mit denen moderner Mütter vergleichen.

Die Geschichte beginnt damit, daß die reizende Jungfrau Persephone mit ihren Freundinnen auf einer mit blühenden Rosen, Krokussen, Veilchen, Iris, Hyazinthen und Narzissen übersäten Wiese herumtobt. Als sie eine goldene Narzisse pflücken möchte, öffnet sich die Erde, und Hades, der Gott der Unterwelt, springt heraus, packt sie und bringt sie auf seinem Wagen fort. Der große Gott Zeus ignoriert die Hilferufe seiner Tochter, aber die Mutter, die Göttin Demeter, wird von furchtbarem Entsetzen gepackt. Neun Tage und Nächte sucht sie Himmel und Erde nach ihrer Tochter ab, ohne zu ruhen, zu essen oder zu baden. Am zehnten Tag erfährt sie, daß Hades Persephone in die Unterwelt entführt hat, und sie seine Braut werden soll. Niedergeschlagen von der Entführung ihrer Tochter und der bevorstehenden Hochzeit zieht sich Demeter von den anderen Göttern zurück und wandert als alte Frau verkleidet durch die Städte der Erde. Schließlich kommt sie nach Eleusis. Die Töchter von König Celeus und Königin Metanira fragen, wer sie ist. Demeter erzählt eine falsche Geschichte und bittet, als Kindermädchen für Demophoon, den neugeborenen Sohn des Königs und der Königin, in den Haushalt aufgenommen zu werden. Die Schwestern führen sie zu den Räumen der Königin. Als Demeter eintritt, nimmt sie für einen Augenblick ihre göttliche Gestalt an und erfüllt den Raum mit ihrem Glanz, so daß Metanira trotz der dunklen Kleidung und des trostlosen Aussehens von ihrer Besonderheit überzeugt ist und sie gütig aufnimmt. Metanira bietet der alten Frau ein gutes Entgelt für die Dienste als Kindermädchen und übergibt ihr ihren geliebten Sohn Demophoon. Obwohl sich Demeter in ihrer neuen Position wohl fühlt, weist sie den Lohn der Königin zurück, nimmt keine Speisen an und verweigert jede Unterhaltung. Nur die Dienerin Jambe durchbricht Demeters Depression, indem sie mit ihr scherzt und die traurige Göttin sogar zum Lachen bringt.

Von Anfang an verliert sich Demeter in der Rolle des

Kindermädchens, wendet ihre ganze Energie für die Sorge um den jungen Prinzen auf. Sie ist fest entschlossen, ihn zum Gott zu machen, salbt Demophoon mit Ambrosia und entzieht ihm menschliche Nahrung. Die seltsame Art des alten Kindermädchens erregt Metaniras Mißtrauen, und als sie sie eines Nachts heimlich beobachtet, sieht sie, wie Demeter das Baby ins Feuer legt – ein Ritual, um es unsterblich zu machen. Bei diesem Anblick beginnt Metanira zu klagen und vor Entsetzen auf ihre Knie zu schlagen und vereitelt damit Demeters Plan. Wütend über Metaniras Unterbrechung enthüllt Demeter ihre wahre Identität als Göttin und ihre Absicht, den Prinzen zum Gott zu machen. Dann nimmt sie Demophoon wütend aus dem Feuer und wirft ihn zu Boden. Sie verdammt die Menschheit und Metanira für ihre Dummheit und verlangt dann, daß außerhalb der Stadttore ein riesiger Tempel für sie errichtet werde. Um die aufgebrachte Göttin zu besänftigen, befiehlt König Celeus seinen Männern am nächsten Morgen, mit dem Bau des Tempels nach Demeters Anweisungen zu beginnen. Als der Tempel schließlich fertiggestellt ist, zieht sich die Göttin Demeter hinter seine dicken Mauern zurück, um zu trauern – nicht um das Schicksal Demophoons, sondern um ihre verlorene Tochter Persephone.

Lange Zeit bleibt Demeter, die Göttin des Getreides und der reichen Ernten, mit ihrem Leid allein und weigert sich, ihre Funktion zu erfüllen. Demzufolge kann nichts auf der Erde wachsen, nichts geboren werden. Die Felder trocknen aus und werden unfruchtbar, Ernten verdorren, Menschen und Tiere sterben. Die furchtbare Hungersnot droht, alles zu zerstören. Zeus hat Mitleid mit den Menschen und schickt mit Geschenken beladene Boten zu Demeter, die sie anflehen nachzugeben, aber sie weist die Bitten wütend ab. Demeter stellt nur eine Bedingung: die Rückkehr ihrer Tochter. Schließlich reagiert Zeus auf ihre Forderung, indem er den Götterboten Hermes mit dem Befehl zu Hades schickt, daß Persephones zu ihrer Mutter gehen soll.

Hades ist einverstanden, bittet Persephone aber, zu ihm zurückzukehren und verspricht ihr große Ehren als seine Frau. Um ihre Loyalität sicherzustellen, schenkt er ihr einen süßen roten Granatapfel, der sie zur Rückkehr verpflichtet – und sie lehnt sein Angebot nicht ab. Persephone freut sich über ihre Freilassung und begleitet Hermes auf der Reise zur Erde. Als sie zum Tempel von Eleusis kommen, läuft Demeter hinaus, um ihre Tochter zu umarmen. Nachdem sie wieder glücklich vereint sind, fragt Demeter, ob Persephone in der Unterwelt irgend etwas gegessen habe. Wenn nicht, ist ihr Persephone ganz wiedergegeben, wenn doch, muß sie fortan ihre Zeit zwischen Demeter und Hades teilen. Widerwillig erzählt Persephone ihrer Mutter, daß Hades sie gezwungen hat, den Granatapfel zu essen.

Dennoch ist Demeter zufrieden und dankbar, ihre Tochter wenigstens für einen Teil des Jahres zu haben. Da ihr Leid beendet ist, läßt sie der Menschheit großzügige Gaben zuteil werden. Die Göttin macht die Prinzen von Eleusis zu Priestern und enthüllt ihnen ihre wunderbaren Geheimnisse, die ein tieferes Verständnis von Leben und Tod versprechen. Bei ihrer Rückkehr auf den Olymp belebt sie dann die Erde neu, überlädt sie mit Fruchtbarkeit – Blumen, Blätter,

Früchte – wo immer sie geht. Und so endet die Hymne damit, daß eine neue Ordnung entsteht: Persephone wird Königin der Unterwelt, und Demeter nimmt ihren Platz im Olymp als mächtige Erdgöttin wieder ein.

Lassen Sie uns jetzt von Olymp auf die Erde hinabsteigen, vom Mythos zum Alltag, und Demeters Geschichte interpretieren, um unser eigenes Verständnis für die Rolle einer Mutter zu vertiefen. Meiner Meinung nach repräsentiert Demeter sowohl die fürsorgliche als auch die kontrollierende Seite des Mutterseins. Sie ist eine großzügige, fürsorgliche, loyale und engagierte Mutter, aber gleichzeitig auch dominant und ängstlich. Da für sie die Beziehung zu ihrem Kind vorrangig ist, verlangt sie exklusive Rechte auf dieses Kind. Als ein potentieller Liebhaber Persephone für sich beansprucht, leidet Demeter unter furchtbaren Depressionen, aber genau dieses Leiden zwingt sie zu geistiger Entwicklung. Erst nachdem sie über ihren Verlust spricht, um ihr verlorenes Kind trauert und eine weniger exklusive Mutterrolle akzeptiert, wird sie in all ihrer Göttlichkeit und Weisheit zur Hüterin der Geheimnisse von Eleusis. In diesem Kapitel werde ich versuchen zu zeigen, wie gewöhnliche Mütter – nicht nur Göttinnen – die Gelegenheit haben, ihrem Verlust einen Sinn zu geben.

In Erich Neumanns *Die große Mutter* ist ein antikes Steinrelief von Demeter und Persephone abgebildet. Die beiden sehen sich wissend und liebevoll in die Augen. Sie sind nicht voneinander zu unterscheiden und spiegeln sich gegenseitig wider. Sie sind gleich. Dieses schöne Kunstwerk stellt die Einheit dar, durch die die frühe Mutter-Tochter-Beziehung gekennzeichnet ist: Sie führen *ein* gemeinsames Leben. Und tatsächlich sind sie in den ersten Jahren eins gewesen, in dieser Zeit möchte das kleine Mädchen unbedingt wie seine angebetete Mutter sein. Als ich ein Kind war, war es modern, daß sich Mütter und Töchter fast identisch kleideten, und ich weiß noch, wie aufgeregt ich war, als meine Mutter mich mit unseren gelben »Mutter und Tochter«-Kleidern überraschte. Ich erinnere mich auch daran, daß meine eigene kleine Tochter mir wie ein Schatten folgte, meine Bewegungen nachahmte und jedes Wort nachplapperte.

Wenn das kleine Mädchen zur jungen Frau wird, bedroht ihre erwachende Sexualität die exklusive Mutter-Tochter-Beziehung. Eine Tochter wird vielleicht zum erstenmal in ihrem Leben Geheimnisse vor der Mutter haben. Sie wird ihrer Mutter nicht länger erlauben, über alles Bescheid zu wissen. Obwohl das heranwachsende Mädchen vielleicht weiter mit der Mutter über Freundschaften, Schularbeiten und Zukunftshoffnungen plaudern wird, spricht sie wahrscheinlich nicht über die starken sexuellen Gefühle, die sich in ihr zu regen beginnen. Solche Geheimnisse werden vielleicht mit Freundinnen besprochen, aber nicht mit der Mutter. Persephone akzeptiert den Granatapfel von Hades – den süßen, roten, saftigen Kern, der die Leidenschaft symbolisiert –, der sie mit ihm verbindet, weil sie bereit für ihn ist. Aber verwundert es, daß Persephone nicht aufrichtig ist und behauptet, daß Hades sie dazu gezwungen habe? Wie die meisten Jugendlichen kann Persephone ihrer Mutter gegenüber ihre neuen sexuellen Wünsche nicht zugeben.

Viele Mütter akzeptieren die Verschwiegenheit ihrer

Töchter in sexuellen Dingen, aber manche tun es nicht. Als ich eine junge Frau und zum erstenmal verliebt war, blieb ich eines Nachts mit meinem Freund sehr lange weg. Am nächsten Morgen fragte meine Mutter ängstlich, wo ich gewesen sei und was ich getan habe. Mein Vater, ein sehr weiser Mann, unterbrach sie und sagte ihr freundlich, daß solche Fragen nur unaufrichtige Antworten herausforderten. Von da an fragte meine Mutter nicht mehr.

Wenn ein junges Mädchen zur Frau wird, verläßt es die offene sonnendurchflutete Welt der Kindheit und kommt in die geheimnisvolle dunkle Welt von Liebe und Leidenschaft. Nicht mehr die Mutter ist wichtig, sondern die Verehrer. Wenn das Mädchen Glück hat, werden ihre romantischen Beziehungen ihre Weiterentwicklung fördern. Die Mutter jedoch kann sich zurückgesetzt fühlen.

Wenn sich ihr Kind anderen zu- und von ihr abwendet, entsteht für jede Frau eine Leere, die sie zu einer inneren Neuorganisation zwingt. Bei manchen Frauen lösen die neuen Beziehungen ihrer Kinder nur leichte und vorübergehende depressive Symptome aus. Diese Frauen werden es vielleicht sogar als Freude empfinden, daß sich ihre Kinder von ihnen trennen – als Erleichterung, daß die schweren Pflichten enden und sie und ihre Töchter eine neue Freiheit erwartet. Es ist kein Gegensatz, sowohl Trauer als auch Glück zu empfinden. Aber andere Frauen stürzen durch den Verlust ihrer exklusiven Beziehung in eine tiefe psychologische Krise. Wie Demeter erleben sie es zunächst als einen Sturz in die Hölle, wenn sich ihre Tochter verliebt, und sie werden von tiefem Entsetzen ergriffen. Lassen Sie uns jetzt die Umstände

untersuchen, die zu diesen schädlichen Reaktionen führen.
Unglücklicherweise ist es sehr verbreitet, daß die normalen Abhängigkeitsbedürfnisse einer Frau abgewertet und abgelehnt werden. Ein negatives Nebenprodukt der frühen Frauenbewegung ist das Gefühl, daß jede Form von Abhängigkeit ein Zeichen von Schwäche ist und eine Weigerung, die Verantwortung für sich selbst zu übernehmen. Aber solange eine Abhängigkeit die Persönlichkeit nicht beeinträchtigt und andere nicht belastet, ist es ein gesundes normales Bedürfnis. Alle Menschen wünschen sich, daß geliebte Personen sich um sie sorgen, sie verstehen und sie unterstützen. Die Schwierigkeit für Frauen besteht jedoch darin, daß ihnen von frühester Jugend an eingeprägt wird, immer nur zu geben. Sie lernen, für andere zu sorgen und auf sie einzugehen, aber gleichzeitig lernen sie auch, ihre eigenen Wünsche und Bedürfnisse zu unterdrücken, nichts zu fordern, Kritik zurückzuhalten, still zu sein. »Mach' jetzt kein Theater, sei ein liebes Mädchen«, bitten Mütter, Väter und Lehrer. Mit der Zeit glauben diese »lieben« Mädchen, daß sie eine Befriedigung ihrer seelischen Bedürfnisse von anderen nicht erwarten dürfen. Ironischerweise macht gerade die emotionale Entbehrung Frauen oft wachsam für die Bedürfnisse anderer. Die meisten Frauen, die ich kenne, gehen ganz selbstverständlich auf andere ein. Sie erspüren seelische Konflikte und Wünsche und sind immer bereit, einzuspringen und zu trösten. Aber sie kommen sich selbstsüchtig vor, wenn sie sich das gleiche für sich erhoffen. Die normale Sehnsucht nach Zuwendung kann man aber nicht einfach wegdenken, sondern sie muß sich ir-

gendwie ausdrücken. Es ist nicht überraschend, daß viele Frauen in erster Linie bei ihren Kindern Wärme und Nähe suchen, besonders da so viele Männer nicht gelernt haben, auf die Bedürfnisse anderer einzugehen. Wenn sich die Kinder dann zwangsläufig abnabeln, fühlen sich die Frauen verlassen, zurückgewiesen und allein.

Die folgende Fallstudie zeigt die Reaktion einer Mutter auf einen Verlust. Ich habe sie ausgewählt, weil sie Parallelen zu Demeters Erfahrungen zeigt und viele Frauen, die ich kenne, Ähnliches erlebt haben.

Dorothy, eine Hausfrau in mittleren Jahren, bat um Beratung, nachdem sie entdeckt hatte, daß ihre sechzehnjährige Tochter sexuell aktiv geworden war. Elana war ein folgsames Kind gewesen, immer eifrig darauf bedacht, ihrer Mutter entgegenzukommen, aber jetzt weigerte sie sich trotz der Bitten ihrer Mutter, ihre Liebesbeziehung zu beenden. Dorothy war verzweifelt. Wie Demeter versank sie in Depressionen und war unfähig zu essen, zu schlafen oder zur Ruhe zu kommen. Wann immer Elana eine Verabredung mit ihrem Freund hatte, hatte Dorothy entsetzliche Angst. Natürlich brachte Elanas sexuelle Aktivität potentielle Gefahren mit sich: emotionales Trauma, Geschlechtskrankheiten, Schwangerschaft, Aids. Aber Dorothys Ängste gingen über diese realen Probleme hinaus. Sie hatte Angst, daß ihr das sanfte Kind, dessen Bedürfnisse sie so vollständig zu befriedigen glaubte, jetzt von dem jungen Liebhaber, dem »Entführer«, gestohlen wurde. Dorothy war nicht mehr die engste Freundin oder Vertraute ihrer Tochter und fühlte sich deshalb einsam.

Um Dorothys ängstliche Reaktionen auf die Affäre ihrer Tochter zu verstehen, müssen wir Dorothys Kindheit untersuchen, die durch unglückliche Umstände verdorben worden war. Dorothys labile Mutter war nicht in der Lage, sich richtig um sie zu kümmern, und Dorothys Vater hatte die Familie kurz nach ihrer Geburt verlassen. Die Mutter hatte in zweiter Ehe einen Mann geheiratet, der ein eisernes Regiment führte. Die wenige Zuwendung, die Dorothy vorher von ihrer Mutter erfahren hatte, war nicht mehr möglich, da der neue Ehemann alle Aufmerksamkeit seiner Frau beanspruchte. Verständlicherweise erweckte Elanas Romanze in Dorothy wieder die alte Verzweiflung und das Gefühl der Verlassenheit. Ein Mann nahm ihr die geliebte Tochter, so wie Jahre zuvor ein anderer Mann ihre Mutter vereinnahmt hatte.

Dorothy hatte ihrer Tochter all das gegeben, was sie während ihrer eigenen Kindheit vermißt hatte. Indem sie mit aller Kraft versuchte, Elanas materiellen und emotionalen Bedürfnisse vorauszuahnen und zu befriedigen, tröstete sie indirekt das vernachlässigte Kind in sich selbst. Es war, als würde sie zwei Kinder gleichzeitig bemuttern – die junge Elana und die junge Dorothy. Aber Elana wollte nichts mehr mit ihrer Mutter unternehmen. Das junge Mädchen war viel lieber mit seinem Freund zusammen, und selbst Mutters Ratschläge und Meinungen waren nicht mehr willkommen.

Da Elana einen deutlichen Unterschied zwischen ihren Interessen und denen ihrer Mutter machte und so bewies, daß sie selbst anders war als ihre Mutter, fühlte sich Dorothy plötzlich überflüssig. Ihr fehlte etwas, weil sich ihre Tochter von ihr entfernte und sie die gute Mutter verlor, die sie in sich geschaffen hatte, und die beiden – Mutter wie Tochter – zugute kommen sollte.

Dorothys Erfahrung können wir auch aus einem etwas anderen Blickwinkel betrachten. Wie so viele Frauen kannte auch Dorothy nur eine Art, mit anderen Menschen umzugehen – und das war, ihnen zu dienen. Ihre Identität und ihre Selbsteinschätzung beruhten auf ihrer Fähigkeit, etwas für andere zu »tun«. Da Dorothys Mutter selbst emotional bedürftig war, können wir wohl annehmen, daß Dorothy bereits als kleines Kind eine fürsorgliche Rolle übernahm und quasi ihrer Mutter eine Mutter war. Natürlich wurde Dorothy ängstlich, als Elana sich von ihr abwandte. Wenn Dorothy nicht mehr fürsorglich sein konnte, was blieb ihr dann noch?

Elanas Entwicklung zwang Dorothy schließlich, ihre abgöttische Liebe aufzugeben, die für sie die einzige Möglichkeit einer Bindung dargestellt hatte. Die dickköpfige Elana verweigerte Dorothy einfach die früheren Vertraulichkeiten. Aber diese erzwungene Loslösung bewirkte, daß Dorothy sich schrecklich verlassen fühlte. Es war, als hätte man ihr einen Teil von ihr selbst genommen. Dorothy mußte nun lernen, auf andere Art zu lieben und geliebt zu werden. Wie die feministische Psychiaterin Teresa Bernadez so schön sagte: Sie mußte lernen, nicht nur im Dienste anderer zu funktionieren, sondern in ihrem eigenen Dienste *und* im Dienste anderer.

Dorothy war zwei Jahre bei mir in Psychotherapie. Ihrem Einsamkeitsgefühl, ausgelöst durch Elanas erste Liebe, folgte eine intensive Wut auf ihre unzulängliche Mutter und dann die Trauer um die Kindheit, die für Dorothy so unglücklich gewesen war. Sie mußte, um inneren Frieden zu finden, erkennen, wie allein sie als Kind gewesen war, den verborgenen Groll an die Oberfläche lassen und verstehen, daß die unerfüllten Bedürfnisse der Kindheit ihre gegenwärtigen Beziehungen negativ beeinflußten.

Mit der Zeit hörte Dorothy auf, Genugtuung durch ihre Tochter zu suchen. Ihr Leid endete, und sie begann, eine müde und für beide Seiten unbefriedigende Ehe wieder mit Leben zu erfüllen. Sie erklärte ihrem Mann freundlich, wie er ihr einen Gefallen tun und eine Freude machen konnte. »Ich fühle mich gut, wenn du fragst, wie mein Tag war.« »Ich fühle mich geborgen, wenn du mich einfach in den Arm nimmst und mich festhälst.« »Wenn du vorschlägst, daß wir beide etwas Besonderes unternehmen, weiß ich, daß ich dir wichtig bin.« Dadurch gab sie die magische Idee, die so viele Frauen haben, auf, daß ihr Mann intuitiv wissen müsse, wie er seine Liebe ausdrücken muß, wenn er sie nur genügend liebe. Männer wie Frauen müssen Fürsorge und Zuwendung erst lernen.

Genauso wichtig war, daß sie Möglichkeiten fand, sich selbst zu bemuttern, indem sie ihre eigenen Bedürfnisse erkannte und befriedigte. Dorothy begann, sich zu fragen »Was will ich?« und die Antworten, die von Herzen kamen, zu akzeptieren. Wie sie mir erzählte, waren ihre Wünsche normalerweise ziemlich bescheiden und leicht zu erfüllen – ein Schaumbad, ein Besuch bei Freunden, ein Abend ganz für sich allein. Mit der Zeit wurde es ebenso normal, sich selbst zu umsorgen, wie sie Elana umsorgt hatte.

Viele Frauen leiden unter denselben Einsamkeitsgefühlen wie Dorothy, obwohl sie andere Ursachen haben. Die meisten wurden jedoch als Kinder von ihren

Eltern vernachlässigt und später von ihren Männern nicht ausreichend beachtet. Deshalb wenden sie sich in übertriebenem Maße den Kindern zu, um dort die schmerzlich vermißte Liebe zu finden. Wenn die heranwachsenden Kinder sich distanzieren, was normal ist, leiden diese Frauen stark unter dem Verlust. Die Trennung reaktiviert das Gefühl, das sie schon in ihrer Kindheit empfunden haben. Wenn sie aber ihre emotionalen Verluste, die sie als Kinder und Erwachsene erlitten haben, erkennen und verarbeiten, haben sie die Chance, schließlich doch noch Zufriedenheit zu erlangen. Nur wenn man die unabdingbaren Schmerzen des Lebens durchsteht – und ihnen nicht ausweicht –, kann man neue Lösungen finden und persönliche Veränderung erzielen.

Nicht alle Frauen sind so entschlossen wie Dorothy, ihren Verlust durchzustehen, und viele finden Lösungen, die bedeutend weniger erfolgreich sind. Ich erinnere mich an Felicia, eine Frau Anfang Sechzig, und an Gail, ihre vierzigjährige Tochter, die wegen einer Partnerschaftsberatung zu mir kamen. Mutter und Tochter lebten seit Gails Scheidung vor zwanzig Jahren zusammen. Sie waren außergewöhnlich abhängig voneinander und lagen sich ständig in den Haaren. Als Therapeutin bin ich an zankende Familien gewöhnt, aber die Art, wie Felicia und Gail sich gegenseitig angriffen, war sehr merkwürdig. Gail beurteilte ihre Mutter sehr kritisch. Sie störte, wie sie sprach, wie sie aussah und mäkelte an den Fernsehshows, die sie sich ansah, herum. Und Felicia beschwerte sich unaufhörlich über die Rücksichtslosigkeit ihrer Tochter – ihre Schlampigkeit, ihre Weigerung, sich an den Haushaltspflichten zu beteiligen, ihre Launenhaftigkeit.

Mir fiel auf, daß diese beiden erwachsenen Frauen sich benahmen, als ob Gail noch ein kleines Kind und Felicia die treusorgende Mutter sein müsse. Felicia und Gail hatten sich nach so langer Zeit immer noch nicht voneinander abgenabelt.
Mit achtzehn hatte Gail versucht, ihre Mutter zu verlassen. Sie mietete sich ein Apartment, fand eine Stelle als Schreibkraft in einem Büro und heiratete innerhalb des nächsten Jahres einen Kollegen. Aber von Anfang an zeigte Felicia offen ihre Abneigung, die sie ihrem Schwiegersohn gegenüber hegte. Als Gail im zweiten Ehejahr gestand, Eheprobleme zu haben, versicherte Felicia ihr, daß sie jederzeit »zu Hause« willkommen sei. Beide waren froh, wieder zusammen zu sein. Sie schlüpften einfach wieder in ihre vertrauten Rollen: Felicia, die sorgende Mutter, und Gail, das ewige Kind.
Mit den Jahren wurden diese Rollen starr. Die beiden Frauen klammerten sich aneinander. Felicia erhielt so die Illusion aufrecht, von ihrem Kind gebraucht zu werden, und Gail verdrängte das Leid, das das Erwachsenwerden nun mal mit sich bringt. Aber ihre Beziehung war erstickend und stagnierend. Ihre absolute Bindung aneinander war zu einer Art Sklaverei für beide geworden.
Selbst in der Therapie gelang es nicht, diese merkwürdige Verstrickung zu lösen. Sowohl Felicia als auch Gail hatten Angst, verlassen zu werden, und waren entschlossen, weiterhin zusammenzuleben. Das einzige, was ich tun konnte, war, Felicia und Gail bei der Konfliktbewältigung zu helfen. Nach vier Wochen kamen wir überein, daß es Zeit war, die Beratung zu beenden. Enttäuscht sah ich zu, wie Felicia und Gail

mein Sprechzimmer verließen. Sie hielten Händchen und zankten sich.
Durch Gail und Felicia lernte ich, die tiefere Bedeutung des Wortes »verlassen« zu verstehen. Auf der einen Seite beschreibt »verlassen« den Schrecken, alleingelassen zu werden, aber auf der anderen Seite beschreibt es das Hochgefühl von Freiheit und Spontaneität. Wenn jemand die Freude kennenlernen will, mit Hingabe zu leben, muß er sich erst dem Schrecken des Verlassenwerdens stellen und ihn überwinden. Felicia und Gail hatten zuviel Angst, die zu riskieren. Sich einem Verlust zu stellen, erfordert viel Mut. Selbst die Göttin Demeter gerät angesichts dieser Anforderungen ins Wanken. Zuerst weigert sie sich, sinnvolle Änderungen in ihrem Leben durchzuführen und zieht es statt dessen vor, ihren Schmerz zu lindern, indem sie den zugrundeliegenden Verlust nicht anerkennt. Sie verfällt in Depressionen und zieht sich von den anderen Göttern zurück, als sie erfährt, daß Persephone Hades' Braut werden soll. Aber wie viele ihrer modernen Gefährtinnen bricht Demeter den Leidensprozeß ab, bevor er eine Chance hat zu heilen. Vielleicht beschreibt Theologin Dorothee Soelle ihr anfängliches Verhalten am besten mit »das Scheitern, Leid zu ertragen«. Indem sie ihr verlorenes Kind Persephone rasch durch ein anderes, den Säugling Demophoon, ersetzt, betrügt sich die Göttin selbst und glaubt, daß die mit dem Verlust notwendigerweise verbundene Qual umgangen werden kann. Mehr noch – sie plant, das menschliche Baby in ein unsterbliches Wesen, einen Gott, zu verwandeln. Welch besseren Weg gäbe es, Veränderungen zu vermeiden, als die Zeit einzufrieren? Wie ihre sterblichen Gefährtin-

nen Felicia und Gail weigert sich Demeter, die Tatsache anzuerkennen, daß das Leben vergänglich ist, daß Entwicklung Veränderungen fordert. Sie versteht nicht, daß die Unsterblichmachung eines menschlichen Wesens zwangsläufig Stagnation mit sich bringt. Demeter ist nicht gewillt, Trauer zu erleiden, mit der schmerzlichen Wirklichkeit des Verlustes zurechtzukommen und innere Änderungen vorzunehmen, sondern sie sucht eine rückläufige Lösung für ihre Depression. Indem sie wieder eine sorgende Mutter wird, ein anderes Baby mit Beschlag belegt, möchte sie sich in eine glücklichere Phase ihres Lebens zurückversetzen. Aber schließlich ist Demeter gezwungen, sich ihrem Leid zu stellen, so schmerzlich es auch ist. Ihr anfängliches, törichtes Bemühen, ihre Depression zu beenden, indem sie in die bequeme, aber nicht mehr passende Rolle der Mutter/des Kindermädchens zurückfällt, ist aber dennoch lehrreich. *Wir* können aus ihren Fehlern lernen.

Viele Frauen überdenken die Möglichkeit, ein weiteres Kind zu bekommen oder zu adoptieren, wenn sie das Abnabeln ihrer heranwachsenden Kinder befürchten. Für einige Frauen ist es ein freudiges Ereignis, spät noch ein Baby zu bekommen. Aber psychische Probleme können erwachsen, wenn man dadurch versucht, eine Leere zu füllen und die Zeit zurückzudrehen. Unglücklicherweise treibt die Unannehmlichkeit des Leidens die Leute oft in neue und voreilige Beziehungen. Anstatt im Innern Lösungen zu finden, suchen sie bei anderen nach Patentlösungen und Erleichterung.

Bevor ich vierzig wurde, sprachen mein Mann und ich darüber, ein drittes Kind zu bekommen. Er war begei-

stert von der Aussicht. Wie er war ich oft traurig, daß unsere Kinder sich von uns lösten, aber ich wußte nicht genau, was ich tun sollte. Wollte ich ein Baby? Wollte ich kein Baby? Was wollte ich in diesem Lebensabschnitt überhaupt? Das Heranwachsen meiner Kinder erinnerte mich daran, daß ich älter wurde – diese Tatsache wurde durch die tiefer werdenden Linien in meinem Gesicht, das ergrauende Haar und die Warnungen meines Arztes vor erhöhtem Cholesterinspiegel noch offensichtlicher. Wie ich sind die meisten Mütter von jugendlichen Kindern in mittlerem Alter. Plötzlich und schockiert erkennen wir, daß wir nicht mehr jung sind. Ist es nicht passend, daß Demeter sich in eine alte Frau verwandelt, nachdem ihre Tochter sie verlassen hat? Die Illusion von Unsterblichkeit und Unverwundbarkeit, die unsere Jugend und in gewissem Rahmen auch unsere Sorge um die kleinen Kinder begleitete, macht jetzt der ernüchternden Erkenntnis Platz, daß das Leben begrenzt und zerbrechlich ist. Ist es da verwunderlich, daß wir ängstlich und traurig sind?
Wochenlang hing die Angst vor dem Alter vage, aber hartnäckig über mir. Ich spürte, daß sich Türen vor mir schlossen. Konnte ich diese Türen nicht noch einmal öffnen? Würde ein weiteres Baby meinem Mann und mir nicht erlauben, in eine erfülltere Zeit zurückzuschleichen? Ich wußte nicht, wie ich mich entscheiden sollte. Zum Glück tat ich gar nichts. Ich gestattete mir einfach, in tiefe Depression zu verfallen und trauerte um das, was ich verlor.
Während dieser depressiven Phase hatte ich einen Traum, der mir den Weg zeigte. In diesem Traum befand ich mich auf einem bezaubernden Platz in einem

französischen Dorf. Ich trug ein langes schwarzes Kleid und hielt einen Fisch in den Armen. Mein Mann sang und bat mich, den Fisch in den Brunnen zu werfen, der zwischen uns stand. Aber ich weigerte mich mit der Erklärung, daß der Brunnen den Fisch nicht mehr aufnehmen könne. Dann verschwand der Fisch, ich nahm die Hand meines Mannes, und wir sangen ein Liebesduett zusammen. Als ich den Traum erforschte, wurde mir klar, daß er mich genau zu dem Dorfplatz zurückbrachte, den mein Mann und ich im Urlaub besucht hatten, nachdem wir wußten, daß ich mit unserem ersten Kind schwanger war. Aber in diesem Traum trug ich schwarz, die Farbe der Trauer. Ich trauerte um einen Teil meines Lebens, der sterben mußte. Ich würde nie wieder eine junge Mutter mit einem neuen Baby sein. Ich weigerte mich, den Fisch (Embryo) zu dem Brunnen (meine Gebärmutter) zu bringen. Als der Fisch verschwand (als ich die Möglichkeit aufgab, noch ein Kind zu bekommen), ergriff ich die Hand meines Mannes.

Der Traum machte klar, daß das Ende unserer aktiven Elternschaft eine tiefere Verbindung zwischen meinem Mann und mir erlaubte, eine Erneuerung der Zweisamkeit, die wir in den frühen Jahren als Ehepaar gekannt hatten, die aber zwangsläufig verschwunden war, als die Kinder kamen und unsere Aufmerksamkeit verlangten. Nun wußte ich, was ich wollte und worauf ich hinarbeiten würde. Aus meiner Leere schuf ich eine neue Hoffnung, eine neue Möglichkeit für meine Zukunft. Meine Trauer endete, die depressiven Symptome, die mich niedergedrückt hatten, verschwanden von ganz allein.

Nach ihren Bemühungen, Persephone durch ein anderes Kind zu ersetzen, verlangt die leidtragende Demeter, daß ein Tempel für sie gebaut wird. Indem sie erkennt, daß sie ihre Trauer ausleben muß, ist sie wieder frei, sich als Göttin zu geben. Sie wirft ihre Verkleidung ab, nimmt wieder ihre strahlende Gestalt an und zieht sich in den Tempel zurück, um ihr verlorenes, nicht zu ersetzendes Kind zu betrauern. Ich habe bei meinen Patienten oft eine ähnliche Veränderung beobachtet. Wie Demeter bekommen Frauen eine natürliche Schönheit, wenn sie in sich gehen – in ihren eigenen Tempel – und auf diese Weise sie selbst werden. Sie müssen keine Rolle mehr spielen, und ihre Gesichter strahlen, ihre Körper werden fließend. Es ist furchtbar anstrengend, Gefühle zu verdrängen: Tränen und Schluchzen zu unterdrücken und Schreie zu ersticken. Und doch haben viele von uns gelernt, eine Maske zu tragen, ein Lächeln über unsere Traurigkeit zu malen, so zu tun, als seien unsere Sorgen nicht da. Wenn wir nicht fähig sind, unsere Gefühle auszudrücken, sind unsere Gesichter Masken und unsere Körper Rüstungen. Als Therapeutin empfinde ich eine Art Triumphgefühl, wenn ich meinen Patienten helfen kann zu lernen, daß es keinen Zusammenbruch, sondern vielmehr die Möglichkeit zum Durchbruch bedeutet, wenn man seinen düsteren Gefühlen nachgibt – man gewinnt ein neues oder tieferes Verständnis, das zu einer ausgefüllteren Persönlichkeit führt.

Demeter sitzt in ihrem Tempel allein mit ihrer Trauer. Sie ist so weise, niemandem zu gestatten, sie vorschnell aus ihrer Niedergeschlagenheit zu treiben, wie sie es vorher Jambe gestattet hatte. Ihre Trauer erfordert einen vorübergehenden Rückzug von der Gesellschaft und einen schmerzlichen Blick nach innen.

Die Hungersnot, die sie verursacht, symbolisiert ihre Depression: den Zustand innerer Leere, alles scheint tot zu sein. Im Laufe meiner Berufsjahre ist mir klargeworden, wie sehr Menschen Depression fürchten und sich ihrer schämen. Für manche bringt es panische Angst mit sich: »Wenn ich solchen Gefühlen nachgebe, verliere ich jede Kontrolle; ich werde verrückt werden.« Andere wiederum machen sich selbst Vorwürfe: »Ich bin wütend, daß ich so schwach bin, ein richtiger Jammerlappen.« Viele deprimierte Frauen haben besonders viel Angst vor der Wut, die mit ihrer Depression einhergeht. Ihre Angst ist verständlich, weil Frauen lernen, daß Wut sowohl unweiblich als auch zerstörerisch ist. Und obwohl sich die Wut einer Frau durchaus erschreckend mächtig ausdrücken kann, weil es ein wilder primitiver Aufschrei ist, wird sie wahrscheinlich feststellen, daß ihre Wut nicht die Erde verwüsten wird wie bei der Göttin Demeter, sondern sie aus der Unbeweglichkeit ihrer Depression befreit und ihr wieder Lebenskraft gibt. Depression ist eine menschliche Reaktion auf die zahlreichen Verluste, von denen jedes Leben betroffen ist. Deshalb ist es traurig, daß unsere Gesellschaft mißbilligt, wenn man ihr Ausdruck verleiht. Die Suche nach dem Glück ist eine verzweifelte Angelegenheit geworden: Sich gut zu fühlen, ist nicht nur ein Recht, sondern eine persönliche Pflicht. Demeter lehrt uns, daß wir unseren Depressionen nachgeben müssen, so bitter sie auch sein mögen, denn, indem wir den Kampf durchstehen, lernen wir, uns mit dem Verlust abzufinden, und erreichen dadurch eine höhere Persönlichkeitsebene.

Persephone lehrt uns, daß jungen Frauen auch ihre

Depression zugestanden werden muß, denn indem man tief in die eigene Unterwelt eintaucht, bewirkt man Entwicklung und Veränderung. Mütter, die ihren Gefühlen ohne Angst vor deren dunkler Seite vertrauen, haben die glänzende Gelegenheit, ihre Töchter – ihre Persephones – dasselbe zu lehren. Zu wissen, wie man deprimiert ist, ohne destruktiv zu sein, ist eine Lektion, die jeder Heranwachsende lernen sollte. Albert Camus schreibt: »Es gibt keine Sonne ohne Schatten, und es ist lebenswichtig, die Nacht zu kennen.«

Nur zu oft jedoch sind Mütter ohne Grund besorgt, wenn ihre Töchter deprimiert sind. Ich erinnere mich an den Fall einer Frau, die sich Sorgen machte, weil ihre heranwachsende Tochter viel Zeit in ihrem Schlafzimmer zubrachte, wo sie stundenlang traurige Musik hörte oder einfach vor sich hin träumte. Die Mutter erkannte nicht, daß dieser Rückzug dem Mädchen Zeit gab, eine innere Welt zu entwickeln, ein inneres Leben, und spornte die Tochter an, sich aus dieser Stimmung herauszureißen und etwas Produktives zu tun. Obwohl die Mutter in der Absicht handelte, die Entwicklung ihrer Tochter zu fördern, behinderte sie sie unabsichtlich.

Natürlich solle man nicht taub sein, wenn ein Kind um Hilfe schreit (oder flüstert). Ein Jugendlicher, der von den Schwierigkeiten des Lebens überwältigt wird und sich ihnen nicht gewachsen fühlt, braucht normalerweise professionelle Hilfe. Ich meine jedoch, daß eine Jugendliche ebenso wie ihre Mutter das Recht hat, traurig zu sein und das auch auszudrücken, wenn sie sich oder andere damit nicht gefährdet. Sowohl Jugend als auch die Lebensmitte sind Zeiten ei-

nes neuen Anfangs, und eine solche Zeit bringt zwangsläufig Trauer um das Vergangene mit sich.
Wie Esther Harding schreibt, ist die »Einstellung, die sagt: ›Ich will dich glücklich und das Leben einfach für dich machen. Ich möchte dich auch vor der geringsten Mühe und Not bewahren‹ furchtbar. Es scheint so nett, aber es ist wirklich grausam« (Harding 1970). Die wirklich gütige Mutter gestattet ihrer Tochter, eine ganze Persönlichkeit zu sein und ebenso zu leiden wie zu genießen. Sie erinnert das heranwachsende Mädchen daran, daß es notwendig ist, von Zeit zu Zeit sehr traurig zu sein, und daß diese Traurigkeit nicht hinter einem falschen Lächeln oder einem trotzigen Kinn versteckt werden sollte. Die weise Mutter sagt ihrer Tochter vielleicht so etwas: »Liebes, ich sehe, daß du verzweifelt bist. Vielleicht hilft es, wenn du in dein Zimmer gehst, die Tür hinter dir zumachst, traurig bist und dich richtig ausweinst, wenn du willst. Später werde ich dir dann zuhören, wenn du möchtest, und ich verspreche dir, daß ich dir deinen Kummer oder deine Wut nicht ausreden werde. Es ist ein Zeichen deiner Menschlichkeit, solche Gefühle zu haben, und ich werde sie dir niemals wegnehmen.«
So wie Persephones Rückzug in die Unterwelt ihre Entwicklung beschleunigt, führen Demeters durchlebte Depressionen zu ihrer mütterlichen Transformation. Erst nach ihrer Trauerzeit, die notwendigerweise eine Neueinschätzung mit sich bringt, ist sie bereit, in eine weniger verschlingende Mutterrolle zu schlüpfen. Voneinander getrennt – Demeter in ihrem Tempel und Persephone in der Unterwelt – machen Mutter und Tochter Veränderungen durch, als sie erkennen, daß ihr gemeinsames Leben enden muß. Persephone

ißt den Granatapfel, der ihr Sexualität und eine dauerhafte Verbindung mit Hades zusichert, und Demeter beschließt, der Heirat ihrer Tochter nicht im Weg zu stehen, sondern die veränderte Beziehung zu ihrer Tochter zu akzeptieren. Demeter macht aber noch weitere Veränderungen durch. Nachdem sie ihre Tochter aus der absoluten Bindung entlassen hat, ist Demeter in der Lage, ihre Mutterliebe in neue Bahnen zu lenken. Sie tut dies, indem sie zum geistigen Mentor der Prinzen von Eleusis wird, denen sie jetzt ihre feierlichen Riten und Mysterien enthüllt.

Frauen müssen Wege finden, Möglichkeiten für die nächste Generation zu schaffen. Sie dürfen die Kinder nicht im Stich lassen, die sich von ihnen lösen. Die Mutterrolle entwickelt sich von der Fürsorge zum Leitbild. Wenn ihre Kinder sich von ihnen trennen, suchen viele Mütter außerhalb der Familie nach neuen und ihnen entsprechenden Möglichkeiten, das Wohlergehen der nachfolgenden Generation zu sichern. Das sind die Frauen, die in mittleren Jahren inspirierte und inspirierende Lehrer, Heiler, Mentoren, soziale und politische Führungspersönlichkeiten werden.

Wir sollten Persephones Wiedervereinigung mit ihrer Mutter nicht als Ersatz für das sehen, was verlorengegangen ist, und nicht als Rückkehr in frühere Zustände. Vielmehr wird hier die Vereinigung von zwei eigenständigen Frauen gefeiert: Demeter, die reife Göttin der Erde, und Persephone, die Königin der Unterwelt und ihre Tochter. Demeter und Persephone bekräftigen die Dauerhaftigkeit ihrer Beziehung. Sie verschmelzen jedoch nicht, sondern sind jede für sich eine einzigartige Persönlichkeit. Jetzt erinnere ich mich wieder an das antike Relief von Demeter und

Persephone in Erich Neumanns Buch, das ich beschrieben habe. In meiner Phantasie scheint es jetzt anders zu sein. Ich kann zwei Frauen sehen, eine Mutter und ihre Tochter, die sich liebend in die Augen sehen. Jede ist sehr schön und stark, und obwohl sie sich ähneln, ist jede zweifellos sie selbst.

3

GUTE ODER SCHLECHTE ÄPFEL

Mütter und Sex

Es wäre nur logisch, daß die sexuelle Entwicklung einer heranwachsenden Tochter in der Mutter zärtliche Gefühle auslöst. Schließlich ist es ein wundervoller Reifeprozeß. Man würde erwarten, daß die ältere Frau die jüngere vorsichtig zum Frausein führt und diesen Übergang mit ihr feiert. Und doch reagieren viele Mütter auf die neue Fraulichkeit ihrer Tochter mit leiser Besorgnis, ja sogar mit Schrecken. In unserer Gesellschaft ist die erste Menstruation der jungen Frau, die Menarche, normalerweise ein privates Ereignis, dem man mit peinlichem Schweigen begegnet und das man nicht feiert. Vielleicht können wir herausfinden, weshalb die sexuelle Entwicklung eines jungen Mädchens in seiner Mutter negative Gefühle auslöst, und vielleicht können wir erkennen, wie man die Ablehnung durch ein gesünderes Verhalten ersetzen könnte.

Die psychoanalytische Literatur spricht vom sexuellen Wettkampf zwischen Mutter und heiratsfähiger Tochter. Es wird angedeutet, daß eine solche Rivalität natürlich und somit von geringer Bedeutung ist. Der Psychoanalytiker James Anthony beschreibt diese

Feindschaft sinngemäß folgendermaßen: Die Rivalität zwischen Mutter und Tochter findet ihren extremsten Ausdruck innerhalb des Menopause-Menarche-Syndroms, wenn die nachlassende reproduktive Fähigkeit der Mutter mit der blühenden Sexualität des Mädchens konfrontiert wird. Die Wechselwirkung löst in beiden beachtliche Angst und Depression aus, und die Beziehung verwandelt sich in einen offenen Krieg. Der Vater ist in diesen Situationen oft diplomatischer Vermittler. Die Brot-und-Butter-Schlachten werden zwischen Mutter und Tochter ausgetragen, während die romantische Bindung der Tochter an den Vater weiter besteht.

Gewiß, um Eigenständigkeit zu entwickeln, müssen Töchter eine vorübergehende seelische Distanz zu ihren Müttern schaffen. Und in ihren Bemühungen, sich von ihren Müttern zu lösen, wird ihr Verhältnis zum Vater, der im Idealfall als Puffer zwischen Mutter und Tochter agiert, meist enger. Hinzu kommt, daß die romantischen Gefühle, die jedes kleine Mädchen für seinen Vater hegt, in der Jugend wieder erwachen. Unterschwellig möchten Töchter immer vom Vater verehrt werden. Wie die Psychologin Louise Kaplan es ausdrückt: »... die unterdrückten ödipalen Phantasien der Kindheit kehren in verschiedenen Verkleidungen wieder mit der lautstarken Forderung nach Behauptung ihrer Oberherrschaft.«

Obwohl eine gewisse Konkurrenz zwischen Mutter und Tochter nicht zu vermeiden ist, glaube ich, daß ihre bitteren sexuellen Rivalitäten weder normal noch wünschenswert sind. Vielmehr sind diese Feindseligkeiten durch die Gesellschaft entstanden, die Frauen erniedrigt, ihre seelische Entwicklung hemmt und Be-

ziehungen untereinander unterminiert. Um zu erläutern, wie Mutter und Tochter ihre Kräfte messen und welche Auswirkungen diese Konkurrenz hat, möchte ich hier einen Fall aus meiner Praxis erzählen.
Zögernd und mit vielen Entschuldigungen erzählte mir Jessica, eine attraktive Frau Mitte Vierzig, daß sie ihre dreizehnjährige Tochter beneide. Neben ihrer hübschen Tochter fühlte sie sich »verbraucht und alt, wie ein ausgelatschter Schuh«. Sie schämte sich, weil die aufkommende Sexualität ihrer Tochter sie zornig machte, und Jessica machte ihrer Eifersucht Luft: »Ich möchte nicht, daß meine Tochter besser aussieht als ich. Ich möchte nicht, daß sie mich aussticht. Aber ich hasse mich für meine Bösartigkeit. Was stimmt nicht mit mir, daß ich so eifersüchtig geworden und auf meine eigene Tochter neidisch bin?« Verwirrt durch ihre feindseligen Gefühle fürchtete Jessica, daß sie nicht länger darauf vertrauen konnte, eine gute Mutter zu sein, und daher war die Beziehung zu ihrem einzigen Kind gespannt und unnatürlich geworden. Aus unseren Gesprächen erfuhr ich, daß Jessica als junge Frau sehr viel Bewunderung erfahren hatte und von einer Menge Verehrern wegen ihrer Schönheit idealisiert worden war. Wie besessen beobachtete sie die körperlichen Anzeichen des Alters und erwartete jetzt, daß die Männer, und besonders ihr Ehemann, sie nicht mehr attraktiv finden würden, da sie ihren jugendlichen Reiz verloren hatte. Wie um Jessicas Selbstabwertung zu unterstützen, lehnte ihr fünfzigjähriger Mann Andrew sie sexuell ab. Er ergriff nur unregelmäßig die Initiative zum Sex, liebte sie mechanisch und machte in ihrer Gegenwart jüngeren Frauen schöne Augen. Ein grausames Beispiel für

seine Ablehnung folgte einem für beide Seiten enttäuschenden sexuellem Beisammensein, als er »im Spaß« den Vorschlag machte, »sie gegen ein neueres Modell einzutauschen«. Am meisten verletzte Jessica seine übertriebene Anbetung ihrer Tochter, und das trieb sie auch dazu, mich aufzusuchen. Andrew umwarb Kathy und war selbst eifersüchtig auf die Jungen, die sich für sie interessierten. Seine törichte Zuneigung traf Jessica besonders stark am Abend ihres zwanzigsten Hochzeitstages, für den sie eine elegante Party geplant hatte. Wundervoll angezogen stand Jessica vor Andrew und hoffte, daß er ihr ein Kompliment machen würde. Ohne ein Wort zu verlieren, sah er an ihr vorbei und wandte seine volle Aufmerksamkeit ihrer Tochter zu, um dem jungen Mädchen zu sagen, wie schön es sei.

Jessicas niedrige Selbsteinschätzung beruht auf mehr als auf den Grausamkeiten ihres Ehemannes. Schon sehr bald fiel mir auf, daß diese Frau von sich selbst sprach, als sei sie eine Ware – ein Spielzeug, ein Auto oder ein Kleidungsstück, das ganz einfach gegen *etwas* Neueres oder Glatteres eingetauscht werden konnte. Da sie sich selbst zu einem Objekt reduziert hatte, konnte sie diese unbestimmbaren menschlichen Qualitäten nicht erkennen, die mit zunehmender Reife immer größer werden und das eigene Wertgefühl steigern – Eigenschaften wie Kreativität, Einfühlungsvermögen, Nähe, Humor und Weisheit. Wie so viele Frauen maß sie ihren Wert als menschliches Wesen im großen und ganzen nur an ihren physischen Attributen, und selbst in dieser Hinsicht war ihr Standard sehr begrenzt. Für Jessica waren nur die Jungen schön – eine Annahme, die unglücklicherweise

von vielen in unserer Gesellschaft geteilt wird. Tatsächlich werden wir von klein auf dazu erzogen, Schönheit mit Jugend und Häßlichkeit mit Alter zu verbinden. Wir glauben, daß schöne Mädchen dazu verdammt sind, abstoßende Hexen zu werden. Ist es da verwunderlich, daß ältere Frauen ihren Körper mit wachsendem Entsetzen und Verachtung betrachten? Oder daß sie so viel auf sich nehmen von anstrengenden Trainingsprogrammen und Diäten bis zu kosmetischen Operationen –, um die Illusion der Jugend herzustellen?
Ist es verwunderlich, daß die arme Jessica ihr alterndes Gesicht und ihre alternde Figur zunehmend abstoßend fand, da sie doch gelernt hatte, nur die Jugend zu lieben? Wie konnte sie sich über das Erblühen ihrer Tochter freuen, wenn es doch ihr eigenes Welken bedeutete? Nur wenn die Frau mittleren Alters sich ihrer sexuellen Macht und der Freuden ihres reifen Körpers bewußt ist, kann sie im Verhältnis zu der jüngeren, die sich in der Leidenschaft erst zu regen beginnt, Gegenseitigkeit erfahren. Weil sie deprimiert war und sich abgewertet fühlte, konnte Jessica Kathys Frauwerden weder anleiten noch feiern. Es löste in ihr nur Neid aus, den ihr Mann mit seinen unsensiblen Handlungen nur noch förderte.
In Wirklichkeit – eine Wirklichkeit, die Jessica nicht verstand – überholt die heranwachsende Frau die gesunde Frau mittleren Alters nicht sexuell und muß für sie keine Bedrohung darstellen. Viele Theoretiker von Rang haben den Fehler gemacht, die reproduktive Fähigkeit mit Sexualität gleichzusetzen. Beeindruckende Ergebnisse aus dem Gebiet der Sexualforschung lehren uns, daß die Sexualität der Frau

während und nach der Menopause nicht schwindet. Tatsächlich genießen viele Frauen jetzt, da ihnen die Sorge um eine unerwünschte Schwangerschaft erspart bleibt, den Sex mehr als früher. Und da sie zunehmend Selbstvertrauen haben und sich besser in der Welt behaupten, werden sie auch sexuell aktiver und interessierter.

Ich stimme der Meinung der Schriftstellerin Isak Dinesen zu, daß eine ältere Frau, die bereit ist, ihre volle Stärke zu benutzen, das mächtigste Geschöpf der Erde ist. Isak Dinesens Kommentar erinnert mich an eine Bemerkung meiner Friseuse, die mit Begeisterung ausrief, daß ihre fünfundvierzig Jahre alte Libido »heißer ist als je zuvor«.

Die Ironie will es, daß die sexuellen Kapazitäten einer Frau mittleren Alters für ihren Partner bedrohlich sein können, der sie dann in Selbstverteidigung sabotiert. Diese Dynamik wurde mir langsam während der Therapie mit Jessica und ihrem Mann klar. Da Andrew das seelische Wohlbefinden seiner Frau beeinträchtigte, bat ich ihn, an Jessicas Behandlung teilzunehmen. Während einer Einzelsitzung erfuhr ich, wie unsicher er in bezug auf seine eigene Sexualität und wie unvorbereitet er auf die normalen sexuellen Veränderungen war, die das Alter mit sich bringt. Er deutete an, daß seine Sexualität mit zunehmendem Alter nachgelassen hatte – er war nicht mehr der »Sexprotz«, der er einmal gewesen war, und demzufolge grübelte er über seine »schwindende Männlichkeit« nach. Am Anfang unseres Gesprächs behauptete Andrew, daß er inzwischen Sex mit Jessica fürchtete, daß sie älter geworden sei und ihn nicht mehr »anmache«. Aber später gestand Andrew, wie sehr es ihn gequält hatte, wenn er bei manchen Gelegenheiten sexuell »versagt« hatte. Mir wurde klar, daß Andrew, der vor allen Dingen mit seiner schwindenden Männlichkeit beschäftigt war, seine eigenen Zweifel an seiner sexuellen Anziehungskraft auf seine Frau übertragen hatte. Er versuchte, seine Selbstachtung aufrechtzuerhalten, indem er sich einredete, daß Jessica das Problem war, nicht er. Wie der demoralisierte Fuchs in Aesops Fabel betrog Andrew sich selbst, indem er steif und fest behauptete, daß die Früchte der Leidenschaft, die seine Frau ihm anbot – die aber außerhalb seiner Reichweite waren –, sauer waren. Seine Furcht, sexuell überboten und dadurch gedemütigt zu werden, brachte ihn – zweifellos unbewußt – dazu, Jessica zu demütigen, indem er ihre sexuelle Attraktivität anzweifelte und seine romantische Aufmerksamkeit auf seine Tochter lenkte. Bei seinem kleinen Mädchen fühlte er sich vital, mächtig und sexy. Indem er jedoch seine Tochter dazu benutzte, sein Selbstwertgefühl aufzubessern, beeinträchtigte er nicht nur ihre gesunde Entwicklung, sondern untergrub auch ihre Beziehung zu ihrer Mutter. Dieser verführerische Vater schuf, oder schürte zumindest, die Eifersucht zwischen Jessica und ihrem Kind.

Bevor eine Jugendliche selbstbewußt genug ist, junge Männer zu fesseln, wird sie ihre weiblichen Reize vermutlich an ihrem Vater oder Vaterersatz ausprobieren. Sollte der Vater jedoch ihre Fraulichkeit mehr als die ihrer Mutter beachten, wird das junge Mädchen verwirrt, und es bekommt Angst. So wie der kleine Junge, der sich durch die ödipale Phase kämpft, nie glauben darf, daß er die Mutter erfolgreich dem Vater wegnehmen kann, darf das junge Mädchen, aufgewühlt von neuen und intensiven Gefühlen und der eigenen Begehrtheit bewußt, nicht glauben, daß sie in den Augen des Vaters der Mutter sexuell überlegen ist. Solche Siege sind Pyrrhussiege, denn das Gewicht illegitimer Macht erdrückt das Kind. Statt dessen muß das junge Mädchen wissen, daß sein Vater eine dauerhafte und tiefe Bindung zu seiner Frau unterhält und kein sexuelles Entgegenkommen von seinem Kind möchte. Es ist natürlich für die Tochter, die Prinzessin des Vaters zu sein, solange ihre Mutter seine Königin ist.

Für welche schweren psychischen Schäden inzestuöse Väter verantwortlich sind, ist gut dokumentiert. Aus empirischen Studien erfahren wir auch, daß verführerische Väter wie Andrew, die nicht offen inzestuös sind, die emotionale Gesundheit ihrer Töchter schädigen. Die Forscherinnen Judith Lewis Herman und Lisa Hirschmann haben Interviews mit Töchtern durchgeführt, deren Väter Verführer waren, und daraus geschlossen, daß diese Frauen Identitätsprobleme hatten. Sie waren die »lieben« Mädchen, die ihrem Vater dienten und ihm gefielen und gleichzeitig die »bösen Mädchen, die einer Verletzung des Inzesttabus gefährlich nahe gekommen waren und ihre Mütter beinahe ausgestochen hätten. Ihre doppelte Identität verhinderte die Entwicklung eines einheitlichen Selbstgefühls, und sie schwankten zwischen der Selbsteinschätzung als idealisierte Prinzessin und als rücksichtslose Verführerin. Hinzu kommt, daß ihre persönlichen Beziehungen gestört waren. Sie neigten dazu, Männer über- und Frauen unterzubewerten – so wie der Vater die Mutter unterbewertete. Vor vielen Jahren beschrieb die Psychoanalytikerin Karen Horney die Töchter verführender Väter folgendermaßen: »Diese Frauen waren wie von einem einzigen Gedanken besessen: ›Ich muß einen Mann haben‹ – besessen von einer Idee, die so übermächtig war, daß sie jeden anderen Gedanken zu absorbieren schien, und im Vergleich dazu schien der Rest des Lebens schal, flach und sinnlos.«

Wie man vielleicht erwartet hat, fanden Judith Herman und Lisa Hirschmann heraus, daß die Töchter verführender Väter für ihren Status auch damit bezahlten, daß sie unter der Eifersucht ihrer Mütter litten. Die aufgezwungene Rivalität zwischen Müttern und Töchtern hinderte letztere daran, ihre tiefe Sehnsucht nach mütterlicher Zuwendung zu erkennen. Es ist leider sehr verbreitet, daß das erlernte sexuelle Konkurrenzverhalten eine auf Vertrauen und Zuneigung basierende Beziehung auch zwischen Frauen gleichen Alters ausschließt. Nur zu oft sind Frauen bereit, ihre Freundschaften untereinander der Aufmerksamkeit von Männern zu opfern.

Angesichts ihrer eigenen verzerrten Selbsteinschätzung und dem degradierenden verführenden Verhalten ihres Mannes ist Jessicas Ärger über ihre Tochter verständlich. Trotzdem ist es furchtbar traurig. Die Entfremdung war teuer. Das junge Mädchen verlor die Mutter, die ihr vielleicht als Vorbild und Hilfe gedient hätte, und die Mutter verlor die Gelegenheit, ihre Tochter in die nächste Phase des Frauseins zu begleiten.

Jessica und Andrew gaben die Therapie nach ein paar Sitzungen ohne Erklärung auf. Ich hatte den Eindruck, daß Jessica ihre Situation als hoffnungslos empfand. Da sie ihren Mann, von dem sie abhängig

war, nicht bedrohen wollte, war sie bereit – ohne sich dieser Tatsache vollkommen bewußt zu sein –, sowohl ihr eigenes als auch das seelische Wohlbefinden ihrer Tochter zu opfern.
Diese Art Sackgasse wird in einem Band mit Kurzgeschichten über Mütter und Töchter, zusammengestellt von der Literaturkritikerin Susan Koppelman, gut wiedergegeben. Einige dieser Geschichten schildern, wie Mütter ihren Töchtern helfen, sich in einer Gesellschaft zu bewegen, in der sie von Männern dominiert und genötigt werden. Guadalupe Valdes Geschichte *Recuerdo*, aus der ich einen Ausschnitt wiedergebe, beschreibt das Dilemma, in dem sich eine mexikanisch-amerikanische Mutter befindet, deren Arbeitgeber sie zur Komplizin machen möchte, um ihre junge Tochter zu verführen:

»Maruca ist sehr hübsch, Rosa«, sagte Don Lorenzo plötzlich.
»Danke, Señor, Sie sind sehr freundlich.«
»Sie wird eines Tages einen Mann sehr glücklich machen«, fuhr er fort.
»Ja.«
»Glaubst du, sie wird bald heiraten?« fragte er und beobachtete sie genau.
»Nein«, sie zögerte, »daß heißt, ich weiß nicht, sie … es gibt noch niemanden.«
»Ah!« Das kam ruhig, aber irgendwie triumphierend. Und Rosa wartete und fragte sich, was er wollte. Sie hatte ein komisches Gefühl und wurde plötzlich mißtrauisch.
»Glaubst du, sie mag mich, Rosa?« fragte er, sie bewußt ködernd.

Und sie erinnerte sich an Marucas Gesicht, tränenüberströmt, als sie ihr verlegen erzählte: »Ich kann nicht zurückgehen, Mama. Er will nicht, daß ich ihm bei der Arbeit helfe. Er faßt mich an, Mutter … und lächelt. Und heute hat er seine große schwitzende Hand auf meine Brust gelegt und sie festgehalten und dabei wie eine Kuh gegrinst. Gräßlich!«
»Nun, ja, Don Lorenzo«, log sie schnell. »Sie findet Sie sehr nett.«
»Ich bin ein richtiger Mann, Rosa«, fuhr er langsam fort, »und das Mädchen ist hübsch … Ich würde für sie sorgen … wenn sie mich läßt … Denk darüber nach, Rosita«, sagte er und lächelte wohlwollend … »Du kennst mich …« Und Rosa sah ihn wütend an, erinnerte sich, und plötzlich wurde ihr übel.

Auf dem Nachhauseweg denkt Rosa über ihr eigenes Leben nach: über die kleinen Kinder, die immer noch abhängig von ihr sind, und über ihren Mann Pablo, »der angefangen hatte, Maruca anzusehen«. Sie beschließt, daß es für Maruca Zeit wird, das Haus zu verlassen.

Und Rosa beobachtete sie, wie sie freundlich die Kinder ins Haus trieb; anmutig, schlank und klein, immer noch linkisch, in ihrer Haltung vielleicht ein bißchen tölpelhaft, ungeduldig und doch mißtrauisch; sie wagte sich nicht richtig vorwärts. Sie dachte an Don Lorenzo, und für einen Moment wünschte sie, er wäre nicht so weit weg, oder nicht so häßlich und würde nicht so schwitzen. Aber es war eine unwiderrufliche Chance! Alte Männer mit Geld tauchten nicht oft in ihrer Welt auf, und sie blieben nie …

»Maruca«, sagte Rosa entschlossen und drehte sich zu dem Mädchen, das mit dem Baby spielte. »Ich war bei Don Lorenzo.«
»Oh?« In den strahlenden braunen Augen lag Angst.
»Er möchte sich um dich kümmern«, fuhr Rosa sanft fort. »Er findet dich sehr hübsch, und er mag dich.«
»Sich um mich kümmern?«
»Er möchte ein Arrangement mit dir schließen, Maruca.« Auch Rosa hatte jetzt Angst. »Er würde dich besuchen ... und, nun ... wenn ein Baby kommt, dann gibt es vielleicht ein Haus.«
»Ein Baby?« Das Gesicht war jetzt blaß, die Augen überrascht und wütend. »Du willst, daß ich mit Don Lorenzo ins Bett gehe?«
»Verstehst du denn nicht, ich möchte, daß du glücklich bist, und sicher ...«
»Glücklich?« wiederholte Maruca langsam, als sei ihr nie eingefallen, daß sie es nicht war.
»Ja, glücklich.«
»Und wenn ich mit Don Lorenzo schlafe«, fragte Maruca unsicher, »werde ich dann froh sein, daß ich geboren wurde?«
Und Rosa sah sie an, sah, daß sie auf eine Antwort wartete, von der es abhing ... Und sie wollte schreien: »Nein, nein! Du wirst es wahrscheinlich hassen, und du wirst seine Berührung fürchten und seinen nach Knoblauch stinkenden Atem.«
Aber die braunen Augen starrten sie flehend an, voller Tränen wie die eines hilfesuchenden Kindes, und Rosa sagte ruhig: »Ja, Maruca, es wird dich glücklich machen.«
Wie können wir Rosas Reaktion als Mutter verstehen? Man könnte damit argumentieren, daß sie das Beste

für ihr Kind möchte. Indem sie das Mädchen dem reichen Don Lorenzo gibt, glaubt Rosa, den einzigen Weg gefunden zu haben, Maruca vor einem Leben in Armut zu bewahren. Seinen Körper an einen mächtigen Mann zu verkaufen, scheint für sie ein geringer Preis verglichen mit den materiellen Annehmlichkeiten, die er verspricht. Rosa, die selbst so machtlos ist, kann sich für ihre Tochter keine anderen Möglichkeiten vorstellen. Sie selbst erwartet nicht viel vom Leben und hat nur beschränkte Möglichkeiten, deshalb meint sie, ihrer Tochter ginge es nicht anders.
Man könnte aber auch meinen, daß Rosa ihr Kind opfert. Wir wollen hier mehr die psychologische als die ökonomische Seite dieses Opfers betrachten. Rosa selbst ist an sexuelle Ausbeutung durch Männer gewöhnt. Sie hat als Hausmädchen gearbeitet und für alte Männer mit Geld gekocht. Sie beschreibt sie als »fehlerlose Wesen, denen man ohne zu fragen zu gehorchen hat; mächtige Geschöpfe, die ihr zu kommen befohlen hatten, wenn sie Abwechslung oder ein Abenteuer suchten ... Aber nur das.«
Der Autor deutet an, daß genau der Mann, der jetzt eine Verbindung mit der Tochter wünscht, einst Rosa sexuell benutzt hat. Indem Rosa Maruca an Don Lorenzo übergibt, garantiert sie, daß Maruca sexuell geopfert wird, genau wie sie selbst. Es ist eine vernünftige Hypothese, anzunehmen, daß Rosa, wenn sie wenig Achtung vor sich selbst hat, auch nur wenig Achtung vor der Tochter hat, die ihr so ähnlich ist. Schließlich ist es Selbstliebe, nicht Selbsthaß, die dazu führt, andere zu lieben.
Wie viele Menschen, die erniedrigt wurden, sichert Rosa die Wiederholung ihrer Demütigung – in diesem

Fall die der Tochter, mit der sie sich identifiziert. Die Psychoanalytikerin Alice Miller hat überzeugender als jeder, den ich kenne, erklärt, daß geopferte Menschen ihre Leiden aktiv oder passiv gegen sich oder andere richten werden, wenn sie nicht in der Lage sind, ihr vergangenes Leiden voll zu artikulieren. Sie werden auf tragisch zwanghafte Weise die Verletzung wiederholen, die sie ertragen mußten.

Obwohl Rosa Maruca nicht aktiv mißbraucht, bricht sie durch ihre Kuppelei den Willen der Tochter, so wie ihr eigener Wille gebrochen wurde, als man sie selbst zur Prostitution zwang.

Nur zu oft demonstrieren meine stark verletzten Patienten solche destruktiven Wiederholungen: die Frau, die als Kind von ihrem Vater wüst beschimpft wurde, heiratet einen Mann, der sie und ihre Kinder brutal behandelt; die Frau, deren Vitalität durch einen einengenden Ehepartner erstickt wurde, ermutigt ihre Tochter, ein ähnlich tödliches Arrangement einzugehen; die Frau, die als Kind wiederholt von ihrem Vater vergewaltigt wurde, gabelt in Bars Männer auf und nimmt sie mit ins Bett. Einige Leser werden sich ohne Zweifel fragen, weshalb Opfer, die das Leiden nur zu gut verstehen können, anderen und sich selbst weiterhin emotionale Schmerzen zufügen. Ein Grund mag sein, daß Opfer zwanghaft tragische Situationen wiederholen, in dem törichten Versuch, sie dadurch zu überwinden. So wird die Tochter eines ausfallenden Vaters vielleicht einen ihm ähnlichen Mann heiraten, weil sie durch die unbewußte Idee motiviert wird, daß sie kraft ihrer Liebe den geschädigten Ehemann heilen kann – der den geschädigten Vater repräsentiert, den sie nicht heilen konnte. Natürlich gibt sie die

Familienkrankheit nur von einer Generation an die nächste weiter. Wahrscheinlich wird ihr grausamer Mann durch ihre Liebe nicht sanft. Er wird vermutlich statt dessen die eigenen unglücklichen Kinder schikanieren, so wie sie von ihrem Vater schikaniert wurde. Es ist wahrscheinlich, daß Rosa unbewußt glaubt, durch die Wiederholung an Maruca etwas Positives geschehen zu lassen. Obwohl Rosas sexuelle Dienste für alte reiche Männer nie mit Liebe belohnt wurden, erlebt vielleicht Maruca doch diese Liebe. Vielleicht wird dieses Mal alles anders ausgehen, vielleicht kann Marucas Triumph Rosa rehabilitieren.

Aber verwundete Frauen heilen nicht, indem sie sich oder ihre Töchter denen aussetzen, die sie immer wieder verletzen werden. Um gesund zu werden, müssen verwundete Frauen für ihr erlebtes Leid Worte finden, und diese Worte müssen ernst genommen werden. Erst wenn sie sich an die Ungerechtigkeiten erinnern, darüber sprechen und trauern, sind sie frei von dem Zwang, sie nachzuspielen und ihr Leid aufrechtzuerhalten. Der Aufschrei der immer weiter steigenden Zahl von Frauen, die ihre sexuellen Geschichten publik machen, ist für mich ein gutes Zeichen. Nachdem die massiven psychischen Wunden der Frauen gezeigt werden, können sie beginnen zu heilen.

Rosas sexuelle Erfahrung als Frau und ihre daraus resultierende Reaktion als Mutter sind verbreiteter, als wir glauben wollen. Wenn auch die Form variiert: sexuelle Ausbeutung wird von einer Generation an die nächste weitergegeben, durch alle Kulturen und Schichten. Wie Rosa gezeigt hat, besteht eine Möglichkeit, wie Frauen diese Ausbeutung aufrechterhalten, darin, ihre heranwachsenden Töchter – offen oder ganz subtil – an Männer zu geben, die sich im Gegenzug für ihre sexuellen Dienste um sie kümmern werden. Sie ermutigen ihre Töchter, Schaustücke zu werden, um Männer zur Heirat zu verleiten.

Es überrascht nicht, daß viele erwachsene Patientinnen in meiner Praxis wütend auf ihre Mütter sind, von denen sie geopfert wurden – vorgeblich zum Besten der Töchter. Eine Patientin mittleren Alters erzählte mir mit aufgestauter Bitterkeit, daß ihre Mutter sie ermuntert hatte, sich als Teenager die Nase verkürzen zu lassen, um für die Jungen attraktiver zu sein. Eine andere erinnerte sich daran, wie besorgt ihre Mutter gewesen war, daß die außergewöhnlichen schulischen Leistungen ihrer Tochter auf potentielle Freunde bedrohlich wirken könnten, und ihr daher den Rat gab, sich weniger auf ihre Studien zu konzentrieren. Frauen mit Eßstörungen berichten oft, daß es ihre Mutter war, die sie zu ihren ersten Diäten ermunterte – manche Frauen können sich tatsächlich von allen Aktivitäten, die sie mit ihrer Mutter gemeinsam durchgeführt haben, am lebhaftesten an diese Diäten – normalerweise vergebliche und frustrierende Bemühungen, sich gerade gültigen Schönheitsidealen anzupassen – erinnern.

Ich kann mich selbst mit gutem Gewissen nicht von solch destruktivem mütterlichen Verhalten freisprechen. Ich erinnere mich voller Scham an den Abend der ersten Schul-Tanzveranstaltung meiner Tochter, als ich ihr riet, etwas zu tragen, in dem sie sexier wirkte. Als junge Frau hatte ich meine persönliche Macht in erster Linie aus meinem Sex-Appeal gezogen, und sie an der Zahl meiner männlichen Bewunderer gemessen. Ohne zu wissen, was ich anrichtete, versuchte ich, mein Kind zu stärken, indem ich seine Sexualität vermarktete, so wie ich gelernt hatte, meine zu vermarkten. In meiner Naivität sah ich nicht, daß meine Tochter – wie viele Menschen ihrer Generation – Macht auf gesündere Weise erfahren kann. Ihre Sicherheit und Selbstachtung hängen nicht davon ab, einen Mann zu begeistern, der sich im Austausch für sexuelle Gefälligkeiten um sie kümmert. Als begabte und vielseitige junge Schauspielerin träumte Leah viel eher vom Rampenlicht, anstatt in den Kulissen auf einen mächtigen Mann zu warten. Es ehrt sie, daß sie sich entschloß, ihre bequemsten Sachen zu einer Tanzveranstaltung zu tragen, trotz meiner dummen Bitte. Ich hatte meine fürsorgliche Rolle aufgegeben und war beinahe zum Agenten meiner Tochter geworden, anstatt sie zu schützen.

Vielleicht beschreibt kein literarisches Werk dieses mütterliche Scheitern offener als das bekannte Märchen der Gebrüder Grimm *Schneewittchen*. Ein Grund dafür, daß dieses Märchen Jahrhunderte überdauert hat, besteht zweifellos darin, daß es eine Stiefmutter-Tochter-Verhältnis schildert, das uns bekannt vorkommt. Es klingt wahr. Die meisten Interpretationen dieses Märchens betonen die Entwicklung der Heldin Schneewittchen, aber meine Interpretation konzentriert sich auf die Not der (Stief)mutter, der »bösen« Königin – genauer betrachtet, eigentlich eine leidende Königin. Weil Märchen die Welt aus der Sicht ihrer Helden und Heldinnen betrachten, sehen wir die Königin mit Schneewittchens Augen; aber diese Perspektive muß nicht zwangsläufig verzerrt sein. Eine Tochter beobachtet ihre Mutter sorgfältig und kann ihr Innenleben oft ziemlich genau widerspiegeln. Als die

Königin die Wahrheit über sich selbst erfahren will, wendet sie sich an ihren Zauberspiegel und sieht das »schöne« Gesicht ihrer Tochter, das die dunklen, unruhigen Seiten der Mutter, die dem Blick verborgen bleiben, aufweist.

Die Krise für die Königin und für Schneewittchen beginnt mit der knospenden Sexualität des jungen Mädchens. Als der Zauberspiegel erklärt, daß Schneewittchen schöner ist als die Königin, wird die Königin so neidisch, daß sie schwört, das Mädchen zu vernichten. In einigen Versionen des Märchens fühlt sich sogar der Vater mehr zu dem schönen Mädchen hingezogen, und dieser Aspekt erregt die Eifersucht der Ehefrau – genau das geschah bei meiner Patientin Jessica und ihrer Tochter. Nach dem fehlgeschlagenen Versuch, das Mädchen durch einen Jäger töten und das Herz des Kindes zurückbringen zu lassen – was als Versuch der Mutter interpretiert werden könnte, die Vitalität der Tochter zu vernichten –, nimmt die Königin die Sache selbst in die Hand. Sie verkleidet sich als alte Hausiererin und macht sich auf die Suche nach ihrer Tochter, die Unterschlupf bei sieben Zwergen gefunden hat – kleinwüchsige Männer, die keine sexuellen Forderungen an das Mädchen stellen.

Als Hausiererin – jemand, der Waren verkauft – nimmt die königliche Mutter die Rolle eines Kupplers oder Zuhälters – jemand, der Mädchen verkauft – an. Sie führt Schneewittchen mit drei Angeboten in Versuchung: mit einem Korsett, einem dekorativen Kamm und einem roten Apfel. Diese Produkte sollen dazu beitragen, junge Mädchen sexuell marktfähig zu machen. All diese Dinge bringen sie beinahe um. Das Korsett, das die Kurven einer Frau übertrieben betont, fesselt den Körper des Mädchens, so daß es nicht mehr atmen kann. Der Kamm, der für eine verführerische Frisur sorgt, vergiftet sie. Und der rote Apfel – ein Symbol für frühzeitiges und damit verbotenes Wissen über Sex – erstickt sie. Zweimal können hilfsbereite Zwerge Schneewittchen retten. Sie durchschneiden das Korsett, das ihr den Atem nimmt, und sie ziehen den vergifteten Kamm aus ihrem Haar. Aber sie können das junge Mädchen nicht wieder zum Leben erwecken, nachdem es den vergifteten Apfel gegessen hat, den die Mutter mit ihr teilte. Das Märchen lehrt uns hier, daß eine Tochter durch den Versuch der Mutter, ihre Sexualität zu vermarkten, ausgebeutet wird. Traditionell als der einzig vernünftige Weg betrachtet, den Erfolg der Tochter in einer Welt zu sichern, wo Sex Macht verspricht, ist dieser Zwang ein wirksames Mittel, die Lebenskraft des Mädchens zu ersticken. Erst als Schneewittchen selbst den vergifteten Apfelbissen aushustet, zu dem sie sich hatte überreden lassen, erwacht sie aus ihrem todesähnlichen Schlaf und ist bereit, eine Liebesbeziehung mit ihrem Prinzen einzugehen. Mit anderen Worten, es ist oft nötig, daß Töchter die schädlichen Informationen aushusten oder ablegen, die ihre Mütter ihnen mitgegeben haben.

Frauen – Mütter und Töchter – müssen die Vorstellung aufgeben, daß ihr menschlicher Wert an ihrem sexuellen Reiz gemessen wird und daß sie Sexobjekte sind, die man vermarkten kann. Aber das ist nicht einfach. Wir werden mit zahllosen Botschaften bombardiert – besonders durch die Werbung –, die uns suggerieren, daß eine Frau nicht mehr ist als die Summe ihrer erotischen Körperteile – schlanke Beine, fester Po, runde Brüste, sinnliche Lippen und verschleierte Blicke.

Ich bin meiner Tochter dankbar, die mir durch ihre Weigerung, sich herauszuputzen, um die Aufmerksamkeit eines jungen Mannes zu erregen, zu der Erkenntnis verhalf, daß eine Frau sich niemals zu einem Sexobjekt degradieren lassen darf. Leah ist eine gute Lehrerin. Ich erinnere mich aber auch an ein anderes Mädchen, das versuchte, seiner Mutter dieselbe Lektion zu erteilen und dabei scheiterte. Als sie sich der Demütigungen bewußt wird, die sie als junge Frau erleiden muß, versucht die jugendliche Madge in William Inges Stück *Picknick* mit ihrer Mutter Flo darüber zu sprechen. Madge fragt, wofür es gut ist, hübsch zu sein, und Flo antwortet, daß hübsche *Dinge* wie Blumen, Sonnenuntergänge und Rubine wundervoll sind und daß hübsche Mädchen als Anschlagtafeln dienen, die die Welt daran erinnern, daß das Leben gut ist. Madge denkt über die Erklärung der Mutter nach und sagt ihr, daß sie nicht die ganze Zeit über angeschaut werden möchte und daß sie sich als Person in all dem verliert. Flo ist nicht fähig oder willens, die Bitte der Tochter um Respekt zu verstehen, und kann sie nur wegen ihrer selbstsüchtigen Worte ermahnen. So wie Frauen die Idee aufgeben müssen, daß sie nur Objekte sind, müssen sie auch die Idee aufgeben, daß alternde Körper unattraktiv sind. Ich bin in mir selbst auf diese Vorstellung gestoßen, als ich mit einem Freund vor ein paar Monaten zu einem Workshop ging, der von einer Frau in den Fünfzigern geleitet wurde. »Als junge Frau muß sie schön gewesen sein«, flüsterte er mir ins Ohr, und ich stimmte bereitwillig zu. Zum Glück verstörte mich die Bemerkung meines Freundes ebenso wie meine Reaktion darauf, ich hatte ein langanhaltendes ungutes Gefühl. Stunden später verstand ich, weshalb: diese grauhaarige, füllige Frau, die nicht versuchte, jünger auszusehen, sah in diesem Augenblick strahlend gut aus, aber weil sie eine ältere Frau war, konnte es keiner von uns erkennen.

Zum Glück sehe ich allmählich klarer. Ich bin gerade von einer Reise nach England zurückgekehrt, wo ich viele Tage damit verbracht habe, durch die National Gallery in London zu streifen. Am lebhaftesten erinnere ich mich an die Porträts von Rembrandt. Das sind nicht die glatten, unschuldigen Gesichter von jungen Mädchen, sondern die reichen, verrunzelten, erfahrenen und schönen Gesichter von alternden Männern und Frauen. Obwohl ich mich immer gefreut habe, wenn man mir sagte, daß ich jünger aussehe, als ich bin, haben diese Porträts mir geholfen, die Falten und Linien, die sich in meinem zweiundvierzigjährigen Gesicht bilden, zu schätzen. Es ist das Gesicht, das meine Erfahrungen gezeichnet haben, das Gesicht, das ich mir verdient habe.

So wie das gesunde heranwachsende Mädchen schließlich die Veränderung an seinem Körper mit den sich rundenden Brüsten und Kurven akzeptiert, kann die Frau im mittleren Alter schließlich auch ihre neue Gestalt akzeptieren. Aber bevor man Neues willkommenheißen kann, hängen vielleicht sowohl Jugendliche als auch Frauen mittleren Alters noch eine Zeitlang an den alten Formen, aus denen sie herauswachsen.

In Lass Hlströms schwedischem Film *Mein Leben als Hund* werden wir Zeuge des tapferen, aber vergeblichen Kampfes, den ein pubertierendes Mädchen gegen seinen sich verändernden Körper führt. Sie ärgert sich über die knospenden Brüste, die sie daran hin-

dern, sich mit den Jungen im Boxring zu messen, sie versucht, sie zu verstecken, indem sie ein Tuch um ihre Brust bindet. Das Mädchen, ein richtiger Wildfang, der sich weigert, erwachsen zu werden, braucht lange, um den Jungen-/Kinderkörper zugunsten des Frauenkörpers aufzugeben, der neue, aber noch unbekannte Freuden verspricht.
Ebenso kämpft die Frau mittleren Alters vielleicht dagegen, ihr neues reifes Erscheinungsbild zu akzeptieren. Wenn ich Kleider kaufe, stöbere ich immer noch an den Ständern mit den geblümten »Junior«-Kleidern mit den tief ausgeschnittenen Oberteilen, engem Bund und weiten Röcken, die ich so gerne getragen habe. Manchmal probiere ich sie sogar an, nur damit mir das Spieglein-an-der-Wand sagen kann, daß diese mädchenhaften Kleider für mich nicht mehr passend sind. Dann gehe ich zu den Ständern mit klassischen Kleidern, in die ich als Frau mittleren Alters hineingewachsen bin. Langsam, ein bißchen ängstlich und auf jeden Fall unbeholfen, lasse ich das Bild der jungen Frau, die ich einmal war, los, um mich dem der älteren Frau, die ich jetzt werde, zuzuwenden.
Sowohl Schneewittchen als auch ihre Mutter können schön und reizend sein. Eine vitale Frau mittleren Alters ist nicht weniger schön als eine vitale junge Frau. Sie ist einfach nur auf andere Art schön. Mir fällt ein, wie der Kunsthistoriker Merlin Stone das alternde Gesicht einer Mutter aus Britisch Columbien beschrieb: »Durch ihr nach allen Regeln der Kunst fein geschnittenes Gesicht ... zogen sich reiche und weise Linien«.
Oder ein Abschnitt von May Sorton:
»Mich stören gewisse physische Verfallserscheinungen nicht wirklich. Und überhaupt nicht, wenn ich

mir das wundervolle Photo von Isak Dinesen kurz vor ihrem Tod ansehe. Denn schließlich schaffen wir uns im Laufe der Zeit unsere Gesichter, und welche jüngere Frau könnte je so wie sie aussehen? – Die unsagbare Frische ihres Lächelns, das totale Akzeptieren und die Freude, die man darin erkennt; das Leben, den Tod, einfach alles ausgekostet und losgelassen.«

Es erfordert enorme Anstrengung, veraltete Ideen aufzugeben und die Veränderungen der Frauen interessant zu finden. Nur wenn Frauen sich selbst als ganze Wesen einschätzen – und nicht als Ornamente oder Fetische –, die sich natürlich im Laufe der Zeit verändern, können sie ihre Töchter und deren Entwicklung fördern.

Im glücklichsten Fall hilft der Übergang des Mädchens zur jungen Frau der Mutter in ihrer Entwicklung. Ich konnte diesen Prozeß bei meiner Patientin Miriam beobachten. Als ihre älteste Tochter die High School abschloß, wandte sich Miriam, deren Interesse nur Heim und Familie gegolten hatte, wegen einer Karriereberatung an mich. »Letzten Sommer«, erklärte sie, »flogen Sandra und ich durch das ganze Land, um ein College für sie auszusuchen. Ich habe es genossen, daß ich auch neidisch war. Ich möchte ein eigenes Abenteuer. Es ist, als würden an meinen Seiten kleine Flügel wachsen, und ich bin fast so weit zu fliegen.«

Als ich Miriam fragte, ob irgend etwas sie daran hindere, ihre Flügel auszuprobieren, erzählte sie mir von ihren Sorgen, daß ihr persönlicher Ehrgeiz ihre Ehe gefährden könnte. Nachdem sie bereits einmal das Leid einer Scheidung erlebt hatte, wollte sie die gegenwärtige Beziehung mit ihrem gutherzigen, aber ziemlich besitzergreifenden Mann nicht aufs Spiel setzen. Miriams Befürchtungen waren realistisch. Ehemänner fühlen sich unter Umständen bedroht, wenn ihre Frauen Energie von ihnen abziehen und nach außen richten, und viele Ehen werden erschüttert, wenn die Partner die Rollen tauschen. Forschungsergebnisse zeigen, daß Frauen, die ihr Bedürfnis, sich selbst zu behaupten, dem Bedürfnis, andere zu unterstützen, unterordnen, in Depressionen verfallen.

Schließlich hängt bei einer Frau das Gefühl der Vollständigkeit von ihrer Fähigkeit ab, Zuwendung – Zärtlichkeit, Verbundenheit, liebende Sanftmut – mit gesunder Aggression – Erfolg, Ehrgeiz und Leistung – zu verbinden. Aber das kann eine überwältigende Aufgabe sein. Ich habe viele Stunden in Therapiesitzungen mit Frauen verbracht, die versuchten, eine Balance zu finden – zwischen dem Bedürfnis, etwas zu wagen, und dem Bedürfnis, geliebt zu werden.

Während unserer Gespräche wägte Miriam das Risiko, ihre Ehe durcheinanderzubringen, gegen das Risiko, ihre Entwicklung zu vereiteln, ab und entschloß sich schließlich, ihre eigenen Interessen zu verfolgen. Sie bewarb sich an der örtlichen Universität – zufällig an derselben, an der ihre Tochter jetzt eingeschrieben war –, um einen Abschluß in englischer Literatur zu erwerben.

Ich habe oft beobachtet, daß eine heranwachsende Tochter, so voller Hoffnung und Ehrgeiz, ein Ansporn für die Mutter sein kann. Sandras Weggehen war der Anstoß für Miriams neue Abenteuerlust. Miriam widmete sich mit Inbrunst ihren Studien, aber sie stellte zu ihrer Freude fest, daß diese Hingabe ihre Ehe nicht beeinträchtigte. Tatsächlich merkte sie, daß sie zum

erstenmal in der Lage war, ihren Mann spontan und mit Spaß zu lieben.
Soweit ich das sagen kann, beruhte Miriams neue sexuelle Vitalität auf ihrer wachsenden Selbstachtung und Individualität. Eine Frau, die sich ihrer sicher ist, hat keine Angst, ihre Identität zu verlieren, und ist daher frei, sich ihrem Liebhaber ganz hinzugeben. Überzeugt von ihrer eigenen selbständigen Identität kann sie mit ihrem Liebhaber verschmelzen, denn sie weiß, daß sie nicht verletzt werden kann. Man kann sie nicht besitzen, und deshalb muß sie keine Schutzmauern errichten, um ihre Grenzen zu schützen. Ihre Liebe kann spontan und sorglos sein.
Ursprünglich bedeutete der Ausdruck *Jungfrau* unverheiratet, nicht sexuell unerfahren, und bezog sich auf die Unabhängigkeit einer Frau. Eine unverheiratete Frau war ihre eigene Herrin, während eine verheiratete Eigentum ihres Mannes war. Die Aufgabe der Mutter im mittleren Alter ist es, einen jungfräulichen Status im ursprünglichen Sinne des Wortes anzustreben, sich zu befreien, sich selbst zu beherrschen. Es ist vielleicht paradox, aber die selbstbeherrschte Frau ist viel eher zu einer dynamischen sexuellen Beziehung fähig als die übermäßig abhängige.
Nachdem wir Miriams Therapieziele erreicht hatten, stimmten wir überein, daß es an der Zeit war, unsere Beziehung zu beenden. Als ich jedoch Monate später über den Campus spazierte, sah ich zufällig Miriam und Sandra. Mit Büchern beladen liefen sie zu ihren unterschiedlichen Kursen, und als sich ihre Wege kreuzten, warfen sie sich gegenseitig eine Kußhand zu. Ich mußte einfach lächeln, denn ich wußte, daß der Apfel, den diese Mutter und Tochter teilten, nicht

vergiftet war wie der von Schneewittchen, sondern gut und süß.

In *Schneewittchen* wird die Stiefmutter durch ihren Neid vernichtet. Die Geschichte endet mit Schneewittchens Hochzeit – der Ritus, der die Trennung zwischen Eltern und Kind dramatisch deutlich macht –, wo die Königin, gefangen in ihrer Wut und in ihrem Schrecken, glühendheiße Eisenschuhe anzieht, in denen sie sich zu Tode tanzt. Neid ist ein normales menschliches Gefühl. Es ist nicht schlimm, wenn die ältere Generation einen gewissen Neid auf die jüngere wegen ihrer Energie und scheinbar endlosen Möglichkeiten zugibt. Durch ihre Trauer jedoch können reife Frauen ihre verlorene Jugend akzeptieren und Erfahrungen weitergeben. Eine Frau wie Miriam, die sich selbst entwickelt und verändert, wird kaum die emotionale Einsamkeit erfahren, die den Neid nährt. Die Tragödie der Königin besteht darin, daß sie ihre neidische Wut nicht überwinden kann. Durch ihre Egozentrik ist sie festgelegt. Obwohl sie in rasender Bewegung stirbt, ist sie doch unfähig, sich zu bewegen. Sie scheitert, weil sie sich nicht weiterentwickelt. Sie macht weder als Frau noch als Mutter eine Transformation durch. Ein reifes Pendant würde sich an der blühenden Schönheit, Macht, Sexualität und Kreativität der Kinder erfreuen. Sie würde »kvellen« – ein jiddisches Wort, daß die ungezügelte Freude ausdrückt, die eine Mutter empfindet, wenn sie sieht, wie ihr Kind sich zur vollen Blüte entfaltet.

Wie ich im ersten Kapitel angedeutet habe, beleben die Konflikte in jeder kritischen Phase des Kinderlebens ähnliche Konflikte im Elternteil neu. Wenn ein junges Mädchen sexuell heranreift und beginnt, sich mit Jungen zu treffen, wird sie wahrscheinlich ungelöste sexuelle Probleme der Mutter an die Oberfläche bringen. In Francis Ford Coppolas phantasievollem Film *Peggy Sue Got Married*, kehrt die zweiundvierzigjährige Peggy Sue, Mutter von zwei Teenagern und gerade von ihrem Mann, der schon in der High School ihr Freund war, getrennt, in die Vergangenheit zurück, um ihr achtzehntes Lebensjahr noch einmal zu erleben. Es ist überraschend, daß sie nur eine tiefgreifende Veränderung in ihrem Leben vornimmt: Sie ergreift die Initiative zu einer leidenschaftlichen Liebesnacht mit dem aufregendsten Jungen in der letzten Klasse. Für Peggy Sue ergeben sich aus dem Genuß des Abenteuers, das ihr zweiundzwanzig Jahre zuvor entgangen ist, keine negativen Konsequenzen – weil im Film eben alles möglich ist. Aber im wirklichen Leben ist das vielleicht nicht der Fall. Das Erwachen der Sexualität in der Tochter kann in der Mutter schlummernde Sehnsüchte wecken, die sie vielleicht indirekt oder direkt in unpassender Weise auslebt.

Neue Liebe bedeutet natürlich immer Zauber; unter ihrem Einfluß wird das ganze Leben erleuchtet. Glückliche Frauen können mit ganzem Herzen und wenig Bedauern Zeuge der neuen Liebe ihrer Tochter werden.

Wir alle kennen Mütter, die indirekt durch ihre Söhne und Töchter leben. Oft ist eine Frau übertrieben im Leben ihrer Kinder engagiert, um deren Romanzen zu ihren eigenen zu machen. Für alle jungen Leute ist es aber eine zu schwere Bürde, nicht nur für sich selbst, sondern auch noch für ihre Mütter zu leben. Temperamentvolle Jugendliche werden gegen übertriebene mütterliche Einmischung rebellieren, aber entgegen-

kommende Kinder werden versuchen, den Erwartungen ihrer Mütter zu entsprechen. Der Kinderpsychologe Donald Winnicott hat erklärt, daß Menschen, die danach streben, die Erwartungen anderer zu erfüllen, oft ein falsches Selbst entwickeln. In ihrem Bemühen zu gefallen, unterdrücken sie ihre eigenen Wünsche und ihren Willen; ihre Lebenskraft schwindet.
Und eine Mutter, die durch ihre Kinder verpaßte Gelegenheiten nachholen wird, muß schließlich enttäuscht werden. Sie ist besonders verwundbar, weil ihr Glück nicht bei ihr, sondern bei ihrem Kind liegt, das sie nicht vollständig kontrollieren kann. Wie sich langsam in der Forschung auf dem Gebiet der weiblichen Entwicklung zeigt, kann der Mangel an Kontrolle des eigenen Schicksals ein Hauptauslöser von psychischen Krankheiten bei Frauen sein. Eine Frau, deren Erfüllung vom Erfolg anderer abhängt, hat ihr Leben nicht unter Kontrolle.
Anstatt nun ihre sexuellen Wünsche indirekt auszuleben, lassen sich manche Mütter mittleren Alters als Reaktion auf das beginnende Sexualleben ihrer Töchter selbst auf sexuelle Abenteuer ein. Die jungen Aphrodites wecken in den Müttern ein Verlangen, manchmal eine Verzweiflung, das stürmische Gefühl des Verliebtseins wiederzuerlangen – oder vielleicht zum erstenmal kennenzulernen. Eine alleinstehende Frau wertet vielleicht die Menschen und Aktivitäten, an denen ihr einmal etwas lag, ab, weil sie wie wild geworden hinter einer Romanze her ist. Ich kannte eine Frau, die ihre Ersparnisse verschwendete, um ihre Brüste liften zu lassen, sich eine modische Garderobe zuzulegen und einen Club-Urlaub zu machen, weil sie fest entschlossen war, ebensoviel »Spaß« zu haben,

wie ihre beliebte achtzehnjährige Tochter zu haben schien. Eine verheiratete Frau auf der anderen Seite wird vielleicht die gewohnte, aber berechenbare Liebe ihres Ehemannes immer weniger mögen. Sie möchte vielleicht aus seinen tröstenden Armen in die eines neuen aufregenden Liebhabers fliehen. Es ist nicht ungewöhnlich, daß die sexuellen und romantischen Sehnsüchte einer Frau in den besten Jahren so stark sind, daß sie alles dafür riskiert und sogar ihr Familienleben aufs Spiel setzt.

Naomi, die eine treue Ehefrau und liebende Mutter gewesen war, beschrieb ihre heimliche Liebesaffäre als Flucht vor menschlicher Normalität. Im Bett ihres Liebhabers war sie keine gewöhnliche Hausfrau mehr, sondern eine mächtige Sexgöttin. Wie Peggy Sue, ihr Gegenstück von der Leinwand, hatte Naomi ihre sexuellen Wünsche während ihrer Jugend und ihrer frühen Erwachsenenzeit unterdrückt. Als schüchternes junges Mädchen, das sich eines Sprachfehlers schämte, hatte sie nur selten ein Rendezvous. Der junge Mann, der ihr Ehemann wurde – selbst unerfahren – war ihr erster Liebhaber und schnitt im Vergleich mit ihrem späteren heimlichen Partner, der ein geschickter und erfahrener Liebhaber war, immer noch schlecht ab.

Es überrascht nicht, daß Naomi schließlich durch ihre außereheliche Affäre litt, was sie veranlaßte, Rat zu suchen. Sie erzählte, daß sie immer wieder Angst überkam, besonders wenn sie allein war. Hinzu kam, daß sie selbst bei ihrem Liebhaber nervös war und dadurch oft ihr Zusammensein verdarb. Angst kann ein Zeichen für Widerspruch im Wertesystem eines Menschen sein. Sie ist ein Symptom für inneren Kampf.

Naomis Angstanfälle, die zum Glück zu erschreckend waren, als daß sie hätten ignoriert werden können, zwangen sie, der Tatsache ins Auge zu sehen, daß es unmöglich war, gleichzeitig zwei Leben zu führen – eins als Ehefrau und Mutter, und eins als heimliche Liebhaberin. Sie mußte zwischen ihrem Mann und ihrem neuen Partner wählen oder sich gegen beide entscheiden.
Als sie die Gründe für ihre Liebesaffäre erforschte, begann sie zu verstehen, daß ihr sexuelles Abenteuer zum Teil der Versuch war, eine wenig aufregende Jugend zu kompensieren: Zwanzig Jahre zu spät wollte sie ein wilder, sexuell freier Teenager werden. Mit beachtlicher Trauer wurde ihr klar, daß sie nicht ihren Liebhaber liebte, sondern das Gefühl, von ihm sexuell begehrt und auf diese neue Art bestätigt zu werden. Wie ein verknallter Teenager sah Naomi ihren Liebhaber an, um ihr eigenes Spiegelbild in seinen Augen zu sehen.
Naomi verstand auch, daß diese Affäre die Illusion einer erneuten Nähe zu ihrer siebzehnjährigen Tochter herstellen sollte. Aufgewühlt durch ihre Leidenschaft, konnte sie sich besser mit Elaine identifizieren, die selbst sexuell aktiv war. Jetzt konnte Naomi sich vorstellen, was es für ihre Tochter bedeutete, die Aufregung einer neuen Liebe zu erleben; jetzt konnte sie endlich ihr Geheimnis teilen. Obwohl Naomi ihrer Tochter niemals von ihrem Liebesleben erzählte, wünschte sie es sich doch sehr. In ihren Phantasien sah sie, wie sie beide im Schneidersitz im Zimmer ihrer Tochter auf dem Boden saßen, flüsterten und über die Einzelheiten ihrer sexuellen Eskapaden kicherten. Naomi stellte sich vor, daß sie, indem sie selbst zur Ju-

gendlichen und zur Freundin ihrer jugendlichen Tochter wurde, die Mutter-Kind-Einheit wiederherstellen könnte, die im Laufe der Zeit unwiderruflich schwindet.

Wir können die Uhr nicht zurückdrehen und in frühere Lebensabschnitte zurückkehren. Wenn unsere Kinder unsere Konflikte reaktivieren, mit denen wir uns in unserer Jugend nicht abfinden konnten, müssen wir ihnen als Erwachsene begegnen. Das schließt unweigerlich Trauer um unsere verpaßten Gelegenheiten – auch sexueller Art – mit ein. Naomi, die ihre Psychotherapie fortsetzt, weiß, daß die anfänglichen Versuche, eine Lösung für die Langeweile und Sehnsucht, die sie quälten, zu finden, Rückschritte waren. Sie versucht jetzt, angemessenere Wege zu finden, um sich gut zu fühlen. Indem sie für das wachsende Bedürfnis ihrer Tochter, sich von der Mutter zu trennen, mehr Verständnis aufbringt, beginnt sie bewußt, ihre Bindung zu lockern. Mit dem Gefühl der Erleichterung und des Verlustes gleichzeitig hat sie außerdem ihre Affäre beendet, die am Anfang etwas so Besonderes war, zum Schluß aber unbefriedigend wurde. Indem sie ihre Werte, Ziele und Bedürfnisse neu ordnet, muß Naomi auch entscheiden, ob sie bei ihrem Mann bleiben will – und das ist, wie sie sagt, vielleicht das schlimmste Dilemma, in dem sie je steckte.

Naomis Geschichte erinnert mich an eine andere Frau, in der die sexuelle Entwicklung der Tochter keine Sehnsucht, sondern Angst auslöste. Frances war von ihrem trinkenden Vater sexuell mißbraucht und von einem gefühllosen Ehemann, der sie und ihre beiden kleinen Töchter verließ, mißhandelt worden. Verständlicherweise verallgemeinerte sie den Haß, den sie für diese beiden Männer empfand, und richtete ihn gegen alle Männer. Seit ihren frühen Dreißigern hatte sie jegliche sexuelle Intimität abgelehnt. Sie arbeitete hart, liebte ihre Töchter und genoß eine harmonische Beziehung zu ihnen. Wie jedoch zu erwarten war, beschwor die sexuelle Entwicklung der älteren Tochter eine Krise herauf. Im Gegensatz zu den Frauen, die ihre heiratsfähigen Töchter sexuell marktfähig machen wollen, tat Frances, was sie nur konnte, um Kates neue Fraulichkeit und ihr Interesse an Sex zu unterdrücken. Frances erlaubte Kate nicht, Make-up zu benutzen oder schöne Kleider zu tragen. Sie verhängte strikte Ausgangssperren und erstickte die natürliche sexuelle Neugier des Mädchens. Eines Nachmittags ging sie mit Kate in einen Film, der sexuell sehr deutlich wurde, was Frances nicht wußte. Die Liebesszenen verstörten Frances so sehr, daß sie nach der Hälfte des Films Kate von ihrem Sitz riß und, am ganzen Körper zitternd, nach Hause fuhr. Von da an sorgte Frances dafür, daß Kate nur in Familienfilme ging. Zu Frances' Verzweiflung begann Kate, ungehorsam zu werden. Um ihren Trotz deutlich zu zeigen, benutzte sie viel Make-up, kleidete sich verführerisch und wurde sexuell aktiv, bevor sie vierzehn war. Ein Schulpsychologe empfahl Mutter und Tochter an mich, nachdem Kate schwanger geworden war.

Psychoanalytiker lehren uns, daß Kinder die unterdrückten Wünsche ihrer Eltern ausleben. Das sensible Kind, das auf die Bedürfnisse der Eltern eingestimmt ist, wird genau den Teil des elterlichen Lebens leben, der ungelebt blieb. Die Tochter wird wiederbeleben, was die Mutter versuchte zu begraben.

Durch ihre unpassenden und verfrühten sexuellen

Bindungen lebte Kate die von Frances wild unterdrückten Sehnsüchte nach emotionaler und sexueller Intimität aus. Sie liebte ihre Mutter und erfüllte Frances' unbewußten Wünsche und heimlichen Träume.
Frances war eine gewissenhafte Patientin. Motiviert durch ihre mütterliche Liebe zu den beiden Töchtern, war sie entschlossen, ihre destruktiven Verhaltensweisen zu ändern und zu diesem Zweck Jahre in Gruppen- und Einzeltherapie zu verbringen. Obwohl sie furchtbare Angst hatte, wieder verletzt zu werden, erkannte Frances, daß sie einen Mann lieben und von ihm wiedergeliebt werden wollte. Schließlich öffnete sie ihr Herz einem freundlichen, sensiblen Mann und ließ auch die Entwicklung einer sexuellen Beziehung zu. Kate, die zu dem Zeitpunkt neunzehn war, stimmte dieser Verbindung aus ganzem Herzen zu und unterstütze sie liebevoll. Ich bin sicher, es war eine große Erleichterung für sie, zu wissen, daß sie nicht mehr das ungelebte Leben ihrer Mutter leben mußte – Frances kam jetzt gut allein zurecht.
Es ist interessant, Frances' erfolgreiche Liebesbeziehung mit Naomis Scheitern zu vergleichen. Naomis Affäre glich wie die meisten Teenagerbeziehungen einem Vulkan und wurde durch häufiges Auf und Ab intensiviert. Und sie war besonders aufregend, weil sie verboten war. Vor dem endgültigen Bruch folgten auf mehrere tränenreiche Trennungen leidenschaftliche Versöhnungen. Aber wie Naomi selbst merkte, benutzten sie und ihr Liebhaber sich gegenseitig, um sich selbst zu genießen, um die Höhen zu erleben, die eine Romanze mit sich bringt. Sie lernten nie, sich wirklich für den anderen zu interessieren. Frances' Liebesbeziehung dagegen ist ruhig und vorhersehbar.

Und weil sie nicht auf Eigeninteresse, sondern auf Interesse am anderen beruht, hält sie an. »Jim ist gut zu mir, und ich kann sagen, daß ich gut zu ihm bin. Wir haben Spaß miteinander. Sex ist nie böse und aggressiv, er ist schön und spielerisch. Aber ich weiß, daß mich Jim liebt, auch – wenn ich griesgrämig bin oder schlampig aussehe. Und Jim muß auch kein Superman sein. Wenn er niedergeschlagen ist oder es sexuell nicht klappt, kann ich ihn in den Arm nehmen und trösten.« Ich habe den Verdacht, daß solche normalen menschlichen Beziehungen eigentlich die besonderen sind. Und ich glaube, daß Frauen, die das Glück haben, solche Beziehungen zu kennen, sich in einer guten Position befinden, ihren heranwachsenden Töchtern als Vorbild zu dienen, die erst am Anfang ihrer amourösen und sexuellen Abenteuer stehen.

Kürzlich las ich Merlin Stones Bericht über einen alten panamaischen Ritus. Wenn ein Mädchen seine erste Periode hatte, begleiteten sie die älteren Frauen des Stammes zu einer heiligen Hütte – »dem Schrein weiblicher Pubertät« –, die inmitten eines Sapurhains stand. Während sie das junge Mädchen anwiesen, sich neben dem Schrein auf den Boden zu legen, bildeten die Frauen einen »Schutzring«, warfen heilige Erde auf das Mädchen und riefen durch Gebete den Geist ihrer Göttin Mu, der blauen Schmetterlingsdame. Dann bemalten die Frauen das Gesicht des jungen Mädchens mit dem roten Saft des Sapur, der Menstruationsblut symbolisierte, sangen ihren Segen und ehrten sie mit einem Tanz neuer Fraulichkeit. Danach führten sie sie in den Schrein, wo sie ihr die Haare schnitten – in Stones Worten ließen sie »die schwarzen

Bänder ihres Haares auf die Erde fallen, so wie ihre Kindheit von ihr abfiel«. Als das Mädchen den Schrein als erwachsene Frau verließ, schenkten ihr die älteren Frauen einen gefällten Sapur und gaben ihr einen Namen, der nur ihr gehörte und niemandem verraten wurde.

In der heutigen komplizierten Welt haben Mütter und Töchter kein so herrliches Ritual. Im Gegensatz zu den einfachen alten panamaischen Stammesfrauen sind wir oft verwirrt und zögern, wie wir unsere Töchter ins Erwachsensein führen können. Aber wir können ihnen immer noch eine Hilfe sein. Wenn wir uns unserer Motive bewußt werden, wenn wir nicht die destruktiven Verhaltensweisen unserer Mütter wiederholen und entschlossen nach besseren Wegen suchen, wenn wir unsere Liebesbeziehungen voranbringen, obwohl wir Angst haben, durch sie verletzt zu werden, zeigen wir unseren Töchtern die richtige Richtung.

Im besten Fall sind wir Frauen, die sich verändern und entwickeln, und die Äpfel, die wir unseren Töchtern geben, reifen noch.

4

HARTER LIEBESDIENST:

Mütter von schwierigen Mädchen

Kurz vor ihrem Tod stellte die Analytikerin und Jungianerin Florida Scott-Maxwell in ihrem Tagebuch die Frage, weshalb Liebe mit Freude gleichgesetzt wird, wenn sie doch so viel anderes ist: ein »harter Dienst« zum Beispiel »voller kleiner und großer Schmerzen«. Niemand wird dieses Gefühl besser verstehen als die Mutter eines tief verstörten Jugendlichen. Anstatt voller Freude ist ihre Mutterliebe vielleicht ängstlich, verwirrt, frustriert und schuldbewußt – aber auch tapfer und hoffnungsvoll.

Nur wenige, die auf dem Gebiet der Psychologie tätig sind, hören von den Schwierigkeiten der Mütter. Es ist nur zu typisch, daß die Profis, die gestörte Jugendliche behandeln, die besorgten Mütter ausschließen. Da mehr Mütter als Väter als Ursache der Schwierigkeiten der Kinder und als Hindernisse bei deren Behandlung angesehen werden, werden sie meistens nicht miteinbezogen, oft, weil ein sensibler Therapeut die absolute Vertraulichkeit gegenüber dem jugendlichen Patienten sichern möchte. Trotzdem wird dadurch gerade den Müttern, die auch Hilfe oder zumindest Mitleid brauchen, einiges vorenthalten.

Mütter von verhaltensgestörten Jugendlichen haben nicht nur wenig Unterstützung und wenig Möglichkeiten, Trost zu finden, sie werden auch noch durch viele liebgewonnene, aber falsche Vorstellungen von guter Mütterlichkeit verletzt. Es ist typisch, daß idealisierte, großartige Erwartungen von Mutterliebe mit bodenständiger, disziplinierter Mutterliebe kollidieren, wie sie jugendliche Töchter brauchen. Eine Erwartung besteht zum Beispiel darin, daß eine gute Mutter ihr Kind vor den Härten des Lebens beschützt – vor Frustration, Verlust und Verzweiflung. Wie die guten Feen, die Dornröschen mit Begabung ausstatteten, glauben Mütter im allgemeinen, daß sie ihre Töchter mit ewiger Gesundheit, Schönheit, Charme und Güte segnen können. Wenn sie ihre Töchter nicht vor den Tragödien schützen, die Teil des Menschseins sind, leiden die Mütter meistens unter Schuldgefühlen. Wie Marge, die Mutter einer siebzehnjährigen Drogensüchtigen, verzweifelt fragte: »Wie kommt es, daß Lisa trotz meiner Sorge und trotz all meiner guten Absichten so unglücklich ist? Es scheint alles so furchtbar unfair. Mütter, die ihre Kinder weniger lieben als ich, haben glückliche Kinder. Bin ich verflucht? Fehlt mir etwas, was andere Mütter haben?« Marges Beurteilung von Lisas Problemen ist kein Einzelfall. Wenn ich einer Frau sage, daß ihre Tochter emotional gestört ist, ist die erste Reaktion meistens: »Wo habe ich versagt« und die zweite: »Wie kann ich ihr jetzt wieder helfen?« Wir haben Mutterliebe mit einer enormen Macht ausgestattet – der Macht zu retten und der Macht zu heilen.

Mütterliche Macht ist rein illusorisch, und diese Illusion sorgt für viel unnötiges Leid. Sie führt nicht nur zu einem Gefühl mütterlicher Unzulänglichkeit, sondern in manchen Fällen auch zu einem Gefühl mütterlicher Zerstörung. Denn eins ist sicher: Wenn Mütter glauben, daß sie die Macht haben, ihre Kinder glücklich zu machen, dann glauben sie auch, daß sie der Ruin ihrer Kinder sein können. In diesem Glauben werden Mütter von sich selbst und dem Gerichtssaal der öffentlichen Meinung für jedes Leiden – von Allergien bis zu Autismus – verantwortlich gemacht, das junge Leute befällt.

Ich erinnere mich, daß Psychologen in den siebziger Jahren, als ich promovierte, bei der Behandlung von Schizophrenie mit anklagendem Finger auf die Mütter der jungen Leute zeigten, die daran litten. Sie klebten ihnen das Etikett »Schizophrenogene Mütter« auf – wörtlich bedeutet das »schizophrenie-erzeugende Mütter« – und ließen sich nicht von der Meinung abbringen, daß deren aufdringlicher, übervorsichtiger, dominierender Erziehungsstil die Krankheit des Kindes *verursacht* hatte. Die schizophrenogene Mutter erwies sich als Phantom. Als Forscher nach ihr suchten, konnten sie sie nirgendwo finden. Ihre Studien konnten keine wichtige Beziehung zwischen herrischen Müttern und schizophrenen Störungen bei Kindern feststellen. Als sich die Beweise häuften, daß Schizophrenie eher neurologischen als psychologischen Ursprungs ist, wurden weniger Mütter angeklagt, die furchtbare Krankheit ihrer Kinder hervorgerufen zu haben. Aber ich fürchte, daß immer noch viele Leute (Mütter eingeschlossen) glauben, daß eine Frau die Macht hat, ihr Kind glücklich oder unglücklich zu machen, und daß sie für Ereignisse verantwortlich ist, die in Wirklichkeit außerhalb ihrer Kontrolle liegen.

Natürlich beeinflussen Mütter ihre Kinder. Natürlich hat eine feindselige oder apathische oder narzißtische Mutter negative, manchmal sogar verheerende Wirkung. Aber der Einfluß einer Mutter - im guten wie im bösen Sinn – wird durch andere Einflüsse im Leben eines Kindes geschwächt. Selbst ein Neugeborenes ist kein unbeschriebenes Blatt, sondern vielmehr eine Person mit einem einzigartigen Temperament, vorgegebenen Neigungen, bestimmten Begabungen und Grenzen, und ein Jugendlicher wird sicher von vielen Personen geformt – Vater, Lehrer, Gleichaltrige und Medienpersönlichkeiten.

Professor Jerome Kagan hat überzeugend gegen die Überbewertung der Macht von Mutterliebe argumentiert, indem er sie mit »dem Potential« verglich, »das in anderen Gesellschaften zu anderen Zeiten Geistern, Seelenverlust, Zauberei, Sünde, Klatsch, Gott und Hexerei zugeschrieben wurde ...«. Er zeigt, daß Mutterliebe nur einer von vielen Einflüssen ist, denen das Kind ausgesetzt wird. Er zeigt auch, daß Kinder je nach Charakter und Umständen das Verhalten ihrer Mutter auf verschiedene Art interpretieren. Ich habe bemerkt, daß ein Kind unter einer strengen und fordernden Mutter wächst und gedeiht, während sich ein anderes vielleicht als Versager oder sogar ungeliebt fühlt. Und ich finde es immer wieder interessant, wie unterschiedlich sich Geschwister entwikkeln, die mit denselben Eltern unter mehr oder weniger denselben Verhältnissen leben. Leider gibt es keine Möglichkeit vorauszusagen, wie das einzelne Kind auf die eine oder andere Art der Erziehung reagieren wird. Wir können immer erst hinterher unser Urteil fällen.

Wenn eine Mutter mich, nachdem sie erfahren hat, daß ihre Tochter emotional gestört ist, fragt, in welcher Weise sie versagt hat und was sie tun kann, um ihrem Kind zu helfen, antworte ich: »Vielleicht haben Sie nicht versagt, und vielleicht können Sie ihr nicht helfen.«

Der folgende Fall illustriert, wie die wohlmeinenden Versuche einer Frau, ihre Tochter zu beschützen, genau das Gegenteil bewirkten. Da er auch zeigt, daß sich Mutterliebe als Reaktion auf die Krise eines Kindes entwickeln und verändern kann, wird er hoffentlich den Lesern helfen, die gerade in gestörte Beziehungen zu ihren schwierigen Kindern verstrickt sind.

Die achtzehnjährige Diana hatte eine normale Kindheit erlebt. Durch ihre offene und großzüge Art zog sie die Menschen an und hatte einen großen Freundeskreis. Mehr Schmetterling als Bücherwurm, war Diana trotzdem immer gut in der Schule mitgekommen. Als sie aufs College ging, hatte niemand Anlaß zu der Vermutung, daß ihr Leben nicht so glatt weiterverlaufen würde. In ihrem ersten Jahr jedoch erlebte sie die erste von vielen manischen Perioden. Während dieser Anfälle wurde das normalerweise nette Mädchen laut, erregt und aufbrausend. Wie von dunklen, unbezähmbaren Kräften in ihrem Inneren getrieben, verlor sie jede Vernunft und bekam wilde Wutanfälle. Diese manischen Anfälle wurden für ihr junges Leben zum Fluch: Sie versagte in den Kursen, verlor Freunde und Jobs und bekam von Zeit zu Zeit Ärger mit der Polizei wegen ihres ungebührlichen Verhaltens. Auf Zeiten tiefer Depression, in denen Diana sich hoffnungslos fühlte und sogar Selbstmordgedanken hegte, folgten normalerweise die manischen Ausbrü-

che. Diana wandte sich natürlich an ihre Mutter Helene, um Trost zu finden.
Aber Helene wollte mehr als nur trösten. Sie war entschlossen, den Schmerz ihrer Tochter irgendwie zu eliminieren. Nachdem sie von meiner Arbeit mit Jugendlichen gehört hatte, rief sie mich an. Ich sollte Diana als Patientin aufnehmen. Helene würde für die Behandlung zahlen. Ich war einverstanden, Diana kennenzulernen, und da wir uns verstanden, begannen wir mit der Beratung.
Ich beriet Diana sechs Monate, bevor ich ihre Mutter persönlich kennenlernte. Trotzdem war Helene im Geiste bei vielen Sitzungen anwesend – wie es bei den meisten meiner weiblichen Patienten der Fall ist –, und durch die Beschreibungen ihrer Tochter kannte ich sie schon ein bißchen. Helene stammte aus einer reichen und vornehmen Familie, hatte einen wohlhabenden Mann geheiratet und sich anmutig in die Routine einer Hausfrau und Mutter von drei Söhnen und einer Tochter – Diana, die Jüngste – gefügt. Es war interessant, daß Diana sich zwar lebhaft an Helen als Mutter erinnern konnte, aber kein klares Bild von ihr als Ehefrau hatte. Laut Diana schien die Beziehung zwischen ihrer Mutter und ihrem Vater Walter, einem bekannten Wirtschaftswissenschaftler, herzlich, aber irgendwie distanziert zu sein. Diana konnte sich nicht daran erinnern, daß ihre Eltern sich jemals in den Arm genommen oder geküßt hatten. Walter ging in seiner Arbeit auf, Helene war mit ihrem herrlichen Haus und den Kindern beschäftigt. Aber obwohl den Kindern das Hauptinteresse galt, so erzählte Diana, gab die Mutter allen ihren Segen, als es Zeit wurde, aufs College zu gehen. Solange die Jungen und Diana ihr Le-

ben meisterten, schien sie mit ihrem eigenen zufrieden zu sein. Und die vier Kinder hatten auch, nachdem sie das Haus verlassen hatten, weiterhin eine herzliche Beziehung zu ihrer liebenden Mutter. Bis zu Dianas geistiger Krise war das Leben dieser Familie in geregelten Bahnen verlaufen.
Ich glaube, daß Helene anfänglich hoffte, Dianas Leiden könne durch psychologische Behandlung schnell geheilt werden. Aber das war nicht der Fall. Wie ich Helene telefonisch erklärte, konnte Diana mit Selbstdisziplin und der Hilfe von Medikamenten lernen, ihre Krankheit zu kontrollieren, aber sie würde sie nie loswerden. Helene nahm diese Nachricht nicht gut auf. Sie kämpfte gegen diese Realität, daß ihre Tochter einen härteren Kampf als die meisten anderen jungen Leute um ein erfülltes und würdiges Leben führen mußte.
Im Laufe der nächsten Monate wurde mir klar, daß Helene, wenn sie Dianas manischen und depressiven Anfälle schon nicht verhindern konnte, entschlossen war, die Konsequenzen so gering wie möglich zu halten. Wenn die Natur Diana bestimmter Vorteile beraubt hatte, würde Helene sie dafür entschädigen.
Verringertes Urteilsvermögen ist eines der Symptome bei einem manischen Anfall. In dieser Zeit verschwendete Diana oft das Geld, das ihre Freunde ihr dummerweise liehen, aber sie war nie verantwortlich für diese Schulden. Sie teilte ihrer Mutter einfach die Summe mit, die zurückgezahlt werden mußte, und Helene schickte ihr das Geld prompt. Da Diana die Teilzeitjobs, mit denen sie Taschengeld verdienen konnte, verlor, beschwerte sie sich, daß sie sich keine neuen Kleider leisten konnte. Wieder kam Helene ih-

rer Tochter entgegen, und Diana erschien zu ihren Sitzungen immer elegant gekleidet: »Pakete von zu Hause«, erklärte sie etwas verlegen.
Obwohl Diana geschickt im Erfinden von moralischen Entschuldigungen war, wußte sie doch, daß sie mit ihrer Krankheit zurechtkommen und die Verantwortung für ihr Leben übernehmen mußte, so wie andere Achtzehnjährige das auch tun. Sie wußte auch, daß sie ihre Mutter nicht als Stütze gegen ihre Störung benutzen konnte, sondern selbst für Unabhängigkeit kämpfen mußte. Obwohl die Trennung von der Mutter – die Ablehnung ihrer kleinmachenden Fürsorge – für einen körperlich oder seelisch Behinderten schwerer ist, ist sie nicht weniger notwendig. Mit der Zeit reagierte Diana auf die törichte Großzügigkeit ihrer Mutter nicht mit Dankbarkeit, sondern mit wachsender Feindseligkeit. Durch die Geschenke ihrer Mutter kam sich Diana wie ein bedauernswerter Sozialfall vor. Es ist eine Tatsache, daß der Mensch diejenigen nicht mag, denen er sich verpflichtet fühlen muß, und durch Helenes Wohlwollen wurde ihre Tochter von dem Gefühl erschlagen, in ihrer Schuld zu stehen. Aber Diana war noch nicht stark genug, sich gegen die materiellen Angebote und die Überängstlichkeit der Mutter zur Wehr zu setzen.
Helene, die ohne Zweifel in bester Absicht und mit Liebe handelte, erkannte nicht, daß in jedem Paket, jedem Geschenk die heimtückische Botschaft steckte: »Mutter glaubt nicht, daß du für dich selbst sorgen kannst« und »Mutter muß sich immer um dich kümmern, weil du krank und verwundbar bist.« Durch ihr schwindendes Selbstvertrauen geschwächt, wurde Diana immer abhängiger von Helene – und immer

zorniger auf sie. Mutter und Tochter telefonierten inzwischen täglich und merkten nicht, daß die Telefon-Nabelschnur sie beide strangulierte. Und ich als Therapeutin konnte ihren symbiotischen Knoten nicht lösen. Wie konnte Diana meinem Drängen nachgeben, die Fürsorge ihrer Mutter abzulehnen, wenn sie glaubte, ohne sie nicht überleben zu können?

Die meisten von uns haben schreckliche Erfahrungen gemacht, die sich im nachhinein als Segen erwiesen. Für Diana war ein beinahe tragischer Unfall ein solcher Segen. Während einer manischen Periode setzte sich Diana mitten in der Nacht ins Auto, fuhr viel zu schnell und überschlug sich. Sie kam mit ein paar Prellungen davon, aber der Wagen hatte Totalschaden. Helenes prompte Reaktion bestand darin, Diana ihren eigenen Wagen zu schicken – einen glänzenden schwarzen Cadillac.

Zuerst war Diana froh, daß ihre Mutter sie wieder einmal gerettet hatte. Bald jedoch änderte sich dieses Gefühl. Diana fühlte sich unwohl, wenn sie mit dem Cadillac fuhr, der auf den Collegestraßen, die mit Fahrrädern und bunt angemalten alten Autos gesprenkelt sind, wirklich fehl am Platz war – genau wie Diana selbst. Eines Tages stürzte Diana in mein Sprechzimmer und schluchzte: »Ich weiß, weshalb ich diesen Cadillac so hasse, weshalb ich kaum darin atmen kann. Es ist, als sei ich der Chauffeur meines eigenen Leichenwagens ... Ich glaube, ich sterbe.«

Zum erstenmal akzeptierte Diana die Tatsache, daß sie durch die Fürsorge ihrer Mutter getötet wurde und mit jedem Geschenk ein bißchen mehr starb. So schmerzlich diese Einsicht auch war, sie bewegte Diana doch dazu, ihr Leben zu verändern. Sie sagte:

»Ich möchte mir nicht mehr wie ein verwöhntes, kleines reiches Mädchen vorkommen, das in Mammis schönem Auto spazierenfährt.« Zu meiner Erleichterung wollte Diana erwachsen werden.
Kurz nach dieser Veränderung machte Diana den Vorschlag, Helene zu einer Sitzung einzuladen. Diana, die in einem kürzlich geführten Telefongespräch ihrer Mutter bereits die Schwierigkeiten ihrer zu engen Verbindung angedeutet hatte, wollte ihr persönlich erklären, weshalb sie den Schutz ihrer Mutter nicht länger annehmen konnte. Helene stimmte sofort zu, zu mir zu kommen.
Ich mochte Helene, eine bodenständige und offene Frau, auf Anhieb. Nachdem wir Vorstellung und ein bißchen Small-Talk hinter uns gebracht hatten, begann sie: »Diana hat mir letzte Woche am Telefon gesagt, daß wir zu sehr aneinander kleben, daß ich zuviel für sie tue, daß ich sie immer rette. Ihr sollt beide wissen, daß es nicht leicht ist, zuzugeben, daß meine Liebe meiner Tochter schadet, denn mein größter Wunsch war immer, die Kinder glücklich zu machen und nicht das Gegenteil. Ich habe viel nachgedacht, wie man sich vorstellen kann. Ich möchte Ihnen sagen, daß ich mich ändern will. Wenn mein Verhalten in der Vergangenheit Dianas Leben verschlimmert hat, muß ich mich unbedingt ändern.«
Diana akzeptierte das Angebot ihrer Mutter. Wir drei verhandelten dann über einige Bedingungen. Diana würde einen Teilzeitjob annehmen, wie langweilig und anspruchslos er auch sein würde. Sie konnte dann einen Teil ihrer Kosten selbst übernehmen, einschließlich meines Honorars, das ich ihrem geringen Einkommen anpassen würde. Wir waren einhellig der

Meinung, daß Diana unmöglich von heute auf morgen vollständig auf die Unterstützung ihrer Eltern verzichten konnte, aber es war wichtig für sie, daß sie sich nicht bedingungslos darauf verlassen konnte. Helene versprach, die Zahlungen für den Unterricht nur so lange fortzusetzen, wie ihre Tochter die Arbeit für das College ernstnahm. Schließlich einigten sich Diana und Helene darauf, ihre Telefonate auf ein oder zwei pro Woche zu beschränken. Helene für ihren Teil verließ die Sitzung mit der Einsicht, daß ihr eigenes Leben sich durch die Eliminierung des »Problems« Diana, das sie ganz in Anspruch genommen hatte, verändern mußte.
In einem öffentlichen Brief an ihre eigene heranwachsende Tochter schrieb die Soziologin Jesse Barnard, daß sie lernte, keine »spontane Mutter« mehr zu sein, die ihren Impulsen folgt und sofort einspringt, um die Probleme ihres Kindes zu lösen. Zum Wohle ihrer Tochter versuchte sie jetzt vielmehr, sie die Probleme alleine lösen zu lassen. Helene konnte ebenfalls nicht mehr die spontane Mutter sein, sondern war gefordert, ihre mütterliche Großzügigkeit zu zügeln. Die spontane Mutter ist entgegen allem, was wir gelernt haben, nicht immer die gute Mutter.
Diana verzichtete nicht nur auf die Fürsorge ihrer Mutter, sondern nach zwei weiteren Therapiejahren auch auf meine. Von Zeit zu Zeit schreibt sie oder ruft an. Sie kämpft immer noch, um ihre Krankheit zu kontrollieren, ist aber meistens eine verantwortungsbewußte, produktive junge Frau. Zu meiner Freude erhielt ich eines Tages auch einen langen Brief von Helene. Sie schrieb, daß sie mit der Hilfe eines Psychotherapeuten ihr Leben gut meistere. Da sie sich nicht

mehr in erster Linie mit Diana beschäftigen mußte, war sie gezwungen, die Lücken in ihrem Leben zu füllen, und kümmerte sich jetzt in der Stadt um Jugendliche, die sich auf Abwegen befanden. Hinzu kam, daß sie und ihr Mann begonnen hatten, ihre eigene Beziehung zu flicken, die im Laufe der Jahre durch Nachlässigkeit fadenscheinig geworden war. In einem Postskriptum fügte sie hinzu: »Vor und während Dianas Krise war ich eine berufstätige Mutter. Diana und Sie haben mich gezwungen, den Beruf zu wechseln, und dadurch bin ich eine bessere Frau geworden. Ich kann natürlich nicht sagen, daß ich in meinem Leben auf Rosen gebettet bin. Manchmal tut es mir immer noch in der Seele weh, wenn ich an Diana oder die anderen gestörten Menschen denke, mit denen ich arbeite. Aber wie meine Tochter werde auch ich erwachsen. Ich lerne, mit einer realistischeren Welt zurechtzukommen. Ich lerne, daß Mutterliebe Kinder nicht vor Schmerzen beschützen kann und daß auch den Guten und Unschuldigen das Leiden nicht erspart bleibt.«

Helenes Geschichte erinnert mich an den tragischeren Fall der politischen Aktivistin Rose Chernin, wie er von ihrer Tochter Kim Chernin in der Biographie *Rote Schatten* dargelegt wird. Anstatt mit einer seelischen Erkrankung wurde Rose mit der furchtbaren körperlichen Krankheit ihrer Tochter konfrontiert. Zu einer Zeit, als die Behandlung von Krebs noch nicht sehr fortgeschritten war, erfuhr sie von einem Arzt, daß ihre heranwachsende Tochter an der Hodgkinschen Krankheit litt: »Ich dachte, er hat mich zum Tode verurteilt. Ich saß da und spürte, daß ich starb. Dann wurde mir klar, daß es sogar noch schlimmer war. Ich würde Nina verlieren und überleben!« Wie Helene spürte sie, daß sie etwas tun mußte, um ihrer Tochter zu helfen: »Es ist dein eigenes Kind, sie sieht dich so vorwurfsvoll an, als müßtest du ihr helfen können. Du spürtst, daß da etwas sein muß, es muß einfach. Aber du kannst es nicht finden. Du sitzt da, versuchst es weiter, aber weißt nicht, was du tun kannst.«

Vielleicht besteht der frustrierendste Liebesdienst darin, für ein leidendes Kind *nichts* zu tun; vielleicht besteht der diszipliniertestc Liebesdienst einfach darin, bei dem leidenden Kind zu sein. Manchmal liegt die größte Liebe der Mutter in der Botschaft: »Ich weiß, daß du sehr leidest, und obwohl ich dein Unglück nicht verscheuchen kann, bin ich hier, um dir zuzuhören, wenn du darüber sprechen möchtest.« Ich hatte das Privileg, eine Frau zu kennen, die solcher Liebe fähig war. Tage und Nächte blieb Ann am Bett ihres Sohnes, der an Aids starb. Anstatt ihm trügerische Versprechungen von Heilung zu machen, gab sie ihm einfach die Sicherheit, daß sie sich nicht zurückziehen würde und keine Angst vor seinen Schmerzen hatte. Als sein müder, gequälter Körper aufgab, hielt Ann seine Hand.

Ich nehme mir nicht heraus, meine mütterlichen Erfahrungen mit denen von Helene, Rose oder Ann zu vergleichen. Bis jetzt sind mir die größeren Schmerzen der Mutterliebe erspart geblieben. Aber wenn meine Kinder die kleinen Schmerzen des Heranwachsens durchmachen, weiß ich, daß es besser ist, ihnen zuzuhören, als ihnen Ratschläge zu geben. Ihre Sorgen scheinen leichter zu werden, wenn sie die Möglichkeit haben, sie »abzuladen«, und für mich ist es auch eine Erleichterung, ihnen zuzuhören, ohne unbedingt eine Lösung anbieten zu müssen.

Die große Aufgabe für Mütter Jugendlicher besteht darin, sich im Laufe der Zeit vom Leben ihrer Töchter zu lösen und in ein eigenes geboren zu werden. Trotz ihrer Krisen haben sich weder Helene noch Rose von der Welt zurückgezogen. Helene hat sich für wohltätige Arbeit engagiert, und viele Monate nach dem Tod ihrer Tochter nahm Rose ihre politischen Aktivitäten wieder auf: »An Ninas Tod konnte man nichts ändern. Aber es gab noch so viel auf der Welt, das verändert werden mußte ... Nina war tot. Aber die Welt bestand weiter, und ich mußte mitgehen ... Ich hätte sterben können, ich hätte mich töten können, aber ich tat es nicht. Ich habe den Kampf aufgenommen. Ich kehrte ins Leben zurück ...«

Auch die Verbindung zu ihren Töchtern haben sie nicht abgebrochen: Helene bemerkte, daß ihr Dianas Schicksal immer noch in der Seele weh tat, und Rose sagte: »Wir hatten keine Zeit, uns an den Gedanken zu gewöhnen, daß sie starb. Ich habe mich immer noch nicht daran gewöhnt. Dreißig Jahre sind vergangen, und der Gedanke verfolgt mich immer noch.« Aber beide Frauen haben sich schließlich vom Leben ihrer Töchter so weit gelöst, daß sie ein eigenes erfülltes Leben führen konnten.

Obwohl für die meisten Mütter die Trennung von ihrer jungen Tochter schwer ist, ist es besonders hart für Mütter von gestörten oder kranken jungen Mädchen. Ich habe festgestellt, daß manche Frauen plötzlich jedes Gefühl für natürliche Grenzen verlieren und mit ihren Töchtern geradezu verschmelzen, wenn diese sich in einer Krise befinden. Folgender Fall zeigt die Schwierigkeiten, die eine solche Verschmelzung beinhalten kann.

Lena, leitende Angestellte und Mutter eines sechzehnjährigen Mädchens, war in Therapie, um die Gründe für das Scheitern ihrer Ehe und die Möglichkeiten ihres neuen Single-Daseins zu erforschen. Als Frau, die nur selten um Hilfe gebeten hatte, war Lena bemerkenswert beherrscht und gefaßt. Daher war ich völlig perplex, als sie um einen Nottermin bat. Sie erschien in Tränen aufgelöst zu der Sitzung und erzählte mir unter Schluchzen von Ladendiebstahl, Verhaftung und Demütigung durch die Polizei. Ihre Geschichte ergab für mich keinen Sinn: Wie konnte diese tüchtige, starke Frau in einem Warenhaus Lippenstifte oder Ohrringe stehlen? Hatte ich sie so falsch eingeschätzt?

Erst nachdem einige Minuten vergangen waren, wurde mir klar, daß Lena über ihre Tochter und nicht über sich selbst sprach. Sie hatte sich mit der kürzlichen Erfahrung ihrer Tochter Lilly so stark identifiziert, daß weder sie noch ich sagen konnte, wer wer war: Lillys Verbrechen war Lenas geworden. Immer wieder jammerte Lena: »Warum muß *mir* etwas so Schreckliches passieren?« und »Was werden die Leute von *mir* denken?« Diese Überidentifikation der Mutter mit ihrer Tochter hatte zwei negative Effekte. Auf der einen Seite litt Lena – beschämt, gedemütigt und sich selbst die Schuld gebend – für ein Verbrechen, das sie nicht begangen hatte, und auf der anderen Seite konnte sie Lilly nicht die nötige mütterliche Hilfe geben, weil sie zu sehr mit ihren eigenen Gefühlen beschäftigt war.

Wie so viele Mütter glaubte Lena, daß andere sie für das Verhalten ihrer Tochter verantwortlich machen würden. Lillys Fehler wurden dann zum öffentlichen

Zeugnis für Lenas Fehler. Ich glaube nicht, daß Lenas Vermutungen ungewöhnlich waren. Von dem Zeitpunkt, da sie ihre Babys aus dem Krankenhaus nach Hause bringen, werden die meisten Mütter von den Gedanken geplagt, daß sie allein für die Anpassung ihres Kindes an die Welt verantwortlich sind und daß andere sie nach dem Gelingen dieser Anpassung beurteilen.

Wenn ich zu Konferenzen in die Schulen meiner Kinder gebeten werde, warte ich auch immer ängstlich auf das Urteil meiner Schuld oder Unschuld als Mutter: »Mrs. Bassoff, es ist großartig, wie Sie dieses wunderbare Kind erzogen haben« oder »Ihr Kind scheint ernsthafte Probleme zu haben. Sagen Sie, was ist zu Hause los?«

Im Gefühl der Verantwortung für alle Handlungen ihrer Tochter gab sich Lena natürlich auch die Schuld für den Ladendiebstahl. Es war ihr Verbrechen, der Beweis für ihr Versagen als Mutter und Grund genug für den vermuteten öffentlichen Aufschrei ihr gegenüber. Überwältigt von dem Gefühl der Demütigung konnte Lena sich einige Zeit gar nicht darauf konzentrieren, was der Diebstahl und die folgende Verhaftung für ihre Tochter bedeuteten. Sie konnte den Unterschied zwischen ihrer eigenen emotionalen Erfahrung und der ihrer Tochter nicht erkennen. Lena erzählte mir, daß sie in der Nacht nach dem Zwischenfall keine Ruhe finden konnte. In der Annahme, daß Lilly wach sein mußte, ging sie in deren Zimmer, wo sie das Mädchen friedlich schlafend fand. Lena hielt neben ihrer schlafenden Tochter Wache und fragte sich: »Wie kann das sein? Wie kann Lilly fest schlafen, während ich ein Nervenbündel bin?«

Der Psychiater Heinz Kohut hat das destruktive Potential von Müttern deutlich gemacht, die ihre eigenen emotionalen Erfahrungen nicht von denen ihrer Kinder trennen können. Vollkommen von ihren eigenen Spannungen und Stimmungen in Anspruch genommen, überträgt sie diese vielleicht auf die Erfahrung ihrer Tochter – steckt sie mit ihrer eigenen Ängstlichkeit an. Gleichzeitig reagiert sie vielleicht zu stark auf die Emotionen ihres Kindes, die ihren eigenen entsprechen. Obwohl eine solche Mutter sich anscheinend um ihr gestörtes Kind sorgt und kümmert, stellt sie sich nicht auf die Tochter ein, und ihre falschen mütterlichen Wahrnehmungen können zu unangebrachten mütterlichen Reaktionen führen. Das schien bei Lena der Fall zu sein.

Lena stand vor vier therapeutischen Aufgaben: Sie mußte den Glauben aufgeben, daß sie für das Verhalten ihrer Tochter verantwortlich war; sie mußte zwischen ihren Erfahrungen und denen ihrer Tochter unterscheiden lernen; sie mußte die Bedeutung ihrer eigenen Erfahrung verstehen; und sie mußte Wege finden, angemessen auf ihre gestörte Tochter zu reagieren. Lillys Missetat setzte für Lena Gefühle der Unzulänglichkeit und Scham frei, die sie bis jetzt versteckt hatte. Jetzt konnte sie zum erstenmal zugeben, wie wichtig es für sie war, daß andere keinen Makel an ihr entdeckten, und wie hart sie gearbeitet hatte, um das perfekte Bild einer starken und korrekten Frau, einer perfekten Mutter mit einem perfekten Kind zu präsentieren. Sie hatte geglaubt, daß andere sie verachten und erniedrigen würden, wenn sie ihre menschlichen Unzulänglichkeiten oder die ihrer Tochter, die sie als zugehörig zu ihrer eigenen Person sah, erkannten.

Obwohl ich Lilly nie getroffen habe, hege ich den Verdacht, daß sie in gewisser Weise durch den Ladendiebstahl mit der nie gelebten oder unterdrückten Seite ihrer Mutter zusammenarbeitete – dem »bösen Mädchen«, das von dem «lieben Mädchen« unter Verschluß gehalten wurde und nie die Möglichkeit hatte, Krawall zu schlagen. Auf ihre eigenen – beträchtlichen – Kosten gab Lilly ihrer anständigen Mutter die Möglichkeit, sich indirekt auszudrücken. Durch die Therapie lernte Lena, ihre dunklere Seite mit einem gewissen Mitleid und guten Mutes zu akzeptieren, anstatt sie zu verachten. Die Erfahrung hat mir gezeigt, daß die Gefühle einer Frau, wenn sie akzeptiert werden – auch die peinlichen oder unangenehmen –, viel kooperativer werden. Sie stürzen sich nicht mehr unerwartet auf sie, um Aufmerksamkeit zu erlangen, und dringen nicht mehr in Beziehungen ein, wenn sie es nicht sollten. Wenn sie genügend Anerkennung erfahren haben, müssen sie nicht mehr tyrannisieren.

Meinen neuen Patienten sage ich oft, daß sie die Psychotherapie als große Dinnerparty ansehen können, zu der alle Gefühle eingeladen werden müssen, die in ihrem Inneren existieren. Jedes dieser Gefühle muß gastfreundlich behandelt werden, um jedes muß man sich kümmern. Ich erinnere meine Patienten an das Märchen von *Dornröschen,* wo die Entscheidung des Königs und der Königin, die dreizehnte Fee auszuschließen, diese zu einer wütenden und destruktiven Handlung verleitete, und ich bitte sie, nicht einen einzigen »Gast« von ihrer »Party« auszuschließen.

Als Lena ihre eigenen Gefühle besser kannte und akzeptierte, respektierte sie auch die Individualität ihrer Tochter mehr und konnte Ähnlichkeiten und Unterschiede besser einschätzen. Die Grenzen, die verwischt gewesen waren, wurden jetzt wieder klar. Da sie ihre Gefühle »besaß«, mußte sie ihre Tochter nicht länger mit ihnen belasten.

Es stellte sich heraus, daß Lillys Ladendiebstahl kein Einzelfall gewesen war. Für das junge Mädchen war Stehlen zur Gewohnheit geworden. Nachdem Lena sich nicht mehr mit ihrer Tochter identifizierte, reagierte sie auf angemessene Art und Weise, indem sie Grenzen setzte, emotionale Unterstützung bot und für die psychologische Hilfe sorgte, die Lilly benötigte. Und ich hatte den Eindruck, je mehr Lena lernte, ihre eigenen Dämonen zu akzeptieren, desto toleranter wurde sie Lillys Fehlern gegenüber. Sie schämte sich ihrer Tochter nicht mehr und konnte zu mir sagen: »Lilly ist einfach ein reizendes Mädchen, das ernste Probleme hat.« Die harte Aufgabe, Mutter eines gestörten Teenagers zu sein, wird durch Toleranz ein bißchen gemildert.

Das gestörte Kind falsch einzuschätzen, wie Lena es zuerst tat, kann zu falschen Reaktionen führen. Mit nur ungenauem Verständnis für das Problem der Jugendlichen befindet sich die Mutter nicht in der Position zu helfen. Ich möchte damit jedoch nicht sagen, daß eine Mutter unbedingt darauf bestehen soll, das Innenleben ihrer gestörten Tochter voll und ganz zu verstehen. Wenn sie sich voneinander trennen sollen, müssen Mutter und Tochter viele Erfahrungen voreinander verbergen. Die wirklich einfühlsame Mutter wird das Recht ihrer Tochter auf Privatsphäre respektieren: Und dieser Respekt hat eben zur Folge, daß eine Mutter nicht alles, was ihr Kind betrifft, weiß.

Es ist verständlich, daß die Mutter, wenn sich ihre

Tochter in einer Krise befindet, versucht, sie vor größeren Schmerzen zu beschützen, und das Bedürfnis hat, genau herauszufinden, was in ihr vorgeht, was sie tut, und sogar, was sie denkt. Ich kann nicht sagen, wann genau die Sorge zu unwillkommener Zudringlichkeit wird, aber es ist ein schmaler Grat. Eine wirklich gute Mutter ist sich dessen bewußt. Diejenigen, die sich zu viel in das Leben ihrer Töchter einmischen, können vielleicht von der Weisheit der Jungianerin Irene Claremont de Castillejo profitieren:
Eltern neigen dazu, die Defekte der Kinder zu sehen und zu glauben, daß sie über die Komplexe der Kinder Bescheid wüßten. Aber wenn sie weise sind, werden sie sich daran erinnern, daß sie die innerste Wahrheit in den Seelen ihrer Kinder nicht kennen. Wir wissen nicht, mit welchem Ziel ein anderer Mensch geboren wurde. Wir wissen nicht, wo er rebellieren und welche Fehler er machen wird. Vielleicht ist eine Besonderheit oder das Versagen, sich der Gesellschaft anzupassen, der Beitrag dieses Kindes zur Welt.
Vielleicht erkennen wir die Fehler der Kinder, aber wenn wir weise sind, müssen wir auch lernen, blind zu sein. Zu wissen und doch nicht zu wissen ist eines der paradoxen Geheimnisse von Beziehungen.
Eine unglückliche Tochter weckt in der Mutter vielleicht den großen Drang, alles zu wissen, was in dem Mädchen vorgeht, und noch dazu möchte sie alles regeln, was nicht stimmt. Gewiß gibt es Krisen in der Jugend, die entschlossene Aktivität verlangen, und die Mutter, die nicht schnell für professionelle Hilfe sorgt, wenn ihre Tochter ihre eigene oder die Sicherheit anderer gefährdet, ist nachlässig. Es kann jedoch sein, daß wir als Mitglieder einer Gesellschaft, die das Han-

deln überbewertet, manchmal eingreifen, wenn wir es nicht sollten. Wir scheinen das Leben unserer Kinder unbedingt sezieren, analysieren und rekonstruieren zu wollen. Ich habe den Verdacht, daß die Überbewertung von Taten in unserer westlichen Kultur viele Mütter ermutigt, sich unnötig in das Leben ihrer Töchter einzumischen und bei ihnen zu eifrig nach Krankheiten suchen, wo gar keine sind.

D. T. Suzuki, der Zen-Meister, hat einmal die aktionsorientierte Weltanschauung der westlichen Welt mit der eher abwartenden Haltung des Fernen Ostens durch die Interpretation zweier Gedichte verglichen. Das erste, von dem englischen romantischen Dichter Tennyson, lautet:

Flower in the crannied wall
I pluck you out of the crannies; –
Hold you there, root and all, in my hand.
Little Flower – but if I could understand
What you are, root and all, and all in all
I should know what God and man is.

(Blume in der rauhen Wand. Ich pflücke dich aus dem Spalt, und halte dich samt der Wurzel in der Hand. Kleine Blume – wenn ich nur verstehen könnte, was du eigentlich bist, dann wüßte ich auch, was Gott und die Menschen sind.)

Das zweite, ein Vers des japanischen Dichters Basho aus dem siebzehnten Jahrhundert, lautet:

Wenn ich ganz genau hinsehe,
Sehe ich an der Hecke die Nazuna blühen.

Während der östliche Dichter die Nazuna betrachtet und leben läßt, besteht der westliche Dichter auf einer aktiven Beziehung zu der keinen Blume: Er reißt sie aus ihrem geschützten Platz, um sie »samt der Wurzel« zu analysieren, sie zu benutzen, um sein eigenes Verständnis zu vergrößern. Durch seinen Versuch, die kleine Blume kennenzulernen, tötet er sie. Bashos Vers beschreibt eine zarte, unauffällige Beziehung zwischen dem Dichter und der Nazuna-Pflanze. Er will sie nicht untersuchen, so wie Tennyson seine kleine Blume untersuchen muß, sondern sie nur beobachten und sich an dem lebenden Ding erfreuen, so wie es ist.

Wir westlichen Menschen täten gut daran, im Sinne Bashos manchmal nur aus der Entfernung zu beobachten, anstatt impulsiv zu verändern. Wir können unseren gestörten Kindern vielleicht ihre Schmerzen bewältigen helfen, indem wir ihnen gestatten, sie zu durchleben, und diese jungen Menschen so akzeptieren, wie sie sind.

Eine kurze Anekdote erzählt, wie eine Mutter eine gütige, unaufdringliche Beziehung mit ihrer Tochter aufnahm. Millie, die Mutter einer ruhelosen, aufsässigen Siebzehnjährigen, erklärte ihre Entscheidung, sich nicht einzumischen, folgendermaßen: »Joan ist ein kluges Mädchen, aber sie hat beschlossen, von der High School abzugehen. Sie hat einfach noch nicht die richtige Ecke für sich gefunden. Ich weiß, daß sie etwas Schweres durchmacht, und ich glaube, am besten mische ich mich da nicht ein. Ich wäre natürlich erleichtert, wenn sie zu einem Therapeuten ginge, aber sie will nicht, und da sie nichts Gefährliches tut, werde ich sie auch nicht zwingen. Joan braucht Zeit und Raum, um klarzukommen. Das ist ihre Art, und wer will sagen, daß es falsch ist?« Mir scheint, daß Millie eine Ausnahme ist. Andere Mütter würden sich in ähnlichen Situationen vielleicht selbst die Schuld geben für die »Fehlentscheidung« ihrer Tochter und gegen deren Willen den Versuch unternehmen, sie zu beeinflussen.

Das Ideal der guten Mutter, die immer die Wunden ihres Kindes heilen sollte, hat noch eine andere Konsequenz, auf die ich gerne näher eingehen möchte. Die Mutter, die alle Verhaltensweisen ihrer unglücklichen Tochter toleriert, setzt sich natürlich auch Kränkungen aus und wird manchmal zum »Schandpfahl« der Tochter.

Als ich eine meiner Patientinnen – eine intelligente, hochgebildete Frau – fragte, weshalb sie ihrer Tochter erlaubte, sie zu beleidigen und anzubrüllen, antwortete sie, daß das vielleicht der »gesündeste« Weg für das Mädchen sei, seine Wut auszudrücken. Diese Frau glaubte, daß das Kind sich selbst heilte, indem es seine Mutter beleidigte, und daß es ihre mütterliche Pflicht sei, sich so benutzen zu lassen. Eine andere Patientin, Mutter einer Vierzehnjährigen, die drogenabhängig war und vom Konto ihrer Eltern Geld stahl, um ihre Sucht zu finanzieren, berichtete, daß sie, wenn ihre Tochter ausfallend wurde oder sie herumstieß, damit reagierte, daß sie die andere Wange hinhielt. Diese törichte Frau erkannte nicht, daß ihr passives Verhalten dem Kind schadete und ihre eigene Würde verletzte; im Gegenteil: Sie hielt sich beinahe für eine Heilige und sagte: »Ich glaube, mein einziger Fehler ist, daß ich zu gut zu meiner Tochter bin.«

Die beiden Psychiatrie-Professoren Henry Harbin

und Denis Madden, die sich ausgiebig mit randalierenden Jugendlichen beschäftigt haben, behaupten in einer sehr interessanten Studie, daß unvermeidlich ein oder beide Elternteile des unverschämten Kindes auf ihre elterliche Rolle verzichtet haben. Sie berichten, daß die meisten dieser Eltern vor ihrer Verantwortung zurückschrecken und ihre elterliche Macht auf den Jugendlichen übertragen, der zu unreif ist, um sie anzunehmen. Das Kind zeigt dann oft ein übertriebenes Selbstbewußtsein mit übersteigerten Ansprüchen und wird versuchen, dem schwachen Elternteil seinen Willen zu unterwerfen. Oder das Kind wird in dem frustrierten Versuch, den Elternteil für sein Nichtstun zu bestrafen, in verstärktem Maße beleidigend werden.
Weit verbreitet ist auch die Meinung, daß die ideale Mutter immer gütig und niemals streng ist. Möglicherweise scheuen Frauen vor Strenge und Willensstärke zurück, weil sie dazu erzogen worden sind, daß Frauen sanftmütig sein müßten. Sie stellen keine Regeln auf und setzen keine Grenzen. Aber jede heranwachsende Tochter möchte, daß ihre Mutter stark ist. Ich stimme der Feststellung der Dichterin und Autorin Adrienne Rich voll zu: »Wenn eine Mutter schikaniert wird, demütigt sie das nicht nur, sondern es behindert auch die Tochter, die nach Hinweisen sucht, was es bedeutet, eine Frau zu sein. Wie die traditionelle Chinesin mit eingebundenen Füßen gibt sie ihr eigenes Leid weiter. Der Selbsthaß und die niedrigen Erwartungen der Mutter sind es, in die die Psyche der Tochter eingebunden wird.« Mehr noch, keine Schuld wiegt schwerer als die der Tochter, die auf ihre Mutter losgeht und sie schwächt. Die Jugendliche, die ihre

Mutter stößt und schubst und provoziert, will, daß sie stark ist: ihr entgegensteht, sich weigert, von ihr ausgenutzt zu werden. Sie bietet ihr die Gelegenheit, die sich selbst achtende und gebieterische Frau zu werden, der sie nacheifern möchte. Sollte die Mutter die ihr zustehende Autorität nicht übernehmen, verrät sie sowohl sich selbst als auch ihre Tochter.

Die Frau, die wirklich eine gute Mutter und nicht die zu Unrecht idealisierte Version einer guten Mutter ist, ist keine Dulderin und auch nicht ständig aktiv. Sie kann selbst angesichts großer Schmerzen, die ihr Kind erleidet, zurücktreten und ihm gestatten, das Leben selbst in die Hand zu nehmen. Als Frau, die alles Leben respektiert, auch ihr eigenes, wird sie verbale oder physische Gewalt gegen sich oder andere nicht tolerieren.

Die gute Mutter ist auch eine Frau, die in vernünftigem Maß Verantwortung für ihr Versagen als Mutter übernimmt – ohne in Schuldgefühlen oder Selbstbezichtigungen zu schwelgen – und vor den Auswirkungen nicht zurückschreckt. »Gibt es eine tiefere Wunde als die Frage, wo und wie man die im Stich gelassen hat, die man liebt?« schrieb Florida Maxwell-Scott in ihrem Tagebuch. Lassen Sie mich dem hinzufügen: Gibt es etwas Heilsameres, als vernünftige Verantwortung für sein Versagen zu übernehmen?

Vor einigen Jahren beriet ich ein Mädchen, das gerade einen Selbstmordversuch unternommen hatte. Im Laufe der Therapie wurde klar, daß ihre Depression durch die frühe Trennung von ihrer Mutter mitverursacht war. Als Dawn gerade fünf war, war sie mit ihrem Vater für zwei Jahre allein, weil Judith außerhalb des Staates ein Graduiertenstudium absolvierte. Man kann sich vorstellen, daß Judiths Auszug ein überwältigendes Gefühl bei dem Kind hervorrief, das sich plötzlich als mutterlos empfand. Die kleine Dawn konnte natürlich die Gründe ihrer Mutter nicht verstehen: Die junge Frau war verzweifelt und wollte aus einem erdrückenden häuslichen Leben, das ihre Vitalität erstickte, ausbrechen. Sie hatte panische Angst, daß sie innerlich abstumpfen würde, wenn sie ihre Sehnsucht nach intellektueller Anregung nicht befriedigt. Das kleine Mädchen empfand die schmerzliche Sehnsucht nach der Mutter und das Gefühl, ohne sie nicht sicher zu sein. Die sechzehnjährige Dawn schluckte fünfzig Aspirintabletten, nachdem ihr Freund mit ihr Schluß gemacht hatte. Das plötzliche Ende einer Liebesbeziehung, das jeden Teenager tief verwundet, wurde für Dawn beinahe tödlich, weil es die unerträgliche Situation wieder heraufbeschwor, die mit dem Verlassenwerden durch ihre Mutter Jahre zuvor verbunden war.

Nachdem Dawn und Judith einige Male bei mir gewesen waren, kam ich zu der Überzeugung, daß keine von beiden mit den Auswirkungen ihrer frühzeitigen Trennung zurechtkam und daß beide weder mit sich selbst noch mit der anderen Frieden schließen konnten, bis sie das Problem überwunden hatten. Dawn sollte in der Therapie endlich die enorme aufgestaute Wut loslassen, die sie auf ihre Mutter hatte, weil sie weggegangen war. Ich hatte die Aufgabe, daß Dawn nicht beleidigend oder unfair wurde. Judith mußte die Stärke haben, ohne Entschuldigungen oder Verdrehungen der Wahrheit oder übertriebene Schuldgefühle ihrem früheren Versagen als Mutter ins Gesicht zu sehen und sich bei ihrer Tochter zu entschuldigen, was längst überfällig war. Nur so konnten Dawn und Judith ihre Beziehung flicken – davon war ich überzeugt. Und genau das geschah auch. Als Judith sich der Wut ihrer Tochter öffnete und sich dafür entschuldigte, das fünfjährige Kind verlassen zu haben, das ihr vertraut hatte und von ihr abhängig gewesen war, wurde ihre Beziehung nicht mehr durch eine schwere Bürde belastet. Schließlich würde auch jede durch individuelle Therapie inneren Frieden finden. Wie die Psychoanalytikerin Alice Miller erklärt, helfen Mütter, die mit reifen Kindern über ihre eigenen Fehler sprechen, den Jugendlichen »nicht gegen, sondern mit ihrer Vergangenheit zu leben.« Ich hege den starken Verdacht, daß Mütter dadurch dasselbe lernen.

Mutter sein heißt auch, Trauer zu empfinden. Jede Mutter, die ihre Tochter heranwachsen sieht, blickt auch auf die eigenen Kinderjahre zurück. Wenn sie die schmerzliche Wirklichkeit nicht verleugnet, weiß sie, daß sie trotz aller guten Absichten unfair zu ihrer Tochter ist und war und daß es zu spät ist, diese Ungerechtigkeiten rückgängig zu machen. Das ist jedoch kein Grund zur Verzweiflung. Es gehört zum Leben, daß man sowohl Versagen als auch Erfolg erfahren muß. Tatsächlich motiviert uns das Versagen und nicht die Perfektion, uns zu entwickeln und zu verändern. Wie Judith sind die Frauen, die ihre Fehler und Versäumnisse akzeptieren, viel eher in der Lage, die ihrer Töchter zu akzeptieren.

Die Trennung von Müttern und Töchtern ist immer schwer. Aber die Abnabelung fällt noch schwerer, wenn die Mädchen emotional gestört sind. Die Mütter sind in solchen Fällen gezwungen zu erkennen, daß Mutterliebe nicht allmächtig und allverzeihend sein muß. Diese Erfahrung fördert die Entwicklung der Mutter. Wenn sie ihre übertriebene Vorstellung der gottähnlichen Mutter ablegt, hat eine Frau die Chance, eine hilfreiche Mutter und eine verständnisvollere Persönlichkeit zu werden. Das Aufgeben falscher oder illusorischer Macht ist jedoch nicht gleichzusetzen mit Hilflosigkeit oder Schwäche, wie es bei »beleidigten« Müttern oft der Fall ist. Die Mütter, deren Geschichten ich erzählt habe, wurden durch ihre Trennungsschwierigkeiten stärkere Menschen. Indem sie ihren Töchtern das Leben zurückgaben, übernahmen diese Frauen mehr Verantwortung für ihr eigenes Leben.

Obwohl sie vorgeben, stark zu sein, sind dominante Menschen, die unter keinen Umständen die Kontrolle über andere aufgeben wollen, meist unsicher. Um ihrer Meinung nach nahe bevorstehende Katastrophen abzuwehren, bestehen sie darauf, jeden und alles zu kontrollieren. Die heranwachsende Tochter – und besonders die gestörte – in ihr eigenes Leben zu entlassen, setzt wachsendes Selbstvertrauen und Vertrauen in die Welt voraus. Die Mutter muß das Zutrauen entwickeln, daß ihre Tochter ihren Weg in der Welt schon finden wird. Das großzügigste Geschenk mütterlicher Liebe sind folgende Überzeugungen: »Mutter vertraut deiner Fähigkeit, dein Leben gut zu leben« und »Mutter glaubt an deine Fähigkeit, mit allen Schwierigkeiten fertig zu werden«. Nach meiner Erfahrung sind solche Aussagen oft sich selbst erfüllende Prophezeiungen. Und so etwas zu sagen, hilft der Tochter oft, sich so zu benehmen, daß es einfach ist, ihr zu vertrauen.

Der spontane Wunsch der meisten Eltern ist, ihre Kinder vor den kleinen und großen Tragödien des Lebens zu beschützen. Aber die meisten Kinder sind nicht so abhängig von ihren Müttern, wie die Mütter manchmal denken. Auf ihre eigene Art – die für uns vielleicht immer ein Geheimnis bleibt – schaffen es die Kinder, sich zu nehmen, was sie brauchen.

5

MAMIS KÖRPER – MAMIS ESSEN:

Eßstörungen

Die Fürsorge einer Mutter beginnt mit dem Füttern. Das Neugeborene spürt zum erstenmal die Nähe menschlicher Beziehungen, wenn es in Mutters Arme geschmiegt, ihren Körper und ihre warme Milch aufnimmt. Vom Säuglingsalter über Kindheit und Jugend bietet das durch die Mutter angebotene Essen Beistand, Trost und Unterstützung. Die beschützende Liebe der Mutter und ihr Essen sind manchmal tatsächlich nicht voneinander zu unterscheiden: Die geliebte Tochter ist Mutters »Süße«, »Dickerchen«, »Zuckerpüppchen« und ihr «Augapfel«. Wenn die Tochter auf der Schwelle zur Frau die Liebesnahrung der Mutter ablehnt, indem sie hungert oder das Essen erbricht, müssen wir uns mit der Beziehung zwischen Mutter und Tochter auseinandersetzen: »Was läuft falsch zwischen Mutter und Tochter? Wonach hungert das hungernde Mädchen? Was will sie ihrer Mutter durch ihre Krankheit mitteilen?« Anstatt die Tradition aufrechtzuerhalten, die Mutter für das Leid der Tochter verantwortlich zu machen, sollten wir Verständnis für Mutter und hungernde Tochter aufbringen. Mehr als jede andere seelische Krankheit scheinen Eßstö-

rungen die gemeinsame Verzweiflung von Frauen auszudrücken, die von Mutter zur Tochter zur Mutter weitergegeben wird.
Bereits im siebzehnten Jahrhundert haben Ärzte damals noch seltene Fälle von Sich-Zu-Tode-Hungern oder Anorexia Nervosa aufgezeichnet. Heute haben die Fälle von Anorexia Nervosa – auch Magersucht genannt – und der damit verbundenen Krankheit Bulimia Nervosa – Bulimie – unter westlichen Frauen, besonders unter Jugendlichen, so alarmierend zugenommen, daß die Ärzte bereits von einer Epidemie sprechen. Eine kräftige siebzehnjährige Patientin sagte mir kürzlich: »Wenn diese neue Diät nichts bringt, dann versuche ich es wohl mal mit Bulimie.« Einmal bemerkte meine Tochter während des Abendessens ganz nebenbei, daß einige ihrer Freundinnen gerne »den Mut« hätten, magersüchtig zu werden. Eine meiner graduierten Studentinnen, die eine Forschungsarbeit mit dem Thema »College-Frauen heute: Töchter der ersten Weight Watchers Generation« verfaßte, erbrachte Beweise, daß über zwanzig Prozent der Collegestudentinnen an Bulimie leiden. In der New York Times stieß ich auf eine Studie, in der festgestellt wurde, daß von 500 Schulkindern in San Francisco beinahe 50 Prozent der neunjährigen Mädchen und 80 Prozent der elfjährigen Mädchen nach Diät essen.
Das magersüchtige Mädchen verweigert entweder bewußt die Nahrung, oder es wechselt zwischen langen Hungerperioden und langen Freß- und Abführperioden. Wie besessen verfolgt sie durch Diät und Sport das Ziel, dünn zu werden oder zu bleiben, oft bis zur Abmagerung. Ausgehungert, schlecht ernährt, oft wie

ein Skelett aussehend, hält sich diese junge Frau für beneidenswert und wunderbar schlank und reagiert gleichgültig auf die, die sie zum Essen überreden wollen. Süchtig nach den berauschenden Höhen ihres Fastens lebt sie in einer Traumwelt und erlebt, durch kein Gewicht behindert – die Illusion erregender Freiheit und zumindest zeitweise unbegrenzter Energie. »Ich habe mich so mächtig gefühlt, als ich nichts aß – so herrlich unter Kontrolle«, erzählte mir eine junge Frau, die auf dem Weg der Genesung von Magersucht war. »Ich konnte wie ein überirdisches Wesen von Luft leben. Und noch besser – durch mein selbst auferlegtes Hungern konnte ich jedem trotzen, selbst Mutter Natur.«

Mädchen, die an Bulimie leiden, sind impulsiver und leiden stärker unter Schuldgefühlen als Magersüchtige. Sie ersetzen Hungern durch Überfressen und Abführen. Sie stopfen sich voll und erbrechen sich danach oder benutzen Abführmittel, um voller Scham und Ekel die riesigen Nahrungsmengen wieder loszuwerden, die sie hinuntergeschlungen haben. »Ich brauche inzwischen 44 Abführtabletten pro Tag«, flüsterte ein Mädchen während eines psychiatrischen Einführungsgesprächs einer meiner Studentinnen zu, die sich in der Therapieausbildung befindet.

Aber Magersucht und Bulimie sind zwei Abwehrformen gegen dieselbe schreckliche und vordringliche Angst vor dem Dicksein und demzufolge vor dem Frausein. Dicksein – Weichheit, Fülle und Rundlichkeit – und Fraulichkeit sind schließlich nicht voneinander zu trennen. Der weibliche Körper muß ja sogar eine bestimmte Menge Fett ansammeln, bevor er die Funktion der Reproduktion ausführen kann, die

durch die Menarche angekündigt und jeden Monat durch die Menstruationsblutung neu bestätigt wird. Ein junges Mädchen mit Eßstörungen hat krankhafte Angst vor der Entwicklung der eigenen Weiblichkeit: Sie hat Angst vor der Frau, zu der sie wird. Indem sie hungert, nimmt sie einen verzweifelten Kampf gegen den erwachsenen Frauenkörper auf, der sie verschlingt: den Körper, den sie von ihrer Mutter geerbt hat. Manchmal endet dieser Kampf tödlich.
Vor kurzem hatte ich eine einstündige Sitzung mit den Eltern eines Mädchens, das nichts ißt. Sie erklärten, daß Joyce immer ein wundervoll kooperatives Kind gewesen sei – talentiert und fröhlich. Jetzt aber war sie verschlossen, perfektionistisch, fahrig und paradoxerweise in erster Linie mit Nahrung beschäftigt, während sie selbst hungerte. Sie erzählten mir, daß sie einen ganzen Sonntag damit zugebracht hatte, ein hervorragendes Menu für die Familie zuzubereiten. Dann hatte sie zugesehen, wie die anderen aßen, war in die Küche geschlüpft, um selbst ein Salatblatt in Mayonnaise getunkt zu sich zu nehmen. Danach joggte sie sechs Meilen, um die paar Kalorien, die sie sich gestattet hatte, wieder zu verbrennen.
Ein paar Tage nach der Sitzung mit den Eltern lernte ich Joyce kennen. Mein erster Eindruck war, daß sie wie ein kleiner Vogel aussah, so klein und zart, aber gleichzeitig wirkte sie zurückgezogen, unnahbar – ja sogar unfreundlich. Sie vermied jeden Augenkontakt, und diese Verbindungslosigkeit verwirrte mich. Wir schienen zusammen in der Luft zu schweben, ohne uns jemals zu berühren. Ich glaubte nicht, daß sie mir jemals erlauben würde, sie kennenzulernen oder sie zu beeinflussen, aber ich spürte von Anfang an, daß

Joyce mich beeinflussen würde. Ich lerne oft wichtige Dinge über die menschliche Natur von meinen Patienten. Während ich Verständnis für Joyces dramatische Symptome entwickelte, wurde ich auch sensibel dafür, inwiefern sie die versteckte Krankheit unserer Gesellschaft und meine eigene reflektierten. So wie die Punks, die sich die Köpfe rasieren und ihre Körper verunstalten, ein Symbol für die Gewalt sind, die in unserem Leben wuchert, lenkte Joyces Hungern die Aufmerksamkeit auf den emotionalen Hunger, unter dem heute die Frauen leiden.

Einige Psychologen – darunter auch ich – sind der Meinung, daß die selbstzerstörerischen Handlungen von magersüchtigen und bulimiekranken Mädchen der Ausdruck eines versteckten Wertlosigkeitsgefühls ihrer Mütter sind. Die jüngere Frau zeigt die körperlichen Symptome für die psychische Krankheit der älteren – ihr geringes Selbstbewußtsein und Minderwertigkeitsgefühle. Während die ältere Frau gelernt hat, ihr Leid still zu ertragen, zieht die Tochter mit den Symptomen auf dramatische Weise die Aufmerksamkeit auf die gemeinsame Verzweiflung der Frauen. Durch extremen Mißbrauch mit dem Körper zwingt ein Mädchen mit Eßstörung ungewollt alle Frauen, ihr eigenes Körpergefühl noch einmal zu überprüfen.

Frauen sind immer durch ihren Körper – ihr sicherstes und manchmal einziges Machtwerkzeug – mit der Welt fertig geworden. Während ein Mann normalerweise sein Selbstgefühl aus seinen Leistungen zieht, hängt das Selbstbewußtsein einer Frau in hohem Maße von dem Gefühl ihrer körperlichen Attraktivität ab – auch in unserer heutigen bewußteren Welt. Aber die Entwicklung eines positiven Körperbilds ist für

Frauen von heute extrem problematisch. Seit den sechziger Jahren heißt das Ideal, das sie anstreben, Dünnsein – oft so dünn, daß sie gar nichts bewältigen können.

Eine junge Mutter in den sechziger oder siebziger Jahren, die ihrer neugeborenen Tochter mit der warmen Milch auch ihren Körper bot, kann sehr gut zum erstenmal ernsthaft auf Diät gewesen sein. Vielleicht schränkte sie auch schon das Essen ihrer Tochter ein, um ihr das Dicksein zu ersparen. Beeinflußt von Fotomodellen in Modezeitschriften und Werbespots, die eine langbeinige, kleinbrüstige Schlankheit zur Schau stellen, lernte die Mutter zweifellos den üppigen, weichen, sinnlichen Mutterkörper zu verachten. Diese junge Mutter hatte zwei Möglichkeiten: Sich mit der normalen mütterlichen, aber auf jeden Fall unmodernen Figur abzufinden oder sich dazu zu zwingen, dem kulturellen Ideal übermäßigen Dünnseins zu entsprechen.

Die meisten Frauen wählten – und wählen noch – die zweite Möglichkeit. Aber trotz aller Versprechungen der Diät- und Fitneß-Propagandisten und trotz ihrer eigenen heldenhaften Anstrengungen abzunehmen, schafften und schaffen sie es nicht, einen geschmeidigen Designer-Körper zu bekommen, der so hohen Marktwert besitzt. Durch diese Fehlschläge haben Frauen ihren Körper hassen gelernt. Es überrascht nicht, daß Forscher nach einer für das *Glamour* Magazin durchgeführten Umfrage über Körper-Image berichteten, daß beinahe 90 Prozent der jungen Frauen der Meinung waren, daß ihre Mütter ihren eigenen Körper nicht mochten. So wie die Frauen mittleren Alters Selbstverachtung gelernt haben, werten ihre jugendlichen Töchter, ebenfalls beeinflußt durch die wirkungsvollen Botschaften der Medien, vielleicht die Erscheinung der Mutter ab und bekommen Angst, ihnen nachzugeraten.

Meine Patientin Claire, eine attraktive pummelige Frau Anfang Vierzig, bemerkte, daß die elf Jahre alte Sara, die körperlich langsam heranreifte, abends den Eßtisch verließ, ohne etwas gegessen zu haben. Sie hatte ihre frische Gesichtsfarbe verloren, schien müde zu sein und war für alle möglichen Infektionen anfällig, aber der Hausarzt konnte keine medizinische Erklärung für diese Symptome finden. Besorgt und verwirrt sprach Claire nach einer Mahlzeit mit ihrem Kind und fragte sie wieder einmal, weshalb sie so wenig aß. Zuerst wandte sich das Mädchen von der Mutter ab und behauptete wie immer ungeduldig, daß sie genug essen würde. Aber Claire verlangte eine ehrlichere Antwort. Das Mädchen brach in Tränen aus und schrie: »Verstehst du denn nicht, Mami – ich esse nicht, weil ich später nicht so aussehen möchte wie du.«

Die lächelnden dünnen Mädchen in engen Jeans und Pullis, die über die Mattscheibe huschen oder uns aus den Modezeitschriften entgegenblicken, verkaufen mit ihren Produkten eine heimtückische Botschaft: »Das Leben ist nur lustig und aufregend, wenn man aussieht wie wir.« Wie konnte Sara den Körper ihrer Mutter lieben, wenn er den Glückschancen Grenzen setzte?

Es ist nicht ungewöhnlich, daß eine Tochter von der Mutter selbst entmutigt wird, den Körper der Mutter zu lieben. Ich war vor einigen Monaten auf einer Dinnerparty, wo ich die Mutter einer Klassenkameradin meiner Tochter traf. Als wir über die Mädchen schwatzten, seufzte diese stämmig gebaute Frau: »Ich bete jeden Tag, daß meine Tochter nicht meinen fetten häßlichen Körper geerbt hat. Eine krumme Nase kann der Chirurg richten, graue Augen kann man durch farbige Kontaktlinsen in violette verwandeln, aber gegen Dickleibigkeit kann man nichts tun.« Die Frau, die ihren Körper ablehnt, beeinflußt die Tochter, dasselbe zu tun, und wird ein Anti-Vorbild, indem sie ihre Tochter lehrt, nicht so zu werden wie sie. So wie die geschmeidigen Models in der Werbung vermittelt auch sie ihrer Tochter die Botschaft, daß die Auserwählten dünn sind, und fügt noch eine weitere hinzu: »Was immer du auch tust, werde bloß nicht so wie ich.«

Aber jede Tochter möchte und muß ihre Mutter bewundern. Die Abwertung der Mutter schädigt auf jeden Fall das Wohlgefühl der Tochter. Die Schriftstellerin Adele Wiseman schildert die Bewunderung, die eine glücklichere Tochter für ihre Mutter hegt – bevor die Gesellschaft die Chance hat, sie zu entkräften: »Ich muß sehr jung sein; meine Mutter singt viel. Ich bin das dritte von vier lebenden Kindern, aber in diesem Moment sind wir allein. Ich spiele neben ihr auf der Couch, während sie auf den Fensterbänken des sonnendurchfluteten Zimmers Staub wischt. Es hat fünf Rundbogenfenster. Das Holz ist goldbraun oder rotgold. Wenn meine Mutter singt, kommt der Nachbar aus seinem Haus in unseren Hof und streckt sich auf dem Rasen aus. Ich sehe ihr schönes, rosa Gesicht an, das im Licht schimmert. Ihr dunkles Haar hat kleine, feste Wellen. Sie glänzen im Licht. Alles glänzt. Ich strahle vor Entzücken über die Erkenntnis, daß sie die schönste Frau auf der ganzen Welt ist – meine Mutter. Ich bin zu jung, um zu fragen: Warum ich? Wieso bin ich erwählt? Ich gehöre nun einmal dahin. Es ist eine starke ästhetische Freude, die ich Gott sei Dank erfahre, bevor die verhärmte und mürrische Welt mit ihrem Zentimetermaß ihr Urteil dazwischenstellt, daß ihre Nase zu lang ist, ihre Augen zu tief liegen, und dadurch die intuitiven Wahrnehmungen des Kindes, meine unbeirrbare Liebe, vor ein Rätsel stellte.«

Ich will damit nicht sagen, daß eine Tochter ihre Mutter idealisieren soll. Wenn gesunde kleine Mädchen groß werden, lernen sie, ihre Mütter als menschliche Wesen und nicht als perfekte Vorbilder zu lieben. Ich meine jedoch, daß Mütter und Töchter, die die Mutter abwerten, das verwirken, was die Psychotherapeutin und Forscherin Susan Rosewell-Hackson das Gefühl »weiblicher Kontinuität« nennt und das ihnen erlaubt, sich an dem anderen und damit an sich selbst zu erfreuen. »Ich glaube, mein Leben begann damit, daß ich aufwachte und das Gesicht meiner Mutter liebte«, sagt Mirah in George Eliot's *Daniel Dronda*.

Während die gesunde Tochter den Körper ihrer Mutter akzeptiert und sich gerne damit identifiziert, lehnt die magersüchtige Tochter ihn unumwunden ab. Als Reaktion kultiviert sie ihren übertrieben dünnen Anti-Mutter-Körper und entspricht damit scheinbar dem Modeideal. Indem sie jedoch das Ziel, schlank zu sein, zu einem grotesken Extrem treibt, macht sie sich über diese Schönheitsstandards lustig. Wie Frankensteins Monster ist die Idee ihren Erfindern – den Genies aus der Diät-, Fitness- und Modebranche – außer Kontrolle geraten. »Seht her«. sagt der Körper des Mädchens, »ich bin noch besser, als ihr für möglich gehalten habt: knochiger, flacher, leichter, jungenhafter –

kaum noch eine Frau.« Indem die magersüchtige Tochter ihren traurigen kleinen Körper zur Schau stellt, bringt sie alle Frauen dazu, die so schnell akzeptierten Werte in Frage zu stellen. Sie bewegt die anderen zu der Frage: »Ist der Drang, dünn zu werden, für mich auch außer Kontrolle geraten?« Es ist leicht für uns, die alte chinesische Tradition zu verdammen, jungen Mädchen im Namen der Schönheit die Füße einzubinden, bis sie verkümmert sind. Aber es ist schwerer, sich dem Druck unserer Kultur entgegenzustemmen, Frauen im Namen der Schönheit einer Diät nach der anderen oder besessenem Training oder sogar chirurgischen Eingriffen zu unterwerfen.

Dreimal die Woche schwimme ich im städtischen Hallenbad meine Bahnen. Ich tue das teilweise aus Spaß, aber hauptsächlich um »in Form zu bleiben«. Nach einer Sitzung mit Joyce, meiner magersüchtigen Patientin, machte ich mich automatisch auf den Weg zum Hallenbad. Aber weil die Luft so klar und wohlriechend war, hatte ich keine Lust, mich in einem Raum zu bewegen. Da fiel mir etwas ganz Einfaches ein: »Ich muß ja gar nicht Sport treiben.« Ich ließ von meiner Besessenheit ab und tat statt dessen, wozu ich Lust hatte. Ich ging gemütlich in der Sonne spazieren, nicht weil ich mich sportlich betätigen, sondern weil ich mich wohl fühlen wollte. Ohne daß es mir bewußt war, hatte meine junge Patientin mich verändert.

Unbewußt parodiert das magersüchtige Mädchen den Diät- und Sportfimmel und fordert dadurch alle Frauen auf, mit offenen Augen ihr eigenes selbstzerstörerisches Verhalten zu betrachten und ihr unfreundliches, ja oft grausames Verhältnis zu ihrem eigenen Körper neu zu beurteilen.

Der Raubbau, der durch fanatische Diäten mit dem weiblichen Körper getrieben wird, ist oft von einer Überbewertung des männlichen Körpers begleitet, der von Natur aus kantig, flach und muskulös ist.
Für das magersüchtige Mädchen ist Männlichkeit mit Macht, Stärke und Freiheit gleichzusetzen, die der Weiblichkeit versagt sind. Indem sie ihren Körper fanatisch strapaziösen Trainingsprogrammen unterzieht und jedes Pfund Fett weghungert, so daß sie keine Brüste oder Hüften entwickeln und auch keine Menstruation bekommen kann, strebt das hungernde Mädchen einen männlichen Körper an. Auch das an Bulimie erkrankte Mädchen drückt die Verwirrung seiner Identität als Frau aus, indem es große Mengen Essen zu sich nimmt und sie dann gewaltsam wieder erbricht. Das Mädchen sehnt sich nach Essen – Symbol für die Mutter – und gleichzeitig stoßen die Speisen das Mädchen ab.
Hungernde Mädchen sagen uns, daß Männlichkeit in dieser Kultur der Weiblichkeit vorzuziehen ist, und Untersuchungen der Geschlechterrollen unterstützen diese Schlußfolgerung.
Eine Studie nach der anderen weist darauf hin, daß maskuline Frauen, die vom Konkurrenzdenken geprägt, bestimmend, ehrgeizig und energisch sind, mehr Ansehen genießen als ihre sanften femininen Schwestern. Indem es seine Weiblichkeit ablehnt, übertreibt das magersüchtige Mädchen – bis zum grotesken Extrem – den allgemeinen Glauben, daß männliche Eigenschaften wertvoller sind als weibliche. Ebenso refklektiert das an Bulimie erkrankte Mädchen, wie unbehaglich sich heute viele Frauen in ihrer Weiblichkeit fühlen.

In vielerlei Hinsicht ist es aufregend, wenn wir unseren Platz in der männlichen Welt einnehmen – die Energien, die freigesetzt werden, die Möglichkeiten, die sich eröffnen. Aber es hat seinen Preis. Gestatten Sie mir, abzuschweifen und über meine eigenen Erfahrungen nachzudenken: Meine Mutter ist sehr feminin – sanft, nachgiebig, ohne Konkurrenzgedanken. Als junge Frau war ich entschlossen, nicht so zu werden wie sie; ich wollte statt dessen »etwas aus mir machen«, mich anstrengen und etwas erreichen. Aber in meinem Eifer, die traditionellen Fallen zu meiden, die sie zurückhielten, verließ ich ihre Welt vollkommen. Ich dachte, daß eine Frau wie ein Mann sein sollte. Meine gehetzte, magersüchtige Patientin Joyce vermittelt mir ein unangenehmes Gefühl, weil sie mich an mich selbst erinnert; auch sie hat sich ihrer femininen Seite entfremdet.
Das ursprüngliche feminine Denken ist vor allen Dingen mit der Nahrung beschäftigt. Es ist nicht überraschend, daß viele meiner lebhaften Erinnerungen an die Frauen, die für mich gesorgt haben – meine Mutter, meine Großmutter, meine Lieblingstante – mich in deren Küchen zurückversetzen. Ich sehe die Liebe meiner Mutter in einer Schale frischer Erdbeeren mit Sahne, die sie mir an dem Tag hinstellte, als ich schwitzend, zerstochen und müde aus dem Sommercamp zurückkam. Ich denke an die Zuwendung meiner Großmutter im Zusammenhang mit der Tasse selbstgemachter Hühnersuppe, die sie mir gab, nachdem wir beide durch einen Sommersturm vom Kino nach Hause gelaufen waren. Ich erkenne die uneingeschränkte Großzügigkeit meiner Tante in der Vielzahl von Desserts: Petits Fours, Strudel, Sachertorte stan-

den jeden Sonntag nachmittag auf einem Tisch, den ich mit Blumen dekorierte. Als kleines Mädchen war ich erbärmlich dünn, aber die Wiener Frauen in meiner Familie waren sinnliche, vollbusige und üppige Erscheinungen. Sie schienen sich in ihrem Körper und ihrer Fraulichkeit wohl zu fühlen. Sie bereiteten gerne Mahlzeiten zu, die dann gemeinsam eingenommen wurden. Finanziell ging es uns nicht gut, aber ich weiß noch, daß der Kühlschrank immer voll war. »Iß, Kindchen, iß«, drängten sie sanft, während sie selbst die Speisen genossen.

Mein Sohn und meine Tochter kennen die Freude nicht, Sonntags nachmittags einen Tisch voller verschiedener Süßspeisen zu entdecken. Bei uns – wie bei vielen anderen heutzutage – hat am Sonntag jeder irgend etwas vor. Für gemeinsame Mahlzeiten bleibt keine Zeit.

Natürlich möchte ich meine beruflichen Ambitionen nicht aufgeben und mein Leben nur im Dienste anderer verbringen. Ich wollte aus gutem Grund das traditionelle Leben meiner Mutter hinter mir lassen, und es gereicht ihr zur Ehre, daß sie nicht versucht hat, mich zu beeinflussen. Dabei bin ich beinahe ausschließlich männlichen Vorbildern gefolgt und habe unbewußt die sinnlichen Freuden und die Kunst, also weibliche Interessen, aufgegeben. Ich habe die Welt der Frauen, die mir beistanden, mich getröstet und unterstützt haben, leichtherzig zugunsten der Männerwelt verlassen, die mich natürlich herausfordert, die manchmal aber ein bißchen zu kalt und zu rational für mein Temperament ist. Obwohl sie sich dessen unbewußt ist, bringt mich meine Patientin Joyce dazu, meine weiblichen Komponenten neu zu entdecken –

die alte Welt, die ich hinter mir ließ, als ich mich aufmachte, die neue zu entdecken. Wie eine solche Wiederentdeckung aussieht, ist mir nicht klar, aber die Aufgabe, wertvolle weibliche Eigenschaften und Pflichten für mich und meine Tochter zu entwickeln, ist zwingend.

Durch ihre Symptome spielen Mädchen mit Eßstörungen die Ideale ihrer Kultur durch: die Idealisierung von Schlankheit, maskuliner Schönheit und maskuliner Stärke. Magersucht und Bulimie sind jedoch mehr als nur Reaktionen auf die Forderungen der Gesellschaft. Sie sind komplizierte Syndrome mit vielen verschlungenen Wurzeln. Und da sie die Auswirkung vieler Ursachen und die »Lösung vieler Probleme« sind, sind sie so hartnäckig, so schwer zu heilen. In manchen Fällen sind sie ein Zeichen für die Unfähigkeit des Mädchens, sich von der Mutter zu lösen und eine eigene Persönlichkeit zu werden.

Auf den ersten Blick scheint das magersüchtige Mädchen die Trennung von der Mutter gemeistert zu haben – mit Rache. Es möchte nicht wie ihre Mutter aussehen; es will die von der Mutter dargebotene Nahrung nicht; es verläßt vielleicht sogar die Familie. Aber diese Emanzipation ist sowohl erzwungen als auch falsch. Tatsächlich kann der Versuch, nicht bei der Familie zu leben – sich der Familie zu entwinden – die Krise des Hungerns beschleunigen. Obwohl die Saat für diese Krankheit vor dem Weggehen gelegt wurde, ist es nicht ungewöhnlich, daß junge Mädchen an Magersucht oder Bulimie erkranken, kurz nachdem sie ihr Zuhause verlassen haben.

Die trotzige Taktik des magersüchtigen Mädchens, sich endgültig von der Mutter zu lösen, kann die Beziehung nicht verändern, ebenso wie die extremen Anstrengungen des Mädchens, durch Diät Macht über seinen Körper zu erlangen, schließlich nicht in einem wirklichen Gefühl der Selbstkontrolle resultieren. Wenn wir uns das magersüchtige Mädchen genau ansehen, werden wir wahrscheinlich eine Jugendliche finden, die Angst hat, die früheren Bindungen an die Mutter aufzugeben, und orientierungslos ist.

In den Fällen, in denen die Krankheit fortschreitet, werden wir Zeugen des physischen und emotionalen Rückschritts. Das kranke Mädchen ist nicht die unabhängige, arrogante junge Frau, die es auf den ersten Blick zu sein scheint, sondern vielmehr ein verzweifeltes, verängstigtes Kind, das sich von der Mutter lösen will, aber nicht weiß wie. Psychologen bemerken oft, daß magersüchtige Patientinnen viel jünger aussehen, als sie sind. Indem sie durch Hungern die Menstruation ebenso unterdrücken wie die Entwicklung sekundärer Geschlechtsmerkmale – Brüste, Hüften, runde Formen –, verhindern sie ihren Übergang vom Kind zur Frau. Das Hungern bewirkt ein Verkümmern der körperlichen und emotionalen Entwicklung: Solange das Mädchen keine Frau wird, bleibt es Mutters kleine Tochter. Im schlimmsten Fall entwickelt sich die Magersüchtige sogar bis zum Säuglingsstatus zurück. Schwestern, die solche Patientinnen im Krankenhaus behandeln, berichten, daß sie sie oft im Bett zur Fetusstellung zusammengerollt finden. Weil sie sich weigern, selbst zu essen, müssen sie zudem gefüttert werden – wie Säuglinge.

Ein an Bulimie erkranktes Mädchen drückt auf seine Weise auch den Wunsch aus, gleichzeitig mit der Mut-

ter eins zu sein und sich von ihr zu lösen. Es nimmt große Mengen Nahrung zu sich, um seine emotionale Bedürftigkeit zu befriedigen, so wie ein Baby Trost darin findet, die Muttermilch aufzunehmen. Aber das Schwelgen im Essen beschämt die Mädchen und ekelt sie an, so daß sie gezwungen sind, das Essen – Symbol für die Mutter – wieder loszuwerden. Marion Woodman, die mehrere Bücher über Eßstörungen geschrieben hat, erwähnt, daß es sich bei den während einer Freßphase verschlungenen Lebensmitteln meistens um Getreideprodukte, Süßigkeiten und Milchprodukte handelt. Mir fällt auf, daß das Dinge sind, mit denen wir Babys füttern, und ich frage mich, ob sie nicht Symbolcharakter für die Sehnsucht des freßsüchtigen Mädchens nach früherem Bemuttern sind.
Psychotherapeuten bieten viele Erklärungen für das Scheitern der Trennung von Mutter und Tochter an. Einige behaupten, daß Frauen, denen als Kind mütterliche Zuwendung fehlte, sich weiter an ihre Mütter klammern und die Hoffnung nähren, ihre Liebe doch noch zu bekommen. Wenn die Mutter sie weiter enttäuscht, wenden sie sich dem Essen oder Trinken als Ausgleich zu. Wie eine meiner Patientinnen sagte: »Ich brauche die Bestätigung meiner Mutter. Wenn ich sie nicht bekomme, esse ich ein großes Eis. Dann fühle ich mich eine Zeitlang innerlich nicht so leer.«
Kim Chernin meint, daß freß-/brechsüchtige oder magersüchtige junge Mädchen ihre Trennung und Unterscheidung von der Mutter sabotieren, weil sie fürchten, sie zu übertreffen. Die jüngere Frau hat mehr Möglichkeiten als die Mutter – das ist nun mal bei jeder jungen Generation so – und kann mehr erreichen, was oft lähmende Schuldgefühle hervorruft, die

zu einer pathologischen Lösung führen. Das Mädchen, das vom Essen besessen ist, bringt seine Entwicklung zum Stillstand. Es hat keine Zeit, Energie in der Schule oder eine Karriere zu investieren; das Ritual von Essen, Fasten und Sport nimmt all seine Zeit in Anspruch und sorgt dafür, daß es die Leistungen seiner Mutter nicht überholt.

Meine Erfahrung stützt Chernins Hypothese. Ich habe mit vielen Mädchen und Frauen gearbeitet, die leiden, weil sie insgeheim glauben, daß ihre Erfolge im Leben ihre Mütter verraten und Beweise für deren Scheitern liefern. Meine jungen Patientinnen finden ebenso wie die im mittleren Alter Wege, sich selbst zurückzuhalten, um zu vermeiden, daß sie das Leben ihrer Mütter überbieten. Die achtzehnjährige Donna – die erste Frau in ihrer Familie, die aufs College ging – war so besessen von Diät und Fitneß, daß sie kaum Zeit fürs Studium hatte. Die Hoffnungen auf eine große akademische Karriere schwanden, weil sie sie sabotierte. In unserer Sitzung erzählte sie mir, daß sie sich im College deplaziert fühlte und aussteigen wolle. Sie wurde verfolgt von der Angst, daß ihre Mutter sie ablehnen und von der Familie ausschließen würde, wenn sie einen Abschluß machte.

Eine andere Patientin, die dreiundvierzigjährige Edna, deren Mutter übergewichtig war und an Platzangst litt, nahm ungewollt in der Zeit zwanzig Pfund zu, als sie sich bei verschiedenen Firmen wegen eines Jobs vorstellte. Sie erzählte mir von einem Traum, den sie hatte: Ihre Mutter lag in einer Gruft und winkte ihr mit der ausgestreckten Hand zu. Als Edna die Hand ergriff, wurde sie hinuntergezogen. Sie versuchte, ihre Mutter aus der Gruft zu heben, aber sie war zu schwer. Erschöpft legte sich Edna neben ihre Mutter. Das Leid von magersüchtigen oder freß-/brechsüchtigen Mädchen lenkt die Aufmerksamkeit auf den Schaden, den eine komplizierte Mutter-Tochter-Beziehung anrichten kann. Es ist die große Aufgabe jeder Mutter, ihre Tochter zu ermutigen, weiterzugehen und sich von ihr fort zu entwickeln, und ihr die Sicherheit zu geben, daß diese Entwicklung kein Verrat ist. Es gibt nicht nur einen richtigen Weg, wie eine Frau ihrer heranwachsenden Tochter helfen kann, sich von ihr zu lösen und sie zu überrunden. Ich bin davon überzeugt, daß jede Mutter ihre eigenen Lösungen finden muß. In meinem eigenen Leben finde ich verschiedene Gelegenheiten, die Entwicklung meiner Tochter von mir weg und über mich hinaus zu fördern. Kürzlich saß ich auf dem Rücksitz unseres Wagens und beobachtete, wie mein Mann Leah, die Autofahren lernen wollte, Kupplung und Schaltung erklärte. Ich muß zugeben, daß ich kein Auto mit Schaltung fahren kann, ohne die kleinste Steigung hinunterzurollen oder es an jeder zweiten roten Ampel abzuwürgen. Aber nach dreißig Minuten konnte Leah ganz glatt von einem Gang in den nächsten schalten. Mein Mann zwinkerte ihr zu und zog mich damit auf, wie leicht sie den Wagen handhabte, verglichen mit meiner Ungeschicklichkeit. Als meine Tochter sich umdrehte, um mich anzusehen, erkannte ich in ihrem Ausdruck Zögern und Unbehagen. In diesem Augenblick wußte ich, daß sie Angst hatte, mich zu übertreffen. »Leah«, sagte ich nachdrücklich, »ich finde es toll, daß du ein besserer Autofahrer bist als ich. Ich bin so stolz auf dich.« Da sie wußte, daß ich es ernst meinte, hellte sich ihr Gesicht auf und hörte den Unterweisungen ihres Vaters aufmerksam zu. Ich dagegen strahlte und war zufrieden. Ich hatte meiner Tochter meinen Segen gegeben, an mir vorbeizuziehen, und sie hatte ihn akzeptiert. Wenn eine Frau ihr Leben für unerfüllt und ungelebt hält, ist sie unglücklicherweise oft nicht in der Lage, sich an den Erfolgen ihrer Tochter zu freuen. Eine Eigenschaft der sprichwörtlichen »guten Mutter« besteht darin, daß sie ihr eigenes Leben für das Wohlergehen ihrer Kinder opfert. Viele Frauen, die dieses Postulat erfüllen, werden jedoch leider verbittert und sind neidisch anstatt zufrieden. In dem Wissen, daß sie ihre kostbaren Begabungen verschwenden, fällt es ihnen zu schwer, ihre eigenen Töchter dazu zu ermutigen, das Beste aus ihren Begabungen zu machen. Ihre Töchter sind für sie eine schmerzliche Erinnerung an das, was sie versäumt haben. Obwohl diese Mütter sich die Leistungen ihrer Töchter sozusagen borgen können, reicht die mittelbare Freude, die sie aus diesen Erfolgen ziehen, niemals aus.

Es ist paradox, aber nicht die Frau, die sich selbst für einen anderen aufopfert, ist zu Großzügigkeit fähig, sondern vielmehr die Frau, die die Gegenwart genießt. Vielleicht besteht das größte Geschenk, das eine Frau ihrer Tochter machen kann, darin, sorgsam auf ihr eigenes Leben zu achten – ihre natürlichen Talente zu entwickeln und die Gelegenheiten, die sich ihr bieten, zu nutzen. Indem sie das tut, wird sie sowohl ein lebendiges Vorbild für ihre Kinder als auch selbst eine ganze Frau. Kinder müssen sich nicht schuldig fühlen, wenn sie für sich selbst das verlangen, was ihre Mütter sich in dem Bewußtsein, es zu verdienen, nehmen. Mütter von Jugendlichen mit Eßstörungen – eigentlich alle Mütter von Jugendlichen – helfen ihren

Töchtern am meisten, wenn sie sich selbst helfen. Indem sie ihr Leben ausfüllen, helfen sie ihren Töchtern, es ebenso zu tun.
Hiroka, eine äußerst hübsche und begabte Schülerin, die ich vor einigen Jahren behandelte, hörte plötzlich auf zu essen, nachdem ihre Bewerbung an einer Universität akzeptiert worden war. Innerhalb eines Monats verlor sie gefährlich viel Gewicht, so daß ich gezwungen war, sie ins Krankenhaus einzuweisen. Ich erfuhr dann, daß Hiroka sich wegen ihrer wundervollen Chance mit Schuldgefühlen quälte, weil sie in scharfem Kontrast zur trostlosen Existenz ihrer Mutter stand. Natsu, die in Japan aufgewachsen war, schämte sich, daß ihr Englisch nicht gut war. Also wagte sie sich nur selten unter Leute. Weltabgeschieden in dem engen Apartment der Familie, ohne Anreiz und Herausforderung, gab sie pathologischen Depressionen nach, die nicht wie normale Depressionen zu neuem Wachstum führten, sondern sie lähmten.
Ich traf mich mit Natsu und entdeckte, daß sie nicht nur als Aquarellistin, sondern auch als Dichterin begabt war, aber das Malen und Schreiben kurz nach der Emigration in die Vereinigten Staaten aufgegeben hatte. Ich mußte Natsu nicht lange überreden, Pinsel und Feder wieder aufzunehmen. Natsu überraschte mich mit ihren reizenden Gemälden, die mit blühenden Blumen übersät waren, und poetischen Haikus. Meine Anerkennung veranlaßte Natsu, ihre Arbeit der Künstler- und Dichtergesellschaft der Stadt vorzustellen, die begeistert reagierte. Kein Wunder, daß Natsu wie ihre gemalten Blumen aufblühte, und das führte zur Genesung ihrer Tochter. Zu Hirokas Studienabschluß schenkte Natsu ihr ein Aquarell mit zwei vollen

Blüten derselben Pflanze – Blumen, die sich auseinanderentwickeln, aber immer noch Teil eines Ganzen sind.
Natsu half mir, wieder einmal zu verstehen, daß das wachsende Selbstbewußtsein der Mutter der Grund ist, auf dem das Selbstgefühl der Tochter gedeiht.
Indem Frauen ihre Träume träumen, hauchen sie der Welt ihrer Töchter Zauber ein; indem sie ihre Schiffe segeln, bringen sie ihre Töchter sicher durch alle Stürme. Das Glück, das aus ihrem Selbstwertgefühl entsteht, versetzt sie in die Lage, Kokons zu spinnen – den zweiten Schoß – aus dem ihre Töchter heil hervorgehen, mit einer eigenen Persönlichkeit und sich wie Schmetterlinge, die ihre Flügel entfalten, auf ihren eigenen Flug machen.
An früherer Stelle habe ich bemerkt, daß der Raubbau, den hungernde Mädchen mit ihrem Körper treiben, oft offener Ausdruck für die versteckten Minderwertigkeitsgefühle der Mutter ist. Ebenso ist glücklicherweise die Vielfalt der Tochter oft ein Ausdruck für die der Mutter, wie die Geschichte von Hiroka und Natsu zeigt.
In Homers *Hymne an Demeter*, die ich im zweiten Kapitel ausführlich besprochen habe, endet die furchtbare Hungersnot auf der Erde erst, als beide Göttinnen – jede auf ihre Art – eine höhere Stufe weiblicher Entwicklung erreichen.
Die sanfte und gehorsame Persephone, die eine kindähnliche Beziehung zu ihrer Mutter aufrechterhalten wollte, wird durch ihren Entführer Hades zum Frausein gezwungen. Wie ihre magersüchtigen Geschlechtsgenossinnen weigert sie sich anfangs, erwachsen zu werden. Als Persephone in die Unterwelt

verschleppt wird – ein Symbol für die dunkle innere Welt der eigenen Persönlichkeit und sich gezwungen sieht, um ihre verlorene Unschuld zu trauern, verfällt sie in Depressionen und entwickelt sich vom Mädchen zur Königin. Nachdem sie früher die Liebes-Nahrung ihrer Mutter angenommen hatte, akzeptiert sie jetzt eine andere Liebes-Nahrung: die eines Mannes, im Mythos durch den roten Granatapfel dargestellt. Rot ist die Farbe des Blutes – das während der Periode und beim ersten Geschlechtsverkehr vergossen wird. Indem Persephone die rote Frucht von Hades nimmt, akzeptiert sie ihren Status als erwachsene sexuell aktive Frau – wie es jedes gesunde Mädchen schließlich tut. Erst nachdem sie sich selbst als Frau akzeptiert hat, ist sie in der Lage, die erzwungene Trennung von ihrer Mutter zu beenden. Und genauso muß das magersüchtige Mädchen nach und nach das Frausein akzeptieren und dadurch in die Lage kommen, künftig von einem Liebhaber oder Mann Liebe anzunehmen. Wenn eine Tochter sich in ihrer Weiblichkeit und Sexualität sicher fühlt, ist sie am ehesten in der Lage, eine sinnvolle, warme und spontane Beziehung zu ihrer Mutter aufzubauen.

Persephones Reise in die Unterwelt zwingt auch Demeter, sich zu verändern. Als sie schließlich bereit ist, um die verlorene Beziehung zu ihrer Tochter zu trauern, läßt sich Demeter einen wundervollen Tempel bauen, in den sie sich zurückzieht. In der Symbolsprache der Psyche bezeichnet ein Tempel den Körper einer Frau. In ihrer Eigenschaft als Muttergöttin hat Demeter ihre Sinnlichkeit oder Sexualität vernachlässigt. Und auch heute trennen wir Mütterlichkeit von Sinnlichkeit und Sexualität, so als seien diese Eigenschaften irgendwie unvereinbar. Die Vorstellung von der »Heiligen und der Hure« drückt die künstliche Trennung von weiblichem Geist und weiblichem Körper aus. Aber so wie Persephone lernt, ihre neue Fraulichkeit anzunehmen, lernt Demeter, ihren weiblichen Körper anzunehmen. Und stehen sterbliche Frauen nicht vor derselben Aufgabe wie Demeter? In ihrem wundervollen Tempel – ihrem Körper – heilt sich Demeter selbst und beendet damit die furchtbare Hungersnot, die die Erde heimgesucht hatte. Mit ihrem eigenen Körper wieder eins geworden, kann Demeter auch mit Persephone wieder eins werden. Ihre erzwungene Trennung wird beendet, als beide Frauen ihre sinnliche, sexuelle Weiblichkeit akzeptieren – ihren wundervollen Frauenkörper.

Die Frau, die ihren Körper annimmt, segnet damit indirekt den ihrer Tochter. Sie zeigt dem jungen Mädchen, daß es ganz natürlich ist, den eigenen Körper zu lieben und demzufolge mit Respekt zu behandeln. Und nicht nur der langbeinige Körper mit kleinen Brüsten ist liebenswert. Man muß nur einmal ein Museum besuchen, um die unendliche Vielfalt weiblicher Schönheit zu verstehen. Modigliani preist die längliche, ovale Form, Renoir die untersetzte runde; Klimts Modell ist zart und knochig, Moores massig und muskulös. Es ist gewiß nicht richtig, Schönheit mit dem Zentimetermaß zu messen.

Aber die Kriterien für weibliche Schönheit zu erweitern, reicht nicht aus. Solange Frauen und Männer den weiblichen Körper als Objekt oder Fetisch betrachten, den man bewundern oder als Spielzeug benutzen kann, werden sie ihn weiter erniedrigen. Magersüchtige und freß-/brechsüchtige Mädchen können ihren Körper quälen, weil sie ihn zu einer »Sache« degradiert haben. Sie haben sich selbst zu einem Objekt gemacht. Demeters großartiger Tempel ist soviel mehr als nur die Darstellung des Körpers als Objekt. Er ist auch ein Lager für ihre Empfindungen, Gefühle, Sinnlichkeit, Sexualität und Geist. Dort trauert sie und wird wiedergeboren. Er ist, wie mein Freund, der Psychologe Lee Moyer sagt, »ihr heiliger Bezirk«. Den eigenen Körper zu lieben und zu respektieren, bedeutet mehr, als seine Oberfläche zu bewundern, und erfordert großen Respekt, ja sogar Ehrfurcht, vor dieser »großartigen Schöpfung ... (unserem) größten Geschenk, voller Informationen ... Leid ... und Freude«, wie Marion Woodman es nennt.

Wir sterblichen Mütter können von der Göttin Demeter lernen. Wir haben anderen erlaubt, den Wert unserer Körper einzuschätzen, und haben unsere Töchter nicht davon abgehalten, dasselbe zu tun. Dabei sind unsere Körper für andere und uns selbst zu Objekten geworden. Es ist an der Zeit, ganz in unserem Körper zu leben, ihn uns zu eigen zu machen und ihn zu genießen. Ich erinnere mich mit großer Freude an eine meiner Patientinnen, die keine Probleme hatte, ihren Körper zu mögen. Sie deutete auf ihre dicken Schenkel und rief: »Ich glaube, einige Leute würden sie Donnerschenkel nennen, aber ich liebe meine Beine. Sie haben mich durch ganz Amerika, Europa und Asien getragen; sie haben mich auf die Gipfel der höchsten Berge getragen. Was soll ich mehr von ihnen verlangen?« Und ich erinnere mich an die Antwort meiner Lieblingstante, wenn ich als junges Mädchen daran zweifelte, hübsch genug zu sein: »Aber Evi, jede Frau wird schön, wenn sie sie selbst ist.«

Wir schulden den hungernden jungen Mädchen viel Dank. Sie zwingen uns, uns Problemen zuzuwenden, die wir ansonsten ignorieren würden, und fordern uns heraus, diese Probleme auf unsere Art zu lösen. Meine Patientin Joyce hat mich beeinflußt. Ihr rasender Schritt und ihre Hetze haben mich daran erinnert, daß mein eigenes Leben auch nicht im Gleichgewicht war: Ich bin zu dem schnellen Rhythmus der guten alten Blaskapelle der Jungen marschiert und habe dabei nicht mehr die sanften Klänge der Schlaflieder meiner Mutter gehört. Ich weiß noch nicht, wie ich ein vollkommenes Gleichgewicht zwischen maskulinen und femininen Lebensweisen finden kann, aber ich kann zumindest damit beginnen, ein paar mögliche Lösungen auszuprobieren.
Morgen habe ich keine Termine mit Patienten und auch keine Veranstaltung an der Universität. Ich wollte eigentlich ein paar notwendige Überarbeitungen an den ersten Kapiteln dieses Buches vornehmen, aber ich habe es mir anders überlegt. Statt dessen werde ich beim Metzger ein frisches Huhn kaufen und beim Gemüsehändler Möhren, Sellerie, Zwiebeln und frischen Dill. Zu dieser Jahreszeit sind die Erdbeeren sehr teuer, aber da meine Tochter Erdbeeren liebt, werde ich sie mit einer Schale überraschen. In dieser Stadt gibt es eine europäische Bäckerei, die wunderbare Kuchen und Torten macht. Ich werde einige für mich und meine Familie kaufen und nachmittags eine Kaffeetafel decken, die ich mit Blumen aus dem Garten schmücken werde. Am Abend werde ich meinen Sohn und meine Tochter einladen, mit mir Hühnersuppe zu kochen. Vielleicht haben sie ja Zeit und Lust dazu.

6

EHEALLTAG

Mütter als Ehefrauen

In der Jugend erlebt man oft die Knospen der Liebe. In der Lebensmitte erleben die Glücklichen ihre volle Blüte. Die gegenwärtige Scheidungsrate zeigt aber leider, daß Liebe zwischen Männern und Frauen in der heutigen Zeit nicht gerade dick gesät ist. Häufig stirbt die Liebe, bevor sie ihre volle Reife erlangt hat.

Viele meiner jugendlichen Patienten haben eine zynische Einstellung zur Liebe entwickelt, weil sie während des Knospens schon den Tod fürchten. Um die, wie sie meinen, unvermeidbare Enttäuschung abzuwehren, weisen diese jungen Leute jede Empfindung zarter Liebe zurück. Ein neunzehnjähriges Mädchen, das bei mir wegen der Scheidung ihrer Eltern in Behandlung ist, erzählte mir, daß sie keine ernsthafte Beziehung mit einem Jungen eingehen wolle, weil es ja doch nur böse enden könne. Auf den Graffiti-beschmierten Wänden der Damentoilette in der Universität sehe ich statt der traditionellen Herzen mit Pfeil, die die Initialen junger Liebender einrahmen, Denunziationen heterosexueller Liebe: »Trau keinem Mann, nicht einmal einem Bruder/Wenn Frauen schon lieben müssen, dann sollen sie sich gegenseitig lieben« und

»Eine Frau braucht einen Mann so nötig, wie ein Fisch ein Fahrrad«. Bei vielen Teenagern liegt unter der Schale gesellschaftlicher Offenheit – schnelle Freundschaften und flüchtiger Sex – ein Kern aus Mißtrauen. Der Titel »I am a rock« von Simon & Garfunkel, für die Generation der Blumenkinder geschrieben, paßt gut auf deren Nachkommen – auf die vielen jungen Leute, die so dicke Mauern und Festungen gebaut haben, daß niemand sie durchdringen kann, und die sich wie Felsen gegen die Schmerzen der Liebe verhärten.

Verletzt und verwirrt durch ihre schwierigen oder gescheiterten Ehen stehen viele meiner erwachsenen Patientinnen heterosexuellen Beziehungen ebenso argwöhnisch gegenüber wie ihre Töchter. Vor gar nicht langer Zeit dachten diese Frauen, sie wüßten, was Liebe und Ehe versprechen, aber jetzt sind sie unsicher. Trotzdem möchten die meisten immer noch glauben, daß die Liebe zwischen Mann und Frau im Laufe der Zeit wachsen kann und daß ihre Töchter dauerhafte Beziehungen aufbauen können, die sie bereichern und nicht herabsetzen. Sie möchten sie zu liebevollen Beziehungen führen können und in vielen Fällen selbst diesen Weg finden. Frauen fragen mich oft, wie man Liebe in der Ehe auffassen und zu ihrer Entwicklung beitragen kann – selbst in einem rauhen Klima. Ich hoffe, in diesem Kapitel durch die Interpretation beruflicher, persönlicher und literarischer Beispiele helfen zu können.

Ehen scheinen in den streßgeplagten Jahren, wenn die Kinder ihre Jugend erleben, besonders anfällig fürs Scheitern zu sein. Schwierigkeiten, die in ruhigeren Zeiten vertuscht wurden, kommen jetzt vielleicht an die Oberfläche und sorgen manchmal sogar für Explosionen. Aber an einer Ehekrise muß eine Beziehung nicht gleich scheitern. Sie kann auch dazu beitragen, daß die Entwicklung des Paares eine höhere Stufe erreicht.

Der Jungianer Robert A. Johnson beschreibt eine Geschichte, die zeigt, daß Entwicklung manchmal nur das Resultat schmerzhafter Schocks ist: Als der erste Elefant in Gefangenschaft geboren wurde, warfen die anderen Elefanten in dem Gehege ihn von einem zu anderen. Der Zoowärter war entsetzt, weil er dachte, sie würden das Junge töten, dabei sorgten sie nur dafür, daß es atmete, damit es leben konnte. Auf jeder Stufe ihrer Entwicklung scheinen Kinder – umgekehrt wie die von Johnson beschriebenen Elefanten – ihre Eltern umherzuschleudern und aus dem Gleichgewicht zu bringen. Obwohl solcher Aufruhr höchst unangenehm ist, sorgt er doch für Bewegung und führt im Idealfall dazu, daß die Eltern auf festerem Boden stehen.

Die Geschichte der Familie Konner zeigt, wie eine normale Jugendliche bei ihren Eltern eine Ehekrise heraufbeschwören kann, die die Eltern zu längst fälligen Veränderungen zwingt. Ich werde diese Geschichte ausführlich erzählen, weil sich ihr Grundmuster in vielen Familien wiederholt. Und da die Konners ihre Krise meisterten, können ihre Lösungen anderen vielleicht als Vorbild dienen.

Richard und Denise Konner – beide Mitte Dreißig und attraktiv – kamen zur Beratung, weil sie ohne Hilfe die Entscheidung, ob ihre vergiftete kämpferische Ehe noch zu retten war, nicht treffen konnten. Bei unserem ersten Gespräch erklärten sie, daß sie sich nach traditionellem Muster arrangiert hatten. Obwohl De-

nise ab und zu Teilzeitjobs angenommen hatte, war sie die meiste Zeit zu Hause, um sich um Jo zu kümmern, die im ersten Ehejahr geboren und gerade vierzehn Jahre alt geworden war, während Richard Karriere im akademischen Verwaltungsdienst gemacht hatte. Bis vor kurzem hatte die Familie mit wenig Unfrieden funktioniert. Für den von Natur aus sehr nervösen Richard bedeutete Denises reibungsloser Haushalt eine Art Hafen, aber dieser Hafen wurde in zunehmendem Maße durch Aufsässigkeit und Unordnung bedroht. Sowohl Denise als auch Richard waren der Meinung, daß Jo, die als Kind ruhig, lieb und gehorsam gewesen war, den Haushalt auf den Kopf gestellt hatte. Anscheinend über Nacht hatte sich das liebe kleine Mädchen in einen trotzigen jungen Teenager verwandelt. Zu Hause war sie launisch und benahm sich schlecht, blieb mit ihren neuen Freunden länger weg, als es erlaubt war, verschlief manchmal und kam zu spät zur Schule, wo es mit ihren Noten bergab ging. Richard beklagte sich, daß sie ihn ständig herausforderte: »Bei Jo wird alles zum Streitpunkt. Was ich auch sage oder tue – sie kritisiert es.«
Wie bei vielen verheirateten Paaren übte das Verhalten des Kindes auf die Eltern unterschiedlichen Einfluß aus. Denise tat es als normale jugendliche Rebellion ab. Da sie selbst nur wenig von Regeln hielt, bewunderte Denise sogar das »Temperament und unabhängige Denken« ihrer Tochter, während Richard die Veränderung verabscheute. Er legte Wert auf gute Manieren und Rücksicht und nahm an Jos Flegelhaftigkeit Anstoß. Richard war immer der strengere Elternteil gewesen, aber in der Vergangenheit hatte die kleine Jo ihm keinen Grund gegeben, sie zu schelten, da sie nie

gegen seine Regeln verstoßen hatte. Jetzt jedoch erregte sie seinen Zorn. Denise war entsetzt über die Wutanfälle ihres Mannes. Seine starren Verhaltensmaßregeln, die sie seit Beginn ihrer Ehe zu übersehen versucht hatte, hatten sich im Laufe der Jahre nicht gemildert, sondern sogar noch gefestigt. In der Therapie gestand Denise, daß sie sich während des vergangen aufregenden Jahres oft gefragt hatte, ob es nicht ein furchtbarer Fehler gewesen war, Richard zu heiraten, da seine Persönlichkeit von ihrer so verschieden war. »Wie konnte ich mir nur einreden, daß wir als Ehepaar und Eltern zusammenpassen?« fragte sie.

Da Denise Richards Forderungen, die er an Jo stellte, für übertrieben hart hielt, versuchte sie, durch immer mehr Großzügigkeit einen Ausgleich herzustellen. Wenn Richard festsetzte, daß Jo an Schultagen abends um acht Uhr zu Hause sein sollte, setzte Denise elf Uhr fest. Wenn Richard darauf bestand, daß Jo ihre Noten verbesserte, versicherte Denise ihr, daß das Lernen und nicht die Noten wichtig sei. Es überrascht nicht, daß Denises Nachgiebigkeit Richard immer strenger werden ließ, so wie Richards hohe Ansprüche Denise provozierten, ihre herabzusetzen. Durch dieses gefährliche Tauziehen zogen Denise und Richard ihre Ehe immer stärker auseinander. Und als Eltern fuhren sie sich auf bestimmten Schienen fest: Richard wurde der Unmensch der Familie, Denise die Zugängliche, Vernünftige, der sich Jo mehr und mehr zuwandte.

Erst nachdem wir uns einige Male getroffen hatten, bekannte Richard, wie sehr ihn das Bündnis zwischen seiner Frau und seinem Kind verwundete und wie sehr es zu seinen unvernünftigen Ausbrüchen Jo gegenüber beitrug. Nachdem er Jo einmal beim Abendessen wegen ihres schlechten Benehmens gerügt hatte, bemerkte er, daß Denise sie mitfühlend anlächelte. »Es war ein Lächeln, das mich gleichzeitig lächerlich machte, verurteilte und verriet. Ohne eine weitere Provokation von Jo begann ich, sie furchtbar zu beschimpfen. Ich schrie, daß sie nie wieder mit uns zu Abend essen dürfe, und warf wie ein Wilder ihren Teller an die Wand. Ich verlor völlig die Beherrschung. Ich ließ es an Jo aus, aber ich war viel wütender auf Denise, weil sie mir das Gefühl gab, ein Monster und Idiot zu sein.«

Unbewußt hatte Jo ihre Eltern gefährlich nahe an eine Auflösung der Ehe gebracht, aber gleichzeitig zwang sie Richard und Denise, sich nicht nur gegenseitig, sondern auch sich selbst genauer zu betrachten. Gelegentlich kommen frisch verheiratete Paare zu mir, um über die Vor- und Nachteile zu diskutieren, die Kinder mit sich bringen. Ich verspreche nie, daß sie als Eltern Freude oder ein erfülltes Alter erleben werden – obwohl das sehr gut möglich ist –, aber ich garantiere ihnen, daß es ihnen zahllose Möglichkeiten bieten wird, sich zu entwickeln. Jo hat ihren Eltern diese Möglichkeit gegeben.

Obwohl Denise und Richard anfangs gefragt hatten, ob sie sich trennen sollten oder nicht, weigerte ich mich, ein Urteil abzugeben. Wie ich ihnen erklärte, beschränkte sich meine therapeutische Rolle darauf, jedem zu helfen, die Welt des anderen zu verstehen. Wenn sie dieses Ziel erreichen sollten, seien sie selbst in der besten Position, über ihr Schicksal selbst zu entscheiden. Denise und Richard nahmen an wöchentlichen Therapiesitzungen teil. In der zehnten Sitzung

ließen sie mich wissen, daß sie es noch einmal versuchen wollten.
Anstatt sich wie gewohnt zu verteidigen oder gegen den anderen Punkte zu sammeln, waren sie in der Eheberatung gezwungen, dem anderen zuzuhören, und dadurch entdeckten Denise und Richard ihre gegenseitige grundlegende Zuneigung wieder. Natürlich kann eine Partnertherapie in einem ungünstigeren Augenblick genau den gegenteiligen Effekt haben. Indem der eine Ehepartner den anderen besser kennenlernt, entdeckt er vielleicht, daß der Partner nicht liebenswert oder unfähig zu ernsthafter Liebe und Intimität ist. Dann ist es besser, die unglückliche Verbindung zu lösen. Es rührt mich oft, wenn ich beobachte, wie die Paare sich gegenseitig kennenlernen, weil sie vielleicht zum erstenmal in ihrer Ehe dem Ehepartner volle Aufmerksamkeit schenken und sich auf ihn einstellen. Gelegentlich bitte ich Patienten, die Augen zu schließen, so daß sie sich besser auf die Nuancen in der Stimme des Partners und die Bedeutung konzentrieren können. Nach einer solchen Übung sagte mir ein älterer Mann, daß er zum erstenmal die Trauer gehört hatte, die das fröhliche Auftreten seiner Frau normalerweise maskierte, und seine Frau wiederum hörte seine Angst und Unsicherheit, die er gewöhnlich unter einer harten Politur versteckte.
Im Laufe der Therapie öffneten Denise und Richard ihre Herzen, um mit dem anderen sowohl ihre Ängste als auch ihre Träume zu teilen. Oft rief einer von beiden aus: »Aber davon hatte ich ja keine Ahnung!« oder »Ich wußte gar nicht, daß du so empfindest.« Als Ergänzung zu ihren Sitzungen bei mir drängte ich die

Konners, wöchentlich ein oder zwei Verabredungen miteinander zu treffen, so wie damals, als Richard um Denise warb. Erst lehnten sie diese Idee ab, aber dann nahmen sie sie begeistert auf. Sie trafen sich zum Essen in hübschen Restaurants, veranstalteten ein Picknick, gingen in Museen, in den Zoo und die botanischen Gärten und freuten sich wieder an der Gesellschaft des anderen. Mütter und Väter vergessen nur zu oft, daß sie auch Ehefrauen und Ehemänner sind; und Ehefrauen und Ehemänner vergessen manchmal, daß eine Ehe auch Spaß machen kann.

Als die Konners mit der Therapie begannen, war ihre Familie wie die meisten anderen nicht funktionierenden schlecht organisiert. Anstatt als Mann und Frau eng zusammenzustehen, kauerten sich Denise und Jo aneinander, während Richard sich immer weiter entfernte. Es ist typisch, daß ein ausgeschlossener Ehepartner negative Verhaltensweisen an den Tag legt. So ist es nicht ungewöhnlich, daß sich ein Ehemann, verwirrt durch den Neid auf die exklusive Beziehung seiner Frau zu dem Kind, einredet, daß seine Frau etwas mit einem anderen Mann hat. Weil es ihm zu peinlich ist, die Eifersucht auf das eigene Kind zuzugeben, verlagert er sie von dem Kind auf den eingebildeten Liebhaber. Obwohl Richard keine pathologische Eifersucht entwickelte, verhielt er sich auf andere Art negativ. Anstatt seiner Frau direkt gegenüberzutreten, hat er seine Frustration auf ihre Tochter übertragen, die er mit übertriebener Härte behandelte. Zudem versuchte er in der Rolle des tyrannischen Patriarchen seine Demütigung durch den Statusverlust zu Hause wettzumachen, was nur dazu führte, daß die Respektlosigkeit seiner Frau größer wurde.

Im Laufe unserer therapeutischen Arbeit entdeckten wir, daß Denise zweierlei Gründe hatte, die Allianz mit ihrer Tochter gegen ihren Mann zu fördern. Auf der einen Seite hatte Denise in ihrer Rolle als Hausfrau wenig Gelegenheit, ihre Hartnäckigkeit zu testen. Durch ihre Überidentifikation mit der trotzigen Jo hatte Denise das Gefühl, genau die mutige, temperamentvolle Frau zu sein, die sie immer hatte sein wollen. Ohne es zu wissen war Denise von Jos Eskapaden, die sie raffiniert ermutigte, abhängig, um ihr eigenes ereignisloses Dasein zu beleben. Obwohl sie das nicht beabsichtigte, handelte Denise ziemlich selbstsüchtig. Egoismus besteht nicht darin, nach den eigenen Vorstellungen zu leben, sondern darin, von anderen zu verlangen, so zu leben, wie man es selbst gern tun würde. Gleichzeitig kam in ihrer Verschwörung mit Jo Denises jahrelang aufgestauter Zorn zum Ausdruck. Obwohl sie mit ihrer traditionellen Rolle als Hausfrau und Mutter einverstanden gewesen war, warf Denise Richard heimlich vor, daß er sie davon abgehalten hatte, ihre Möglichkeiten zu verwirklichen. Denise war von den Aufregungen dieser Zeit berauscht und wollte aus ihrem zu engen Leben ausbrechen, wußte aber nicht, wie sie die Türen zur Freiheit öffnen sollte. Als sie sah, daß viele andere Frauen – einschließlich ihrer eigenen Tochter – den Herd verließen, um sich neue Möglichkeiten zu schaffen, wurde Denise neidisch und war verzweifelt. Sie war wütend auf Richard, weil er sie die ganzen Jahre über ermutigt hatte, zu Hause zu bleiben und sich mit bedeutungslosen Teilzeitjobs zufriedenzugeben, während er immer weiter aufstieg.

Einmal träumte Denise, daß sie in einer Zelle eingeschlossen sei, zu der Richard den Schlüssel hatte. Sie schrie: »Bitte gib mir den Schlüssel, Richard«, aber er ignorierte sie, weil er auf dem Weg zu einer wichtigen Besprechung war. Nachdem Denise aus diesem Traum erwacht war, konnte sie ihre Verbitterung nicht abschütteln. Sie wollte, daß Richard sich so klein und unwichtig fühlte wie sie selbst. Nur Jo hatte den Mut, ihrem Vater offen entgegenzutreten, ihm den Nimbus zu nehmen, ihm das Gefühl der Unfähigkeit zu vermitteln. Durch Jos Trotz dem Vater gegenüber reagierte Denis indirekt einen großen Teil ihrer aufgestauten Wut auf ihren Mann ab.

Sowohl für Richard als auch für Denise war Jo der willkommene Puffer geworden, der sie auseinanderhielt. Anstatt aufeinander zu prallen, benutzten sie die Tochter, um Verzweiflung, Zorn, Frustration und Schmerz auszudrücken. Dabei wollte Richard vor allen Dingen eine enge, liebevolle Beziehung zu seiner Frau, deren Respekt und Anerkennung er brauchte. Seine Stellung in der Akademie bedeutete ihm weniger als die Liebe seiner Frau. Und Denise brauchte die Hilfe ihres Mannes, um stark, tüchtig und erfolgreich in der Arbeitswelt werden zu können. Sie brauchte Richards Unterstützung bei ihrer Entwicklung und Veränderung. Diese Unterstützung war der fehlende Schlüssel in ihrem Traum. Obwohl sie sich in den ersten Jahren ihrer Ehe vertragen hatten, wurde ihnen beiden klar, daß sie lernen mußten, ihre Liebe und Zuneigung auf reifere Art auszudrücken. Wie die Dinge jetzt standen, war niemand zufrieden.

George Bernard Shaw machte die Beobachtung, daß jedes junge Mädchen in dem Glauben heiratet, daß sie ihren Bräutigam zum Besseren verändern wird, und jeder junge Mann in dem Glauben heiratet, daß sich seine Braut niemals ändern wird – beide werden enttäuscht. Eine reife, erfüllte Verbindung zwischen zwei Menschen muß flexibel und stark genug sein, ihre individuellen Unterschiede – auch die ärgerlichen – und Entwicklungen – auch die bedrohlichen – zu umfassen. In den ersten Jahren ihrer Ehe gelang es Denise und Richard, ihre Unterschiede zu vertuschen, um ihr friedliches, konfliktfreies kleines Königreich aufrechtzuerhalten. Anstatt sich mit ihren Problemen auseinanderzusetzen, kehrten sie sie unter den Teppich. Denise erinnerte sich, daß sie oft, wenn unangenehme Themen aufkamen, ins Bett gingen, sich liebten und die Streitpunkte dann vergaßen. Jungverliebte genießen und suchen den Anschein der Homogenität, den sie mit Intimität verwechseln. Wie die Psychologin Louise Kaplan erklärte, geht mit den Liebenden so lange alles gut, wie sie eins sind und die außergewöhnliche Sympathie zwischen ihnen nicht durch Hinweise auf ernsthafte Differenzen über Ansichten, Werte, Wünsche und Sehnsüchte gefährdet wird. Wenn sich ein junges Mädchen verliebt, wird es wahrscheinlich vor Freude übersprudeln, wenn es immer neue Ähnlichkeiten zwischen sich und seinem Seelengefährten findet. »Sie werden es nicht glauben«, schwärmte eine verliebte Patientin, »aber Tom und ich haben entdeckt, daß die Hausnummern der ersten Häuser, in denen wir als Babys gewohnt haben, dieselben waren: Tom wohnte in der Juniper 685 in Boulder, Colorado, und ich in der 685 West 204th Street in New York City. Ist es nicht unglaublich? Jedesmal wenn wir zusammen sind, merken wir, wie sehr wir uns ähneln.«

Mit der Zeit lernte Denise nicht nur, daß Richard und sie unterschiedliche Temperamente hatten, sondern daß sie ihn auch nicht nach ihren Vorstellungen sanfter machen konnte. Im Gegensatz zu den Fröschen, die sich im Märchen in Prinzen verwandeln, verwandelte sich der anstrengende nervöse Richard nicht in einen unbeschwerten, lässigen Zeitgenossen. Durch die Streßsituation, Vater einer störrischen Tochter zu sein, wurde er sogar noch angespannter. Denise sah Richards Fehler ganz deutlich und lernte schließlich, ihn so zu lieben, wie er ist, nicht wie er sein könnte. Solange Ehepartner auf der Illusion der Gleichheit beharren, werden sie die Bedürfnisse des anderen nicht berücksichtigen. Denise mit ihrer hohen Toleranzschwelle für Unordnung und Chaos hatte Richards Bedürfnis nach Ordnung nicht ernstgenommen. Sie erklärte mir: »Weil mich ungespülte Teller nicht stören, habe ich nicht geglaubt, daß sie ihn stören könnten. Obwohl er mir weiß Gott oft genug gesagt hat, daß Unordnung ihn wahnsinnig macht.« Indem Denise erkannte, daß Richard anders ist als sie, lernte sie auch, ihn zu respektieren. »Kürzlich hatten wir eine Dinnerparty. Anstatt die ungespülten Teller über Nacht in der Spüle stehen zu lassen wie sonst immer, haben Richard und ich uns gemeinsam darum gekümmert, sobald die Gäste gegangen waren. Ich wußte, daß es für ihn wichtig war, die Küche sofort aufzuräumen. Richard ist ein bißchen zwanghaft, aber was soll's? So ist er eben.« Freundlichkeit und Respekt verfielfältigen sich. Bewegt von der wachsenden Sensibilität seiner Frau ihm gegenüber war Richard entschlossen, ihren Bedürfnissen mehr Aufmerksamkeit zu schenken. Obwohl Denise sich immer darüber beklagt hatte, daß er den Mädchen nachsah, hatte Richard nicht damit aufgehört. »Ich dachte, daß das ziemlich harmlos ist, und wenn Denise mir sagte, daß ich sie demütige, wenn ich andere Frauen anschaue, habe ich dem keine Beachtung geschenkt. Ich dachte, mir würde es ja auch nichts ausmachen, wenn sie anderen Männern nachschaut, weshalb sollte sie also etwas dagegenhaben, wenn ich hübsche Frauen bewundere? Weil ich nicht besitzergreifend bin, habe ich ihre Besitzansprüche unberücksichtigt gelassen. Jetzt weiß ich, daß mein Verhalten Denise wirklich verletzt hat, und ich möchte sie nicht verletzen.«

Der Familientherapeut Carl Whitaker erklärte, daß eine wirkliche Ehe erst beginnt, wenn die unrealistischen Vermutungen und Erwartungen verschwinden, die man unweigerlich in eine neue Ehe einbringt, und das kann normalerweise nicht in weniger als zehn Jahren stattfinden. Man muß die Hoffnung, einen perfekten Partner zu schaffen, aufgeben, bevor man den reellen Partner wirklich lieben kann. Reife Liebe toleriert im Gegensatz zur frühen Liebe Unvollkommenheiten. Sie schätzt menschliche Gewöhnlichkeit, diese Mixtur aus Stärke und Schwäche, die jeder von uns ist.

So wie Denise lernte, daß das Temperament ihres Mannes festgelegt ist und sie ihn nicht ändern kann, entdeckte Richard, daß das Heimchen, das er geheiratet hatte, aus seiner Rolle hinauswuchs, so wie die gehorsame kleine Jo aus ihrer. Beide Frauen in seinem Leben bewegten sich wie auf einem Tandem vorwärts, und er hatte, wie er zugab, insgeheim gehofft, daß sie bleiben würden, wo sie waren. Richard stand den von Denise und Jo verlangten Änderungen mißtrauisch gegenüber. Ihr Leben würde in unbekannte Richtungen laufen, und welchen Einfluß würde das auf sein Leben haben? Sein Boot glitt von der Anlegestelle, und oft hatte er das Gefühl, daß er mit der Strömung treiben würde, aber zurück in den Hafen zu fahren, war keine Lösung. Er mußte lernen, daß die Liebe zu der sich entwickelnden Frau in mittleren Jahren anders war als die Liebe zu der jüngeren Frau, die er geheiratet hatte. Anstelle von beschützender Fürsorge wollte sie ermutigende und unterstützende Sorge, so daß sie ihre besten Seiten ans Licht bringen konnte. Auf dem Weg in neue Häfen wollte sie ihren Ehemann an und auch auf ihrer Seite.

Indem Denise und Richard liebende Partner wurden, wurden sie auch bessere Eltern. Gemeinsam setzten sie Regeln fest und halfen sich gegenseitig, sie durchzusetzen. Jo selbst, die ganz zu Anfang bei einer Therapiesitzung dabeigewesen war, gab zu, daß Denises Nachgiebigkeit verwirrend war und daß Richards Unflexibilität sie wütend gemacht hatte. »Manchmal wünsche ich mir, ich könnte meine Eltern mischen wie Zutaten in einem Mixer oder wie ein Künstler Farben auf einer Palette. Mein Vater ist zu streng, und meine Mutter ist zu nett.« Denise und Richard hatten ein ungesundes Gleichgewicht in ihrer Familie erzeugt, indem einer den Erziehungsstil des anderen aufhob. Jetzt lernten sie, ihre Positionen zu modifizieren und enger zusammenzukommen, anstatt Pole zu bilden.

Um durchführbare und einstimmige Familienregeln festzusetzen, lernten Richard und Denise in der Therapie Verhandlungstechniken. Als ihre Beziehung noch feindselig war, benötigten sie für diese Verhandlungen eine formale Struktur. Durch eine festgesetzte Prozedur wurde verhindert, daß ihre Diskussionen zu emotional und unsachlich wurden. Als sie dann später darauf vertrauten, daß jeder nur das Beste für Jo wollte, ließen sie die Formalitäten fallen und diskutierten ungezwungen über Erziehungsprobleme. Obwohl ihre Ansichten über Kindererziehung nicht identisch sind, konnten Richard und Denise Regeln entwerfen, mit denen alle drei leben konnten.

Indem Richard und Denise für Jo vernünftige, aber feste Grenzen setzten, boten sie ihr den sicheren Boden, den alle Jugendlichen brauchen. Denise verstand, daß ihre Nachgiebigkeit Jo nicht nützt, sondern sie im Gegenteil sogar schwächt. Jede gesunde Jugendliche wird versuchen, die Grenzen den Eltern gegenüber auszureizen. Wenn ein junges Mädchen die eigenen Werte formuliert, fordert sie ihre Eltern heraus, aber sie kann es sich nicht leisten, ihre Prämissen umzustoßen. Eine Jugendliche hat Glück, wenn sie bei diesem »Härtetest« feststellt, daß ihre Eltern ihrem Druck nicht nachgeben.

Eine chinesische Kampfsportart namens »Klebende Hände« zeigt, daß Nachgeben nicht freundlich oder unterstützend, sondern zerstörend sein kann. In dieser Sportart werfen die passiven Bewegungen des Nachgebens den Gegner aus dem Gleichgewicht. Der Angreifer stürmt vorwärts und erwartet, auf Widerstand zu stoßen, findet aber keinen und wird so aus dem Gleichgewicht gebracht. Ähnlich wird auch die Jungendliche, die sich gegen nachgiebige Eltern auflehnt, ihre Balance verlieren und stürzen. Sie kommt durch ihre eigene gesunde Energie ins Straucheln. Eine junge Frau kann nur stark werden, wenn sie ihre

Kräfte messen kann. Sie braucht die Sicherheit, daß die Eltern Widerstand leisen können.
Ich will damit nicht vorschlagen, daß Eltern ohne jeden Kompromiß auf die Herausforderungen ihrer Kinder reagieren. Die Struktur einer starken Familie ist flexibel, nicht starr. Während das Eingehen auf eine unsinnige Forderung der Jugendlichen ein Zeichen für elterliche Schwäche ist, ist das Aushandeln eines vernünftigen Kompromisses ein Zeichen dafür, daß die Familie gesund ist, sich entwickelt und verändert. Ohne die Aufgabe zu vernachlässigen, die Jugendlichen zu leiten, erkennen die Eltern ihre Wahrnehmungen und Initiative an, indem sie Gespräche ermutigen. Auf diese Weise versteht das Mädchen, daß seine Ansichten respektiert werden, und fühlt sich dadurch auch anerkannt.
Denise sah jetzt ein, daß Richard durch ihr Verhalten sehr gedemütigt worden war. Als ihr Zorn auf ihn schwand und ihre Zuneigung wuchs, konnte Denise es nicht mehr dulden, daß Jo ihn beleidigte. Anstatt sich während dieser Angriffe mit ihrer Tochter zu verbünden, schlug sie sich auf die Seite ihres Ehemannes. Kürzlich schrie Jo Richard an, weil er versehentlich ihr Schulheft weggeworfen hatte, das sie sorglos in einem Stapel alter Zeitungen liegengelassen hatte. Während ihrer Tirade suchte Jo bei Denise nach dem vertrauten Zeichen der Zustimmung, traf aber statt dessen auf ihren Tadel: »Du wirst deinen Vater nicht so respektlos behandeln. Niemals. Du beleidigst uns beide damit.« Denise war schließlich bereit, ihren Mann zu unterstützen. Dadurch zeigte sie ihrer Tochter, was Ehe und Liebe bedeuten. Verheiratete Menschen, die sich lieben, lassen nicht zu, daß ihre Partner

schlecht behandelt werden – nicht einmal durch die eigenen Kinder. Statt dessen helfen sie einander; sie sind gut zueinander: sie sind die besten Freunde.
Ich habe mit den Konners sechs Monate gearbeitet und dann vorgeschlagen, die Behandlung zu beenden. Jo wird weiterhin versuchen, die Grenzen ihrer Eltern durch Drängen und Schubsen und Provokationen auszuloten, aber Denise und Richard werden ihren Herausforderungen eine gemeinsame Front entgegensetzen, da sie sich nicht mehr gegenseitig bekriegen. Sie haben gelernt, ihre Ehe im Zeichen gegenseitiger Zuneigung zu meistern. Wie Richard einmal sagte: »Es ist eigentlich einfach, meine Frau zu lieben. Es bedeutet, das zu tun, was ihrer Entwicklung nützt. Es bedeutet, sie aufzubauen und nicht abzubauen. Es bedeutet Ermutigung.«
Jo weiß noch nicht, daß sie mehr Glück hat als viele Gleichaltrige. Im Gegensatz zu ihnen wird sie darauf vertrauen, daß es auch intakte Beziehungen gibt.
Wenn meine Patientinnen – junge Mädchen und Mütter mittleren Alters – mir sagen, daß sie nicht mehr wissen, was Liebe ist, gebe ich ihnen den Rat, sie als echte, dauerhafte Freundschaft zwischen einem Mann und einer Frau zu betrachten. Leider neigen die meisten Menschen heute dazu, Freundschaft abzuwerten, für zu langweilig zu halten, so wie sie Romanzen überbewerten und mit wahrer Liebe verwechseln. Einige meiner Patientinnen im mittleren Alter können sich im Eheleben nicht zurechtfinden, weil es gezwungenermaßen nicht mehr so romantisch wie das erste Verliebtsein ist. Manch eine von ihnen ist von einer gescheiterten Liebesaffäre in die nächste gestolpert. Stella kommt seit kurzem zur Beratung. Sie ist

verwirrt und verängstigt, aber auch in Versuchung geraten durch ihre Zuneigung zu dem hübschen jungen Dozenten, der seit kurzem Mitglied der chemischen Fakultät der Universität ist, an der sie Professorin ist. Sie glaubt nicht, daß sie seinen Verführungskünsten widerstehen kann, obwohl sie weiß, daß eine Affäre nur mit Leid enden würde. Stella will ihre Ehe – die dritte – mit einem intelligenten, freundlichen und liebenden Ehemann nicht aufs Spiel setzen und auch im Leben ihrer heranwachsenden Tochter kein Chaos stiften – das junge Mädchen hat bereits genug gelitten durch die beiden früheren Scheidungen der Mutter. Gleichzeitig möchte Stella eine romantische Ehe – und ihre ist es nicht. »Was stimmt nicht mit mir? Warum sehne ich mich nach mehr?« schluchzte sie bei unserem ersten Treffen.

Man macht es sich zu leicht, wenn man Stella als oberflächliche Frau verurteilt, die niemals zufrieden sein wird. Ihre Sehnsucht nach einer Romanze in der Lebensmitte hat sie mit so vielen Frauen gemein, daß wir versuchen müssen, sie zu verstehen und nicht zu verdammen. Es wäre falsch, darauf zu drängen, daß Stella ihre intensiven Wünsche begräbt, weil sie dann unweigerlich über kurz oder lang wieder aufkeimen würden. Außerdem sind ihre Gefühle nicht verachtenswert, sondern wie alle menschlichen Gefühle zart und ernst zu behandeln. Stella – und vielen anderen Frauen in ähnlichen Situationen – muß geholfen werden, Raum für ihre Leidenschaften und Träume zu schaffen.

Die meisten von uns sehnen sich wie Stella von Zeit zu Zeit nach einer leidenschaftlichen Liebesaffäre. Wir wollen von einem perfekten Liebhaber in Ekstase versetzt werden. Wenn sich unsere Töchter verlieben, werden unsere eigenen romantischen Sehnsüchte nur stärker. Ihr Frühling versetzt uns in unseren eigenen zurück und erweckt Träume von der längst vergangenen Zeit.

Als ich achtzehn war, überraschte mich meine Großmutter beim Lesen eines Liebesbriefes, den ich gerade bekommen hatte. Mit einem freundlichen Lächeln sagt sie: »Nachdem du diesen Brief ganz oft gelesen hast, solltest du ihn gut wegschließen und immer verwahren – selbst wenn du diesen Jungen nicht mehr magst.« Von Zeit zu Zeit, wenn ich mich müde oder abgekämpft fühle, hole ich den vergilbten Brief hervor und erlebe in einem Tagtraum noch einmal meine erste Liebe. Durch Auslöschen der schmerzlichen Erinnerungen und Übertreibung der schönen kann ich die Illusion einer perfekten Liebe heraufbeschwören, die es niemals gegeben hat. Aber nachdem ich eine Weile bei meinem phantastischen ewig jungen Liebhaber war, kann ich in mein gutes alltägliches Leben zurückkehren. Meine Großmutter hat mir beigebracht, daß Phantasie und Illusion, solange sie nicht zu stark oder mit der Realität verwechselt werden, einem ein wenig Ruhe von der Normalität gönnen, wenn sie zu normal wird. Sie war eine wundervolle Lehrerin, denn sie lebte ihre Lehren vor.

Als kleines Mädchen begleitete ich sie oft in Ballettvorstellungen. Während einer Vorstellung von *Cinderella* bemerkte ich, daß Grandma manchmal die Augen schloß und einen träumerischen Gesichtsausdruck annahm. Ich war mir ziemlich sicher, daß sie sich in ihren Träumen selbst in das schöne Aschenbrödel verwandelte, das in den Armen des hübschen Prinzen schwebte, und erst nachdem der Vorhang gefallen war, verwandelte sich Grandma wieder in die winzige, weißhaarige Frau, die ich kannte. Weil ich mich wie andere glückliche Kinder in meiner Phantasiewelt wohl fühlte, fand ich es nie komisch, daß meine Großmutter eine Märchenprinzessin werden und sich in einen Prinzen verlieben konnte, wenn sie wollte.

Als Therapeutin versuche ich, die Weisheit meiner Großmutter an meine Patienten weiterzugeben. Ich versuche, Stella zu vermitteln, daß ihr Inneres wundervolle, unmögliche Träume beherbergen kann, auch wenn ihre täglichen Beziehungen einfach sind, wie es nun einmal in der Natur der Dinge liegt. In ihrer Phantasie kann sie für eine Weile mit ihrem schönen und perfekten jungen Liebhaber fortgehen und in ihren wildesten Sehnsüchten schwelgen. Aber wenn sie versucht, die Phantasie in Wirklichkeit zu verwandeln, indem sie ihre romantischen Vorstellungen auslebt, wird sie viel Leid erfahren. Mit Sicherheit wird sie feststellen, daß ihr neuer Liebhaber ebenso wie ihr Mann ein normaler Mensch ist. Außereheliche Affären sind sogar noch einfacher vorhersehbar als Ehen; sie folgen einem festen Drehbuch und enden fast immer mit Enttäuschungen.

Ein Freund und eifriger Kinogänger, Fred Stein, erzählte mir eine reizende Geschichte, die die Unterschiede zwischen romantischer Phantasie und Wirklichkeit aufzeigt. Bei der Sondervorführung eines Stummfilms verliebte er sich in die göttliche Heldin – eine Frau von unvorstellbarer sinnlicher Schönheit. Zu jedermanns Überraschung verkündete der Organisator des Filmfestivals nach der Vorführung, daß die gefeierte Schauspielerin tatsächlich im Publikum saß und bereit war, ein paar Worte zu sagen. Durch die stille Menge führte der Platzanweiser eine gebeugte, verwelkte neunzigjährige Frau zum Podium.

Einige meiner Patientinnen haben Angst davor, in ihren sexuellen und romantischen Phantasien zu schwelgen. Sie versuchen, sie zu unterdrücken, weil sie glauben, daß diese Tagträume ein Akt der Untreue oder Zeichen für bevorstehende Untreue sind – dem ist definitiv nicht so. Ich glaube, eine große Anzahl von Seitensprüngen könnte verhindert werden, wenn Männer und Frauen ihren Phantasien freieren Lauf ließen. Andere halten Phantasien für eine feige Flucht aus der Wirklichkeit und glauben fälschlicherweise, daß eine Erfahrung nur dann Wert hat, wenn sie ausgelebt wird. Aber solange die Phantasie nicht in die Realität eindringt, erlaubt sie uns auf wundervolle und harmlose Weise, Dinge zu erleben, die in Wirklichkeit schlimme Folgen haben könnten. Unsere Phantasiewelt ist ein sicherer Hort für unsere leidenschaftlichsten Wünsche, unsere zärtlichsten Gefühle, unsere unschuldigsten Träume. Sie ist auch die Brutstätte für Kunst, Dichtung, Musik und Tanz – göttliche Ausdrucksmöglichkeiten der menschlichen Seele. Wie meine Großmutter erweisen Mütter ihren Töchtern einen großen Dienst, wenn sie ihnen vermitteln, daß Tragträumereien und Phantasien gesunde Ventile und positive menschliche Fähigkeiten sind.

Myrna entdeckte, daß ihre unglückliche Verbindung mit einem leidenschaftlichen, aber verantwortungslosen jungen Künstler auf eine Art nur der Versuch war, Farbe in ihr eigenes Leben zu bringen. Obwohl sie nicht blind war für seine offensichtlichen Charakterschwächen, liebte Myrna ihn sehr. Als er ohne Vorwarnung aus ihrem Liebesnest verschwand, verfiel sie in tiefste Verzweiflung. Freunde, die ihn kannten, sagten ihr, daß er seine Geliebten immer verließ und sie gut daran täte, ihn zu vergessen – er war wirklich ein skrupelloser Kerl. Aber er ließ Myrna einfach nicht los, sie konnte ihn nicht vergessen. Eines Nachts tauchte er in der Verkleidung als mittelalterlicher Page in ihrem Traum auf und legte eine Palette und einen Pinsel vor sie hin; dann verschwand er. Bald nach dem Traum begann Myrna wieder zu malen, eine Berufung, die sie vor Jahren nach der Geburt ihres ersten Kindes aufgegeben hatte. Obwohl Myrna nicht mehr um ihren verlorenen Geliebten trauert und ihn im wirklichen Leben nicht zurückhaben wollte, lebt er glücklich in ihrem Inneren als Muse. Myrnas Traumliebhaber gibt ihr Kraft – ihre Kunst ist lebendig und voller Leidenschaft.

»Perfekte Liebe« kann nur in der Phantasie oder im künstlerischen Ausdruck blühen. Frauen, die in der Wirklichkeit nach der ewigen romantischen Liebe und Leidenschaft suchen, werden notwendigerweise leiden und Leid verursachen. Im allgemeinen wird die durch die Zeit beschönigte Erinnerung an die Liebesaffären der Jugend wieder erweckt, wenn die Tochter sich verliebt und wird zum Standard für die ersehnten romantischen Abenteuer. Meine Patientin Stella und viele andere Frauen mittleren Alters, die die Normalität und Grenzen menschlicher Beziehungen nicht akzeptieren wollen, ist von einem jungen Mann fasziniert, der wie die Jugend selbst endlose Möglichkeiten verspricht. Aber wenn Stella ihre romantischen Träume auslebt, wird sie nicht nur ihren Mann, sondern auch ihre heranwachsende Tochter betrügen.

Anstatt ihren Kindern ein Vorbild und jemand zu sein, der aus Erfahrung helfen kann, weil sie mehr weiß, reduziert sich die Mutter, wenn sie die Rolle des liebeskranken Teenagers spielt, zu einem Teenager und verwischt die notwendigen Unterschiede zwischen den Generationen. Indem die Eltern von einem Lebensabschnitt in den nächsten gleiten, geben sie ihren Kindern indirekt das sichere Gefühl, daß sie das auch können. Liebe ist, wie D. H. Lawrence schrieb, nicht das Ziel, sondern die Reise. Die Tochter einer Mutter, die sich rückwärts anstatt vorwärts in ihren Liebesbeziehungen bewegt, wird nicht wissen, wo sie selbst hingehen soll.

Viele Frauen machen in Liebesbeziehungen einen Rückschritt, weil sie sich nicht vorstellen können, daß reife Liebe Spaß machen kann – vielleicht weil es von den eigenen Eltern nie vorgelebt wurde. Heute erinnern sich Frauen im mittleren Alter hauptsächlich an die oft traurigen Ehen ihrer Mütter – Ehen, die das Schlimmste in ihnen zum Vorschein brachten –, und sie haben recht, wenn sie ihnen nicht nacheifern wollen. Wenn sie dann Psychotherapeuten wie mich über die Normalität der Ehe sprechen hören, sind sie vielleicht entmutigt. »Wenn das Liebe ist, gebe ich mich mit Verliebtheit zufrieden«, jammerte eine junge Patientin. In einer Welt, die »mutiger«, »besser« und »größer« idealisiert, findet die Idee, daß Normalität gut ist, wenig Anklang. Wenn Mütter und Töchter heute jedoch Beziehungen erleben möchten, die nicht böse enden, müssen sie das Prinzip reifer Liebe lernen und den Wert menschlicher Normalität wiederherstellen.

Liebe in der Ehe drückt sich am besten in kleinen

Handlungen aus: ein tröstendes Wort, wenn der andere traurig ist; eine ruhige Unterhaltung am Ende eines anstrengenden Tages; eine Einladung zum gemeinsamen Spaziergang; ein kleines Geschenk ohne besonderen Anlaß; gemeinsam über einen Witz lachen; eine Umarmung.

Während ich mit Stella spreche, fällt mir auf, daß ihre Ernüchterung über das Eheleben zum großen Teil aus dem Glauben stammt, daß es mehr sein sollte, als es ist. Sie erinnert mich an eine jüngere Frau, die verzweifelt versuchte, jeden Moment mit außerordentlicher Intensität zu lieben und geliebt zu werden. Am fünfzigsten Tag ihrer Ehe schickte Monica ihrem Mann fünfzig langstielige Rosen; an seinem Geburtstag arrangierte sie eine mitternächtliche Fahrt in einem Heißluftballon; am Jahrestag ihrer ersten Begegnung veröffentlichte sie in der Zeitung ein Liebessonett. Anfangs versuchte der junge Mann, es ihr gleichzutun, aber da er nicht so einfallsreich wie sie war, enttäuschte er sie durch seine langweiligen Geschenke. Schließlich wurde ihr beharrlicher Wunsch, die Ehe extravagant zu gestalten, so bedrückend, daß er sie verließ. Liebe und Ehe sind weniger als ihre romantischen Versionen. Gleichzeitig sind sie aber auch viel mehr.

Mir selbst ist das Wunder der Liebe nicht an dem Tag bewußt geworden, als ich als strahlende zwanzigjährige Braut in weißer Spitze unter dem Hochzeitsbaldachin neben meinem gutaussehenden jungen Mann stand. Es war zwanzig Jahre später, als ich in Tränen aufgelöst von meinem Zahnarzt kam und seiner Warnung glaubte, daß meine Zähne ausfallen würden. Mein Mann nahm mich in die Arme und flüsterte, daß er mich immer von ganzem Herzen lieben würde – auch wenn mir die Zähne ausfielen. Der gemeinsame Alltag, Jahr für Jahr, hat unsere Liebe gestärkt, die vorher wie jede junge Liebe ziemlich dünn gewesen war. Vor Jahren habe ich, als ich mit einem kranken Kind ans Haus gefesselt war und Zeit hatte, all die kleinen Dinge zu tun, die man sonst immer liegenläßt, Kisten mit Theaterprogrammen, Eintrittskarten, Briefen, Photos und Postkarten sortiert, die mein Mann und ich gesammelt hatten. Anstatt diese Erinnerungen in ein Album zu kleben, schnitt ich sie zurecht und klebte einige auf eine große Sperrholzplatte, um eine Art Collage daraus zu machen. Seit ihrer Entstehung haben mein Mann und ich weitere Erinnerungen hinzugefügt – ein Lieblingsrezept, ein ausgefallener Milchzahn von einem unserer Kinder, eine Streichholzschachtel aus einem bestimmten Restaurant, eine Anzeige für einen Job, eine getrocknete Blume, die auf einem Bergspaziergang gepflückt worden war, ein Anstecker von einer politischen Kampagne – so daß kaum noch ein Stückchen der Platte unbeklebt ist. Diese Pinnwand, die in unserer Diele hängt, ist ein ständig wachsender Beweis der vielen kleinen geteilten Freuden, die aus zwei einzelnen und ganz normalen menschlichen Leben eine Einheit gebildet haben. Wir haben uns nie Dutzende von langstieligen Rosen geschenkt, sind nie in einem Heißluftballon gefahren und haben auch keine Liebesgedichte veröffentlicht, aber wir freuen uns an kleinen Dingen. Und jetzt, in unseren mittleren Jahren, erleben wir die erfüllteste Liebe unseres Lebens.

In einem früheren Kapitel habe ich einen Traum erzählt, in dem die Trauer um die Tage des Mutterseins zu einer größeren Initmität mit meinem Mann führte. Der Traum sagte mir, daß ich einen Teil der unglaublichen Energie, die ich in meine Mutterrolle gesteckt hatte, jetzt in die Beziehung zu meinem Ehepartner stecken sollte. Ich schlug meinem Mann vor, eine große Ferienreise nach Europa zu machen, wo wir als jung verheiratetes Paar für ein Jahr gelebt hatten. Am Abend des 31. Dezember 1986 aßen Bruce und ich in einem Restaurant an der Seine und hielten unter dem Tisch Händchen – weit weg von den Kindern, dem Haus, den Verpflichtungen, dem Alltag.

Als junges Mädchen habe ich von der großen Liebe geträumt. Dann als junge Frau mit schreienden Säuglingen, Unmengen von Wäsche, dicken Rechnungen und einem überarbeiteten Mann tat ich die große Liebe als Erfindung von Filmregisseuren aus Hollywood und romantischen Dichtern ab. Jetzt, als Frau im mittleren Alter in dieser Pariser Neujahrsnacht hegte ich wieder die süßen Hoffnungen des unschuldigen jungen Mädchens, das ich einmal war. Ich wußte nun genau, daß ich eine große Liebe erlebte – verdient im Laufe von zwanzig Jahren, die wir in einer Atmosphäre voll gegenseitiger Zuneigung und Respekt gelebt haben.

An das Ende dieses Kapitels setze ich eine Interpretation einer der berühmtesten Liebesgeschichten, des lateinischen Märchens von *Amor* und *Psyche*.

Apuleius hat diese Geschichte im zweiten Jahrhundert geschrieben, sie handelt von einem König, einer Königin und ihren drei Töchtern, von denen die jüngste und hübscheste Psyche heißt – das griechische Wort sowohl für Seele als auch für Schmetterling. Während die älteren alle heiraten, als sie das entspre-

chende Alter erreichen, kann Psyche zur großen Enttäuschung des Vaters keinen passenden Mann finden. Schließlich wird sie auf Anraten eines Orakels dem Tod selbst versprochen. An einen einsamen Felsen gefesselt, wartet das verängstigte Mädchen auf ihren Bräutigam. Aber unerwartet rettet sie der Liebesgott Amor vor ihrem grausamen Schicksal und nimmt sie selbst als Braut, ohne seine göttliche Identität preiszugeben. Von einem sanften Westwind wird Psyche zu einem prächtigen Palast in einem friedlichen Königreich gebracht, wo unsichtbare Diener ihr jeden Wunsch erfüllen und Amor, der liebevollste und zärtlichste Liebhaber, sie nachts besucht. Im Gegenzug für diese Großzügigkeit verlangt Amor von seiner jungen Frau nur eines: Sie darf ihn nie ansehen oder Nachforschungen über ihn anstellen. Sollte sie diesen Schwur brechen, würde er sie sofort verlassen. Den Wünschen ihres Mannes gehorchend, lebt Psyche zufrieden in ihrem idyllischen Schloß.
Aber die beiden Schwestern von Psyche, die sie häufig besuchen, säen die Angst vor der Identität ihres Mannes in Psyches Herz, und sie beginnt an ihm zu zweifeln. Als die Schwestern andeuten, daß Amor – in der Dunkelheit ein so zärtlicher Liebhaber – in Wirklichkeit eine monströse Schlange ist, kann Psyche die Ungewißheit nicht länger ertragen: Sie muß ihn ansehen. Auf Drängen ihrer Schwestern schmiedet sie einen Plan, um seine wahre – vermutlich abscheuliche – Gestalt zu entdecken und ihn zu enthaupten. Eines Nachts zieht Psyche, mit Dolch und Lampe bewaffnet – und halb in der Erwartung, ein scheußliches Reptil in ihrem Bett zu finden – die Decken von Amors schlafendem Körper. Im Licht ihrer Lampe sieht sie kein

Monster, sondern einen schönen jungen Gott. Erschüttert von der Erkenntnis dessen, was sie getan hat, stößt Psyche aus Versehen die Lampe um und verschüttet einige Tropfen des brennenden Öls auf Amor, der durch den Schmerz aus dem Schlaf schreckt. Gedemütigt durch Psyches Tat flieht der verletzte junge Gott von ihr.

Bevor ich das Märchen zu Ende erzähle, möchte ich einige Interpretationen anmerken. Wie jedes große literarische Werk ist auch die Geschichte von Amor und Psyche in ihrer Bedeutung sehr vielschichtig. Auf einer Ebene lehrt sie, daß romantische Liebe das Licht des vollen Bewußtseins nicht ertragen kann; romantische Liebe ist immer abhängig von Illusion, Zauber und sogar von Betrug. Psyche kann die perfekte Liebe nur genießen, wenn sie bereit ist, im Dunkeln zu bleiben. In dem Moment, als sie ihren perfekten Liebhaber betrachten will, verschwindet er notwendigerweise: Er flieht aus ihrem Traum.

Amor verläßt sie, weil er weiß, daß diese schöne Romanze und die Illusion seiner Vollkommenheit nur anhalten konnten, solange Psyche mit dem Betrug einverstanden war. Aber seine Geheimnistuerei hat noch einen tieferen Sinn: Er hat Angst, sich ihr völlig auszuliefern. Er kann nur charmant, zuvorkommend und zärtlich sein, solange Psyche keine wirkliche Beziehung zu ihm aufbauen will, in der sie ihn so sehen müßte, wie er ist. Als sie ihn entgegen seinen Wünschen ansieht, flieht er verletzt und gedemütigt.

In dieser frühen Phase der Beziehung fehlt Amor die Fähigkeit zur Intimität; er kann sein Leben nicht völlig mit einer Frau teilen. Mir scheint, daß die meisten jungen Paare es nicht schaffen, eine wirkliche Intimität zu erreichen. Es ist typisch, daß junge Frauen enttäuscht sind, wenn sich ihre Männer zurückziehen und wenig Gefühle zeigen. Sie möchten ihren Freunden oder Männern nahe sein, aber die meisten schrecken wie Amor zurück. Immer wieder beschweren sich Ehefrauen bei mir, daß ihre Männer ihnen ausweichen, Zeitung lesen, fernsehen oder irgend etwas reparieren, um jeden Augenkontakt zu vermeiden. Noch frustrierender ist, daß junge Ehemänner Augenblicke potentieller emotionaler Intimität meist in sexuelle Begegnungen verwandeln, die für sie weniger bedrohlich, weil weniger entlarvend sind. Wie Amor lieben sie ihre Frauen, wollen aber ihre Geheimnisse nicht mit ihnen teilen.

Wenn ich im Laufe der Psychotherapie solche Männer gefragt habe, weshalb sie vor emotionaler Nähe zurückschrecken, haben sie mir oft gesagt, sie hätten Angst, daß ihre Frauen versuchen könnten, sie zu ändern, wenn sie sie wirklich kennen würden. Sie glauben nicht, daß ihre Frauen sie so, wie sie sind, akzeptieren können, und denken, daß sie versuchen werden, sie zu kontrollieren, indem sie sie auf die eine oder andere Art beeinflussen. So wie Amor flieht, weichen junge Ehemänner aus, weil sie Angst haben, beherrscht zu werden.

Auf Drängen ihrer Schwestern – trotzdem gereicht es ihr zur Ehre – riskiert Psyche die Freuden einer illusorischen paradiesischen Liebe für eine ehrliche Beziehung. Sie würde lieber einer echten Schlange gegenüberstehen als weiterhin in einer Scheinwelt mit einem geheimnisvollen Liebhaber zu leben. Wie die Motte, nach der sie benannt ist, wird sie vom Licht angezogen. Aber bevor Psyche mit wahrer Liebe gesegnet wird, muß sie Veränderungen durchmachen. Wie Amor ist auch sie in ihrem Wesen noch zu jung, zu unfertig, um zu wahrer Liebe und Intimität fähig zu sein. So wie die unfertige Raupe in ihrem dunklen Kokon ausreifen muß, bevor sie als Schmetterling ausschlüpfen kann, muß Psyche für ihre Metamorphose von Braut zu Frau auf eine lange schmerzliche innere Reise gehen, eine Seelensuche. Wie die heutigen Frauen muß Psyche sich selbst erkennen, bevor sie einen anderen wirklich lieben kann. Sie muß eine vollständige, unabhängige Frau werden, bevor Amor sich ihr mit seiner Verwundbarkeit anvertraut, und bis dahin muß er sich vor ihr verstecken.

Aus meiner persönlichen und beruflichen Erfahrung habe ich gelernt, daß Intimität nicht einfach da ist, sie muß sich erst in Jahren entwickeln. Wir müssen langsam auf unsere Belohnungen hinarbeiten. Wenn wir unser eigenes Leben erkennen, wir selbst werden, müssen wir nicht mehr durch andere leben. Frauen, die alles sind, was sie sein können, haben kein Interesse daran, ihre Männer zu formen. Sie sind viel zu sehr damit beschäftigt, sie selbst zu sein, als daß sie Zeit für die Beeinflussung anderer hätten, seien es Töchter, Söhne oder Ehemänner. Und wenn Männer darauf vertrauen, daß ihre Frauen nicht die Absicht haben, sie zu verändern, werden sie keine Angst vor Nähe haben; sie befinden sich auf sicherem Grund, wenn sie sich nicht gegen Angriffe verteidigen müssen, und können Intimität zulassen. Das Paradoxe ist, daß Trennung – das Recht, man selbst zu sein – die notwendige Voraussetzung für Zusammensein ist.

Wenn wir jetzt zur Handlung des Märchens zurückkehren, finden wir Psyche verzweifelt, weil Amor sie verlassen hat. Erst denkt sie, daß sie ohne ihren Mann nicht leben kann, und will sich umbringen. Aber es ist noch nicht alle Hoffnung verloren. Die mächtige Liebesgöttin Venus, Amors Mutter, hat die Fähigkeit, die Frischvermählten wiederzuvereinigen. Nach seiner zerbrochenen Romanze ist Amor zu seiner Mutter zurückgekehrt! Ohne jedes Mitleid tadelt Venus ihre arme Schwiegertochter, weil sie so dumm in Liebesdingen ist, sagt ihr aber, daß Amor zu ihr zurückkehren wird, wenn sie vier Aufgaben erfüllen kann – die alle unmöglich scheinen.

Obwohl Venus als herzlose und harte Frau erscheint, die eifersüchtig über ihren Sohn wacht, ist sie doch diejenige, die Psyches Entwicklung vorantreibt, ja sogar verlangt. Wie wir sehen werden, hilft jede Aufgabe dem jungen Mädchen, reifer zu werden. Immer wieder erinnern uns Mythen und Märchen daran, daß Entwicklung oft erzwungen werden muß. So wie Heranwachsende die Welt ihrer Eltern aus dem Gleichgewicht bringen, um Veränderungen hervorzurufen, müssen fähige Mütter ihre Töchter ins Frausein schubsen. Besorgtheit und Überängstlichkeit, die sanfteren mütterlichen Eigenschaften, müssen in entscheidenden Augenblicken der Entwicklung des Kindes durch Härte und Entschlossenheit ersetzt werden.

Psyches erste Aufgabe besteht darin, Berge gemischter Körner in mehrere gleichgroße Haufen zu sortieren; wenn es ihr nicht vor Anbruch der Nacht gelingt, wird sie sterben. Natürlich ist sie sprachlos. Sie weiß nicht, wo sie anfangen soll und setzt sich ganz still hin und wartet. Während sie dasitzt, kommen Ameisen und helfen ihr, diese Aufgabe zu erfüllen. Wie Psyche müssen auch die Frauen von heute lernen, Dinge zu sortieren und zu ordnen. Die junge Frau mit einem chaotischen Innenleben ist noch nicht für eine partnerschaftliche Ehe bereit. Erst muß sie ruhig werden – allein mit sich sein können und ihre Gefühle, Empfindungen, Ansichten, Werte, Wünsche und Sehnsüchte ordnen. Sie muß herausfinden, wer sie ist und was sie werden möchte, bevor sie ihr Leben mit jemandem teilen kann.

Die zweite Aufgabe, vor die Venus ihre Schwiegertochter stellt, besteht darin, die goldenen Vliese von wilden und aggressiven Widdern herbeizuschaffen. Wieder ist Psyche von der Angst zu versagen niedergedrückt; wieder setzt sie sich hin und wartet. Dieses Mal flüstert das Schilf ihr eine Lösung zu. Anstatt den Widdern von vorne entgegenzutreten – eine Strategie, die katastrophal enden könnte –, muß Psyche bis zum Abend warten, wenn die Widder schlafen, und dann die Wolle einsammeln, die tagsüber durch Dornen und herabhängende Zweige abgebürstet wurden, während die Widder herumzogen. Psyche befolgt diesen Rat und hat wieder Erfolg.

Um die Liebe in der Ehe zu pflegen, müssen auch sterbliche Frauen lernen, daß eine aggressive Konfrontation ungünstig ist. Frauen und Männer handeln klüger, wenn sie nicht aggressive Möglichkeiten finden, ihren Willen durchzusetzen.

Sich die Köpfe einzurennen ist, wie Psyche gelernt hat, äußerst gefährlich. Unreife Liebespaare sind zu impulsiv, zu sehr bereit, jede Rücksicht außer acht zu lassen; sie verlangen sofortige Befriedigung und verletzen dabei schnell die Gefühle des anderen. Wenn Auseinandersetzungen zwischen Ehepartnern stattfinden, erfordern sie immer Takt – und gutes Timing. Psyche wartet klug bis zum Anbruch der Nacht, um ihre Aufgabe zu erfüllen. Und eine kluge Ehefrau wartet auf den richtigen Zeitpunkt und die richtigen Umstände, um ein schwieriges Problem mit ihrem Mann zu besprechen.

Psyches dritte Aufgabe besteht darin, einen Kristallpokal mit Wasser aus dem Styx zu füllen, dem trügerischen, schnellen Fluß des Lebens, der von gefährlichen Ungeheuern bewacht wird. Zuerst erstarrt Psyche natürlich wieder vor Furcht und muß erneut geduldig auf eine Lösung warten. Dieses Mal wird sie von einem Adler gerettet, der den Pokal füllt. Hoch in der Luft hat der Adler einen Überblick über den Styx und kann aus dieser Perspektive sehen, an welcher Stelle man am besten an den Fluß herankommt.

Von Zeit zu Zeit ist jede Ehe mit Problemen belastet, die überwältigend scheinen. Psyche lernt, daß sie nur ertrinken würde, wenn sie sich Hals über Kopf in den tosenden Fluß stürzen würde. Ebenso müssen sich Verheiratete oft zurückhalten, ruhig werden und einen besseren Überblick bekommen. Oft sind Eheberater die Adler, die von einer anderen Warte aus das Paar betrachten und ihm helfen können, ein besseres Bild von ihrer Situation zu bekommen, so daß sie an der richtigen Stelle ansetzen können. Eine neue Perspektive finden bedeutet auch, die Welt des anderen zu sehen.

Der Pokal hat auch eine tiefere Bedeutung. Aus dem Vollen für sich wenig zu schöpfen ist oft wertvoller, als im Vollen zu schwelgen und die Qualität nicht mehr zu erkennen.

So ist es auch mit der Ehe. Bevor eine junge Frau eine

dauerhafte Vereinigung pflegen kann, muß sie die Fähigkeit haben, mit kleinen Dingen zufrieden zu sein. Eine gute Ehe wird wie ein Pokal Tropfen für Tropfen gefüllt.

Die vierte Aufgabe, die Venus Psyche auferlegt, ist die schwierigste und interessanteste. Sie muß in die Unterwelt hinabsteigen, wo Persephone regiert, und für ihre Schwiegermutter einen kleinen Tiegel mit Persephones Schönheitscreme holen. Ein Turm sagt Psyche, daß sie diese Reise in die Unterwelt nur unternehmen kann, wenn sie die folgenden Anweisungen befolgt: Sie muß zwei Münzen im Mund und zwei Stücke Brot in der Hand haben; sie muß sich weigern, einem lahmen Eseltreiber zu helfen, der sie bitten wird, seine Stöcke aufzuheben; sie muß sich weigern, die Hand eines Ertrinkenden zu ergreifen, der sie um Hilfe anflehen wird; und sie muß sich weigern, den drei Frauen zu helfen, die die Fäden des Schicksals weben. Statt dessen muß sie den Fährmann mit einer Münze bezahlen, damit er sie über den Styx fährt; dann muß sie Cerberus, dem dreiköpfigen Hund, der den Eingang zur Hölle, dem Hades, bewacht, ein Stück Brot zuwerfen, und während die drei Köpfe sich um das Brot streiten, muß sie die Unterwelt betreten. Dort wird Psyche Persephone finden, die ihr einen Tiegel der Schönheitssalbe geben wird. Auf ihrem Weg zurück zur Erde muß Psyche den Vorgang wiederholen.

Viele Theoretiker, die die psychische Entwicklung von Frauen studieren, betrachten Psyches vierte Aufgabe als die Hauptaufgabe im mittleren Lebensalter. Psyche muß ihre weibliche Neigung zügeln, sich um die Bedürftigen zu kümmern, damit sie ihr Ziel erreichen kann. Sie muß nein sagen. Und sie muß zudem der Versuchung widerstehen, die Schicksalsfäden für andere zu weben, und sich statt dessen ganz auf ihr eigenes Streben konzentrieren.

Wenn eine Ehefrau und Mutter ihre fürsorgliche Rolle aufgibt, so daß sie ihre individuellen Ziele verfolgen kann, muß sie ihre Energie ebenso wie Psyche konzentrieren und lenken wie nie zuvor. Wenn sie sich von den Bedürfnissen anderer ablenken läßt, wird sie zu erschöpft sein und sich zu sehr verzetteln, um Erfolg zu haben. Wenn eine Frau mit Familie die Position der fürsorglichen Ehefrau und Mutter aufgibt, erwartet sie jede Menge Ärger. Die Verwandlung einer Frau in der Lebensmitte mit ihrer wachsenden Selbständigkeit und dem neuen Bedürfnis nach Getrenntheit löst in den meisten Ehen enorme Spannungen aus. Ich glaube, daß Ehen diese Krise nur überstehen können, wenn die Frau Psyches frühere Aufgaben gemeistert hat: Dinge sortieren, sichere, konfliktfreie Wege finden, den eigenen Willen durchsetzen, und die Welt sowohl aus ihrem als auch aus dem Blickwinkel des Ehemannes sehen.

Als Psyche ihre vierte Aufgabe erfüllt hat, wird sie in eine selbständige, kompetente Frau verwandelt. Durch ihre schwierige innere Reise findet sie ihre Seele: Aus einer Raupe wird ein Schmetterling mit Flügeln.

Wäre dies eine konventionelle Romanze, würde die Geschichte von Psyche und Amor hier mit ihrer glücklichen Wiedervereinigung enden. Aber so ist es nicht. Das Märchen hat eine viel tiefere Bedeutung. Anstatt Venus die Schönheitssalbe zu geben, für die Psyche so hart kämpfen mußte, beschließt sie, etwas davon für sich zu nehmen. Selbst reife Frauen scheinen sich nicht von dem Versprechen größerer Schönheit abwenden zu können. Und für einige – denken wir an die tragischen Schicksale magersüchtiger und freßsüchtiger Frauen – kann das tödlich enden. Als Psyche das Glas öffnet, fällt sie in einen tödlichen Schlaf. Amor spürt, daß seine Frau in Gefahr ist. Er fliegt zu ihr, wischt ihr den tödlichen Schlaf aus den Augen und bringt sie zum Olymp, wo sie zur Göttin wird. Dieser Teil des Märchens zeigt, daß selbst vollständige, tüchtige, starke Frauen die Hilfe ihres Mannes brauchen, so wie tüchtige starke Männer die Unterstützung ihrer Frauen brauchen. Und er zeigt, daß Männer und Frauen, die sich töricht benehmen – was sie sicher tun –, in einer guten Ehe auf die Vergebung des anderen zählen können. Eine gute Ehe ist schließlich auf Zuneigung gegründet.

Lassen sie uns kurz die Entwicklung der Beziehung zwischen Psyche und Amor betrachten. Aus dem romantischen Anfang wird nicht viel: Sobald Psyche die Intimität mit einem wirklichen Partner sucht, flieht Amor vor ihr, und sie wird aus dem prächtigen Schloß vertrieben. Aber nachdem sie sich mutig durch alle Härten gekämpft und die Aufgaben erfüllt hat, die sie zur Frau machen, verdient sich Psyche ihren göttlichen Status und, was meiner Meinung nach noch wichtiger ist, den Segen wahrer Liebe.

Zum Glück entwickelt sich Amor im gleichen Maße wie Psyche. Psyche hatte in gewisser Weise recht, sich Amor als Schlange vorzustellen. Wie der Jungianische Analytiker Mario Jacoby schreibt, reflektiert der Geist der Schlange den Drang nach Veränderung, Autonomie und kreativer Männlichkeit. Mit der Haut, die tot, brüchtig und veraltet ist, wirft die Schlange ihre Fesseln ab und verwandelt sich selbst. Indem sich Amor aus der Herrschaft seiner Mutter befreite und der Vollkommenheit seiner Frau vertraute, wurde er ehelicher Intimität fähig. Jetzt ist ihre Verbindung komplett, und es überrascht nicht, daß etwas Großartiges aus ihr hervorgeht – Psyche und Amor haben eine Tochter, die sie Laetitia (»Freude«) nennen.

Ab und zu sollten wir Mütter unsere Töchter und uns selbst vielleicht daran erinnern, daß Beziehungen zwischen Mann und Frau mit der Zeit vollkommen werden können. Wir müssen unsere Töchter lehren, keine Angst vor den Krisen zu haben, die zu einer Beziehung gehören, sondern sie, wenn möglich, als Gelegenheit neuer Entwicklung zu akzeptieren, die unerwartete Freude bringen kann.

7

KÖRNER SORTIEREN

Mütter als Singles

Die Geschichte von Amor und Psyche preist auf eine Art bewegend und poetisch die eheliche Liebe. Sie ist auch eine Metapher für weibliche Entwicklung und Wachstum. Jede der vier Aufgaben bringt Psyche auf eine höhere Stufe von Selbstbewußtsein und größerer Tüchtigkeit, so daß sie sich vom formlosen Mädchen in eine charaktervolle Frau verwandelt. Dieses Kapitel wird sich auf Psyches erste Aufgabe konzentrieren und darauf, wie sie sich auf alleinstehende Mütter anwenden läßt. Diese Aufgabe besteht, wie wir bereits gehört haben, darin, ein riesiges Durcheinander von Körnern in verschiedene Haufen zu sortieren: Korn, Gerste, Hirse, Linsen, Kichererbsen, Mohn und Bohnen. Mit der Hilfe von Ameisen, die sowohl die Geister der Unterwelt als auch das innere oder instinktive Wissen einer Frau symbolisieren, gelingt es Psyche, jedes einzelne winzige Korn an seinen Platz zu bringen. Indem sie die ungleichen Kerne unterscheidet und voneinander trennt, verwandelt sie Durcheinander in Ordnung. Oberflächlich betrachtet, scheint Psyches Aufgabe ein äußerliches Sortieren zu sein; auf einem tiefgründigeren Level jedoch symbolisiert es ein inneres Verlangen nach gewissenhaftem Erforschen der Gefühle, Empfindungen, Bedürfnisse, Motive und Verpflichtungen. Das kreative Sortieren ist niemals für immer beendet. Es wird jedesmal wiederholt, wenn eine Frau ihre Wertvorstellungen in Frage stellt und Veränderungen möchte.

»Kampf», sagte der griechische Philosoph Heraklit, »ist der Vater und König von allem. Einige werden durch ihn zu Göttern, andere zu Männern; einige zu Sklaven und andere frei.« Kein Leben ist ohne Kampf; keine Ehe ist ohne Kampf. Wenn verheiratete Paare einen Vorrat an gutem Willen und Fairness haben, können sie Kampf zu ihrem Vorteil nutzen. Sie können ihn dazu benutzen, nicht etwa Groll aufzubauen, sondern sich und andere beweglicher und verantwortungsbewußter zu machen und sich der Umgebung angemessen zu verhalten. In diesem Fall werden Mann und Frau freier, wie Heraklit sagen würde. Ohne diesen Vorrat an gutem Willen und Fairneß jedoch macht der Kampf einen oder beide Partner zu Sklaven von Hilflosigkeit, Zorn, Schuld und Tyrannei. Wenn das geschieht und die Situation hartnäckig ist, muß sich eine Frau, die ihre Bedürfnisse, Motive und Gefühle sortiert, vielleicht auch von ihrem Mann trennen. Solche Trennungen, auch von einem ungeliebten oder nicht respektierten Mann, sind für die meisten Frauen schwer, besonders wenn abhängige Kinder betroffen sind.

Eine meiner Patientinnen, eine vierzigjährige Mutter von zwei erwachsenen Söhnen und einer vierzehnjährigen Tochter, hatte dreiundzwanzig Jahre unter der Ehe mit einem trunksüchtigen, impulsiven Ehemann gelitten. Trotz der ehelichen Misere – seine peinlichen Sauftouren, Abenteuer für eine Nacht mit Frauen, die er in Bars aufgabelte, endlose Entschuldigungen und Leugnungen seines Alkoholproblems, gebrochene Versprechen, ein besserer Vater und Ehemann zu werden – blieb Lynn mit Frank verheiratet, erwog aber eine Trennung. Eines Nachts hatte sie einen Traum, der sie nicht nur zu ihrem ersten Besuch bei mir veranlaßte, sondern sie auch durch den schwierigen Prozeß begleitete, ihre Ehe zu beenden. Ich erzähle einen Teil von Lynns Traum nach, weil er, obwohl er zu Lynn gehört, vielen Frauen vielleicht helfen kann, die ihre persönlichen Wert- und Sinnvorstellungen sortieren.

Lynn träumte, daß sie die Verantwortung für ein wunderschönes, buntes Glasei hatte. Da sie es nicht besser wußte, legte sie den Schatz in eine alte Einkaufstasche, die sie ihrem Mann gab. Aber der unsichere Mann stolperte, fiel hin und ließ die Tasche los. Entsetzt erwartete sie, daß das Glasei zerbrochen und nicht mehr zu reparieren war. Aber zu ihrer Erleichterung war es ganz geblieben. So wie die Membran eines Eis die zerbrochenen Schalenteile zusammenhält, verhinderte irgend etwas, daß das Glas auseinanderfiel. Das Traumsegment endete damit, daß Lynn den gesprungenen, aber noch zu rettenden Schatz vorsichtig in einen mit Juwelen besetzten Safe legte und wegtrug.

Lynn und ich sahen in diesem Traum eine doppelte Bedeutung. Auf der einen Seite zeigte er, wie sorglos sie mit ihrem eigenen Leben – im Traum durch das wunderschöne, bunte Glasei symbolisiert – umgegangen war, als sie es in eine schäbige Einkaufstasche legte und ihrem unzuverlässigen und gleichgültigen

Ehemann in die Hand gab. Der Traum deutete jedoch an, daß Lynn jetzt die Verantwortung und Sorge für ihr Leben selbst übernahm – im Traum legte sie das Glasei in einen juwelenbesetzten Safe, auf den sie selbst aufpaßte.

Auf der anderen Seite schien der Traum darauf hinzuweisen, daß es nötig war, Glas zu zerbrechen. Wir spürten, daß das Ei ein wichtiges Symbol war: Ein Ei bedeutet schließlich Veränderung und neues Leben. So wie ein Küken die Schale zerbricht, um auszuschlüpfen, zerbrach Lynn, indem sie sich von ihrem Mann trennte, den Behälter ihres alten, unbefriedigenden Lebens, um in eine neue Welt geboren zu werden. Obwohl ihr Mut durch einen untreuen Ehemann und eine gescheiterte Ehe gebrochen war, war etwas in ihr ganz und vielversprechend geblieben.

»Je suis un autre«, sagte der Dichter Rimbaud. »Ich bin ein anderer.« Hinter der Person, die durch Gewohnheiten, Routine und Ängste definiert ist, gibt es diesen geheimnisvollen »anderen«, mit dem wir in Träumen, Visionen und religiösen Erfahrungen Kontakt aufnehmen. Und dieser »andere« kann uns den richtigen Weg zeigen, wenn wir wie Lynn aufmerksam sind. Während der Therapie bezog sich Lynn oft auf ihren besonderen Traum und die unbewußte andere in ihr, die sie zu einem verantwortungsbewußteren Leben geführt hatte. Die andere hatte die bewußte Lynn daran erinnert, daß das Leben wie ein buntes Glasei voller Licht und Möglichkeiten ist, aber auch sorgfältige Pflege braucht, die nicht an andere delegiert werden darf. Ebenso wichtig war, daß das Unbewußte die bewußte Lynn nicht vergessen ließ, daß sie wie das gesprungene, aber intakte Ei unverwüstlich ist. Durch

eine Scheidung würde sie nicht auseinanderbrechen. Heute ist Lynn eine alleinstehende, arbeitende Mutter. Ihr Leben ist nicht einfach. Wie viele alleinstehende Mütter hat sie eine Menge finanzieller Probleme. Außerdem vermißt Lynn einen Ehemann, obwohl die Ehe schlecht war. Manchmal vermißt sie sogar Frank. Trotz allem glaubt Lynn, daß es besser für sie ist, ihn verlassen zu haben, und daß es ihrer Tochter, die bei ihr lebt, den Vater aber oft besucht, auch bessergeht.

Lynns positive Gefühle scheinen eher die Regel als die Ausnahme unter geschiedenen Frauen in mittleren Jahren zu sein. Untersuchungen von Soziologen zeigen, daß die meisten Frauen im mittleren Alter, nachdem sie die Krise der Scheidung überstanden haben, darauf als konstruktive Erfahrung zurückblicken. Sie sehen es als einen Ruck in größere Selbständigkeit und Tüchtigkeit.

In meiner Praxis sehe ich jedoch manchmal die Tendenz von Frauen, die auf der Schwelle zu einem guten Single-Leben stehen, sich selbst zu sabotieren. Es ist, als ob die Erfahrung der Selbständigkeit zuviel Unbehagen hervorriefe. Wenn das geschieht, nehmen sie vielleicht das schöne zerbrechliche Glasei, ihr kostbares Leben, und geben es gedankenlos jemand anderem – meistens einem Mann.

Eine Szene aus meiner Praxis demonstrierte diese Neigung. Ungefähr ein Jahr nach ihrer Trennnung von einem unfreundlichen, übermäßig kritischen Ehemann platzte Eloise, die normalerweise reserviert und sanft ist – in mein Sprechzimmer und rief: »Dr. Bassoff, heute habe ich eine unglaubliche Entdeckung gemacht. Ich habe erkannt, daß ich nicht die Hälfte eines

Reißverschlusses bin! Ich weiß, das hört sich komisch an, aber lassen Sie mich das Ganze erklären. Sehen Sie, als kleines Mädchen in der Grundschule schrieb ich einen Aufsatz darüber, was es bedeutet, glücklich zu sein, und mir fiel die Metapher des Reißverschlusses ein. Ich schrieb, daß jede Frau wie ein halber Reißverschluß sei, der darauf warte, mit der anderen Hälfte zusammenzukommen, die perfekt dazu paßt und ihn vollständig macht. So wie eine Seite des Reißverschlusses nutzlos ist, dachte ich, daß ich ohne Mann ebenfalls nutzlos sei. Deshalb blieb ich viel länger bei meinem Mann, als gut für mich war. Aber ich merke, daß ich auch ohne Mann glücklich und nützlich bin. Mir geht es gut. Meinen Töchtern geht es gut. Ich bin allein ein vollständiger Reißverschluß.«

Zwei Wochen nachdem Eloise mir diese Einsicht mitgeteilt hatte, fuhr sie in Urlaub, wo sie einen »netten, aber furchtbar langweiligen Mann« kennenlernte, der sehr angetan von ihr war. Mit dünner und trauriger Stimme erzählte sie mir, daß sie sich mit ihm verabredet hatte, obwohl der Gedanke an eine Beziehung mit einem langweiligen Mann sie mit Entsetzen erfüllte. Als ich sie fragte, weshalb sie einverstanden war, ihn zu treffen, erklärte sie, daß sie es einfach nicht übers Herz gebracht hätte, ihn abzuweisen, weil er doch so nett war, und außerdem spürte sie eine vage Verpflichtung, jedem Mann entgegenzukommen, der sich für sie interessierte – aus Dankbarkeit dafür, daß er sie wollte. Eloise gestand außerdem, daß ihre neue Selbständigkeit zwar sehr erfreulich war, aber aus bisher unerklärlichen Gründen auch irgendwie komisch. Wie so viele andere Frauen war sie noch nicht in der Lage, einen verwundbaren Mann abzuweisen, obwohl ihr Entgegenkommen ihr eigenes Wohlbefinden bedrohte. Psyches letzte und schwerste Aufgabe verlangt auch von ihr, daß sie die Hilferufe eines lahmen Eseltreibers ignoriert und sich weigert, einem Ertrinkenden die Hand zu reichen. Selbst für eine Märchenprinzessin ist es beinahe zu schwer, die Bedürftigen abzuweisen.

Im Laufe unseres Gesprächs wurde Eloise und mir klar, daß es kein Zufall war, daß sie genau zu dem Zeitpunkt, da sie ihr Single-Dasein genoß, die Einladung eines langweiligen Mannes annahm. Eine Schwäche des menschlichen Verstandes besteht darin, daß wir nach Beweisen für das suchen, was wir zu wissen glauben, und Beweise, die dieses Wissen widerlegen, ignorieren. Wie so viele andere Frauen hatte Eloise gelernt, daß sie nur in einer Beziehung mit einem Mann glücklich und zufrieden sein konnte. Sie war immer noch nicht ganz davon überzeugt, daß sie wie ein Reißverschluß in sich selbst vollkommen war, und wertete ihre Erfahrung, ohne einen Mann glücklich zu sein, ab. Obwohl ihr ihre wachsende Selbständigkeit gefiel, rief diese zunehmende Unabhängigkeit auch Angst hervor, ähnlich der Trennungsangst, die Babys notwendigerweise durchmachen, wenn die symbiotischen Bindungen zu den Müttern durchtrennt und sie eigenständigere Wesen werden. Glücklicherweise hat Eloise trotz ihrer Ängste schließlich ihren Freier abgewiesen und begonnen, ihr eigenes Leben voll in die Hand zu nehmen. Sie entschuldigt sich nicht mehr für ihr Single-Dasein, sondern genießt es im Gegenteil sogar: »Es gefällt mir, meine eigene Wohnung zu haben. Es macht Spaß, alles nach meinem Geschmack einzurichten, und es ist schön, mich nicht nach dem Terminplan eines Ehemannes richten zu müssen. Ich kann, wann ich will, mit Freunden ins Kino gehen und brauche mir keine Sorgen zu machen, daß zu Hause ein knurrender Mann wartet. Ich genieße das Gefühl, etwas geleistet zu haben, weil ich alles allein gemacht habe. Nach einer anstrengenden Woche kann ich sagen: Eloise, du bist wirklich ein tolles Mädchen. Es läuft gut für meine kleine Familie – meine beiden Töchter und mich. Wissen Sie, selbst wenn ein Märchenprinz vorbeikäme, würde ich ihn wahrscheinlich wieder wegschicken.« Ihr Beinahe-Rückschritt erinnert uns jedoch daran, daß das die Unabhängigkeit begleitende Wohlbefinden nicht nur schwer zu erreichen, sondern auch schwer zu halten ist.

Ebenso wie Frauen können sich auch Kinder nach einer Scheidung besser fühlen. Forscher und praktizierende Psychologen und Psychiater sind der Meinung, daß Kinder von Eltern, die sich überhaupt nicht vertragen, häufiger unter psychischen Krankheiten leiden als Scheidungskinder. Der Psychiatrieprofessor Arthur D. Sorosky z.B. behauptet, daß feindselige Elternbeziehungen die Jugendlichen oft wütend und gereizt machen. Neurotische Arrangements unter Eheleuten, bei denen die Kinder als Schachfiguren, Sündenböcke, Vermittler und Verbündete ausgenutzt werden, können in den jungen Leuten Schuldgefühle hervorrufen. Und geschwächte Paare, die das Gefühl füreinander verloren haben, aber vorgeben, Freunde zu sein, erzeugen in ihren heranwachsenden Kindern oft eine spärliche Gefühlswelt. Wenn sich die feindseligen Eltern schließlich scheiden lassen, wird eine Jugendliche vermutlich sehr erleichtert sein; jetzt kann

sie sich endlich auf etwas Stabilität, Klarheit und emotionale Aufrichtigkeit freuen.
Ich will damit nicht etwa sagen, daß die Scheidung der Eltern immer eine glückliche Lösung für eine Jugendliche ist. Sorosky weist darauf hin, daß eine Scheidung normalerweise tiefe Schmerz- und Schuldgefühle auslöst. Später empfindet die Jugendliche durch den Verlust vielleicht Zorn oder auch Scham wegen der gescheiterten Ehe der Eltern und wird intime Bindungen mit Angst und der Erwartung, verlassen zu werden, eingehen, weil sie glaubt, daß alle Liebesbeziehungen zum Scheitern verurteilt sind. Ich möchte jedoch sagen, daß das Kind von geschiedenen Eltern, die versuchen, jeder für sich, ein gesundes Leben zu führen, besser dran ist als das Kind eines streitsüchtigen, verbitterten Paares. Wenn die Jugendliche das Zutrauen hat, daß ihre Eltern verantwortlich genug sind, ihr eigenes kostbares Leben in die Hand zu nehmen, kann sie die zu schwere Last absetzen, sich um sie zu kümmern. Hinzu kommt, daß Mütter, die das Beste aus ihrem Leben machen wollen, ihren Töchtern damit beibringen, daß sie dasselbe tun können. Umgekehrt trainieren Mütter, die unabwendbares Leid als Teil des weiblichen Daseins präsentieren, ihren Töchtern Masochismus an.
Für eine Frau in einer hoffnungslos unglücklichen Ehe beginnt das Sortieren mit der Entscheidung, sich zu trennen, aber es endet noch nicht damit. Die Aufgabe des Ordnens, Trennens und Unterscheidens führt sie im Idealfall in der Beziehung zu ihrer heranwachsenden Tochter fort, die auch dabei ist, ihre Werte und persönlichen Bedürfnisse zu ordnen. Wir müssen daran denken, daß die besonderen Belastun-

gen, die durch Scheidung oder den Tod eines Elternteils für den Jugendlichen entstehen, nicht an die Stelle der normalen Konflikte des Erwachsenwerdens treten. Mädchen, die bei alleinstehenden Müttern aufwachsen, müssen sich ebenso von ihren Müttern trennen dürfen wie Mädchen, die mit beiden Elternteilen aufwachsen. Diese Trennung mag durch die Abwesenheit des Vaters und Ehemanns schwerer sein, weil der im Idealfall einen Puffer zwischen den beiden Frauen bildet.

Ich möchte gerne den Traum eines siebzehnjährigen Mädchens schildern, den es seiner frisch geschiedenen Mutter erzählte und die wiederum mir. Er betrifft die Trennungskämpfe, die viele Teenager mit alleinstehenden Müttern durchmachen. Laura träumte, daß sie und ihre Mutter, in identische Tweedkostüme, Seidenblusen und Lederpumps gekleidet, Mannequins in einem Kaufhaus waren. In Wirklichkeit war die Mutter Anwältin in einer angesehenen Kanzlei. Laura wurde wahnsinnig, als sie bemerkte, daß ihre Kleidung so groß war, daß sie lächerlich darin wirkte. Mitten in ihrer Panik kam ihr Freund, aber anstatt zu ihr zu gehen, wandte er sich der älteren Frau zu. Spukkend und um sich schlagend schrie Laura ihre Mutter an: »Warum suchst du dir nicht jemanden in deiner Größe?«

Zur Zeit des Traums hatte Lauras Mutter, Priscilla, begonnen, mit einem Mann auszugehen. Interessanterweise warteten sie und ihre Tochter ein paar Tage nach dem Traum auf ihre jeweiligen Freunde, als Laura im Spaß vorschlug, man könne doch einmal gemeinsam ausgehen. Priscilla war eine weise Frau und spürte, daß Laura trotz des neckenden Tons die Verabredungen ihrer Mutter mißbilligte und tatsächlich Angst hatte, mit ihr in Konkurrenz zu stehen. Ein Teil aus Lauras Traum – »Warum suchst du dir nicht jemanden in deiner Größe?« war für Priscilla ein Hinweis darauf. Priscilla setzte die Generationsgrenze, die für Laura zeitweise verwischt gewesen war, wieder fest, indem sie erklärte, daß gemeinsames Ausgehen nicht in Frage käme, da sie und ihr Freund aufgrund ihres Alters wenig mit Laura und ihrem Freund gemeinsam hätten. »Denk daran, Laura, ich bin deine Mutter und nicht deine Freundin«, betonte Priscilla. »Außerdem erwarte ich, daß du zur üblichen Zeit nach Hause kommst, auch wenn es bei mir heute sehr spät wird.« Ein späterer Traum zeigte Lauras Erleichterung darüber, daß sie und ihre Mutter wieder in ihre entsprechenden Rollen geschlüpft waren. Laura träumte jetzt, daß sie beide in der High School waren, Priscilla als Lehrerin und Laura als ihre Schülerin. Jugendliche brauchen Mütter, verheiratet oder alleinstehend, die exekutive Funktion übernehmen, wie die Psychologen es nennen. Einfacher gesagt, Teenagern geht es am besten, wenn sich ihre Mütter wohl in ihrer Verantwortung fühlen.

Trotz dieser Tatsache wendet sich eine alleinstehende Mutter, die das Gefühl hat, sich in ihrer Wut an niemanden sonst wenden zu können, vielleicht an ihre Tochter als Vertraute oder Freundin und erzählt ihr alles, von Gelddingen über die Arbeit bis zu Liebesangelegenheiten. Allein und verloren ist sie versucht, ihre Tochter in sich hineinzuziehen, und die Tochter ist vielleicht versucht, sich ziehen zu lassen. Wenn die Mutter das zuläßt, vergißt sie, daß die Jugend die Zeit ist, in der eine Tochter die Bindungen an die Familie eher lockern als festigen sollte. Sie vergißt auch, daß ihre Tochter, so entgegenkommend, verantwortungsbewußt, intelligent und redegewandt sie auch sein mag, noch nicht in der Lage ist, das Gewicht von Problemen Erwachsener und Entscheidungen zu tragen oder in Sexprobleme eingeweiht zu werden.

Meine Schwiegermutter hat mir erzählt, daß sie meinem Mann, als er sechs Jahre alt war, vorgeschlagen hatte, sich selbst sein Schulbrot zu machen. Entrüstet hatte er beharrt: »Nein, das ist dein Job, ich bin noch zu klein dafür.« Ebenso erging es einer frisch geschiedenen Mutter, als sie einer meiner jugendlichen Patientinnen sagte, sie solle aktiv bei dem Entwurf und der Konstruktion ihres Ferienhauses mitarbeiten. Die Tochter gab die passende Antwort, daß Hausaufgaben und Teilzeitjobs sehr wohl zu ihren Verantwortlichkeiten gehörten, die Entscheidung über das neue Haus müsse die Mutter aber allein treffen. Lauras Traum machte auch klar, daß sie nicht die Arbeit ihrer Mutter tun – symbolisiert durch die Kleider der Mutter, die Laura nicht paßten – und ihr Partner sein konnte. Nicht alle Jugendlichen haben jedoch den Mut, ihre Bedürfnisse zu äußern. Meine Tochter erzählte mir von einer Klassenkameradin, die oft unentschuldigt fehlte, weil ihre Mutter sie dazu überredete, die Schule zu schwänzen, um auf ihren kleinen Bruder und ihre kleine Schwester aufzupassen.

So schwierig die Umstände auch sind, die alleinstehende Mutter muß sich davor hüten, die Tochter zu früh erwachsen werden zu lassen. Das soll nicht heißen, daß die Mädchen nicht mehr Pflichten im Haushalt übernehmen oder sich einen Job suchen sollen, um zu helfen. Es ist sogar sehr wünschenswert, daß die Familienmitglieder zusammenarbeiten. Ich meine aber, daß Mütter die Unterschiede zwischen Erwachsensein und Jugend nicht vergessen dürfen. Das ist Teil ihrer Ordnungsaufgabe. Eine gute Freundin von mir behauptet, daß ihre Kinder so tüchtige Erwachsene geworden sind, weil sie in den finanziell schwachen Jahren nach ihrer Scheidung gelernt haben, mit anzupacken. Sie war sich der Gefahren des zu frühen Erwachsenwerdens jedoch sehr wohl bewußt und achtete immer darauf, daß die Jobs ihrer Kinder ihnen immer noch Zeit für Freunde und Hausaufgaben ließen.

Forscher stimmen darin überein, daß Mädchen und ihre Mütter nicht beste Freundinnen oder Partner sein sollen.

Aus meiner beruflichen Erfahrung würde ich sagen, daß selbst die ältere Jugendliche emotional noch nicht so gefestigt ist, daß sie das Gewicht der Probleme ihrer Mutter tragen kann.

Wenden wir uns den Märchen als Erklärungen für gesunde menschliche Entwicklungen zu. Der Kinderpsychologe Bruno Bettelheim interpretiert den todesähnlichen Schlaf Schneewittchens, der die Jugend symbolisiert, als die notwendige Reifeperiode, die sie auf das Erwachsensein vorbereitet. Er zeigt, daß wir, nur weil ein Mädchen physisch erwachsen geworden ist, uns nicht dem trügerischen Glauben hingeben dürfen, daß es auch intellektuell und emotional reif ist. Solche Reife erlangt man langsam in den Teenager- und frühen Erwachsenenjahren. Wie ich in einem früheren Kapitel erklärt habe, versuchte Schneewittchens Stiefmutter, das Mädchen vorzeitig in eine sexuelle Frau zu verwandeln; ebenso erzwingen alleinstehende Mütter, die ihre Töchter wie Gleichaltrige behandeln, manchmal eine unerwünschte frühzeitige Entwicklung. Die unreife Mutter eines fünfzehnjährigen Mädchens, das ich vor ein paar Monaten traf, brachte es dazu, die volle Verantwortung für drei jüngere Geschwister zu übernehmen. Das junge Mädchen führte die Anordnungen der Mutter pflichtgemäß aus und zeigte äußerlich auch keinen Ärger; die bulimischen Symptome sprachen für sich. Indem das Mädchen Nahrung in sich reinstopfte, versuchte es, die mütterliche Zuwendung zu bekommen, die es immer noch brauchte; durch Erbrechen versuchte es, das vorzeitige Erwachsenwerden auszuspucken, den »vergifteten Apfel«, den es durch den Zwang ihrer Mutter hatte schlucken müssen. Schließlich rebellierte das Mädchen gegen die ihm auferlegte unangemessene Rolle, indem es physisch zu krank wurde, um weiterzumachen.

So wie Psyche die unterschiedlichen Körner in verschiedene Haufen aufteilt, müssen Mütter und Töchter ihre Gefühle und Bedürfnisse jeweils voneinander trennen. Sie müssen frei sein, anders als die andere und sie selbst zu sein. Menschliche Fusionen sind nie gesund, und Psyches unsortierte Körner sind nur ein einziges Durcheinander.

Eine Art, wie eine alleinstehende Mutter unterschwellig das Recht des Kindes auf Andersartigkeit unterminieren kann, ist das Äußern bitterer Gefühle gegen ihren früheren Mann. Damit vergißt sie, daß das junge Mädchen immer noch die Tochter seines Vaters ist, auch wenn sie selbst nicht mehr seine Frau ist. Natürlich muß eine von ihrem Ex-Mann betrogene Frau ihre Wut erkennen und ausdrücken, entweder direkt ihm gegenüber oder im Gespräch mit mitfühlenden Freunden oder einem Therapeuten. Aber ihr sollte klar sein, daß ihre Wut nicht die ihrer Tochter ist und daß sie die Gefühle des jungen Mädchens nicht mit ihren eigenen vermischen darf. Wenn sie es tut, unterminiert sie das Recht des jungen Mädchens auf eigene Meinungen und Reaktionen. Wenn eine Tochter, was wahrscheinlich ist, sagt: »Mutter, bitte hör auf, so schlecht über Vater zu sprechen«, versucht sie zusätzlich zu ihrem Ausdruck Loyalität, ihre eigenen Gefühle für ihn von denen ihrer Mutter zu trennen.

Einer der großzügigsten Wege, wie eine alleinstehende Mutter ihre Bedürfnisse von denen ihrer Tochter trennen kann, ist, die besondere Bindung der Tochter an den Vater anzuerkennen. Celestes Geschichte ist ein schönes Beispiel dafür. Als ihre Tochter mit fünfzehn zum erstenmal sagte, sie würde gern bei ihrem Vater und dessen zweiter Familie in einem anderen Staat leben, war Celeste unerbittlich dagegen. Sie gab zu: »Ich hatte einen ausgewachsenen Wutanfall, als Grace damit herausrückte. Ich habe einen Grund nach dem anderen gefunden, weshalb das eine furchtbare Idee sei, und sie sogar ein selbstsüchtiges Balg genannt. Nach meinem Ausbruch habe ich dann geweint und bin depressiv geworden. Ich hatte damit gerechnet, daß wir uns erst nach ihrem High-School-Abschluß trennen würden – wenn die Kinder normalerweise aufs College gehen. Aber Grace wollte sich jetzt von mir losreißen ... und ich brauchte sie noch. Zwölf Jahre hatte es nur uns beide gegeben. Ich dachte, ich könnte es nicht ertragen, sie für immer zu verlieren. Ihr Wunsch, mich für immer wegen ihres Vaters zu verlassen, brach mir das Herz.«

Durch gemeinsame Therapie mit ihrer Tochter verstand Celeste Graces Wunsch, ihre Bindungen an den Vater und seine neue Familie zu festigen. Da sie ohne Vater aufgewachsen war, vermißte Grace die traditionelle Familie, wie ihr Vater sie jetzt hatte: Mutter, Vater, Kinder und sogar ein Hund. Bevor es für sie zu spät war, wollte Grace diese Erfahrung machen, um ein Gleichgewicht zu der guten Familienerfahrung bei ihrer Mutter zu haben. Hinzu kam, daß es die extrem enge Beziehung zwischen Grace und Celeste für das junge Mädchen schwer machte, sich von der Mutter zu lösen. Obwohl sie es nicht aussprach, erkannte Grace ohne Zweifel, daß der physische Abschied den notwendigen gefühlsmäßigen erleichtern würde. Celeste, die sich hatte scheiden lassen, weil sie »sie selbst sein wollte«, wußte in ihrem Herzen, daß ihr größtes Geschenk an die Tochter die Ermutigung war, auch sie selbst zu sein. Jetzt war ihre Tochter so weit, das Geschenk anzunehmen. Am Muttertag – welcher Tag wäre besser gewesen? – gab Celeste Grace ihren Segen, zu ihrem Vater zu ziehen, und das Mädchen verließ seine Mutter im Sommer.

Verständlicherweise brauchte Celeste ein paar Monate, um sich ganz an den Abschied ihrer Tochter zu gewöhnen, auf den sie sich emotional so wenig vorbereitet hatte.

Wie Celeste und ihr Ex-Mann zeigen, haben nicht zusammenpassende Ehepartner ebenso wie nicht zusammenpassende Körner oft eine Chance zu gedeihen, wenn sie in unterschiedlichen Boden gepflanzt werden. Ich kenne viele Menschen, die nach ihrer Scheidung die Eigenverantwortung für ihre Entwicklung übernahmen und ihre Erfüllung fanden. Mehr

noch, sie wurden auch viel bessere Eltern. Grace hat wie viele Mädchen in ihrer Situation das Glück, daß es ihr erspart blieb, bei sich anfeindenden Eltern zu leben. Statt dessen ist sie jetzt frei, sich von einem blühenden Elternfeld, dem lebendigen, untraditionellen Heim ihrer Mutter, zum anderen, der behaglichen Kernfamilie ihres Vaters, zu bewegen.
So wie Frauen im Idealfall ihre Bedürfnisse, Gefühle und Wünsche von denen ihrer Ex-Männer und Töchter trennen, respektieren heranwachsende Töchter idealerweise die Eigenständigkeit ihrer Mütter. Eine Mutter, die sich nicht in die Beziehung zwischen ihrem ehemaligen Mann und ihrer heranwachsenden Tochter einmischt, hat das Recht, darauf zu bestehen, daß das Mädchen keine Geschichten über ihn oder seine neue Freundin erzählt, wenn sie es als schmerzlich oder unangenehm empfindet. Einige alleinstehende Mütter, die wenig Mühe haben, das Privatleben ihrer Töchter zu respektieren, können dasselbe Recht für sich nur widerstrebend in Anspruch nehmen. Während sie die Tür ihrer Tochter vorsichtig schließen, lassen sie ihre eigene weit offen. Die Trennung zwischen Mutter und Tochter muß aber gegenseitig stattfinden. Heranwachsende Mädchen müssen die Körner auch in verschiedene Haufen ordnen.
Die Beziehung zwischen Renée und Rhoda ist ein Beispiel für eine gescheiterte Trennung zwischen Mutter und Tochter. Als Renée sieben Jahre nach ihrer Scheidung wieder Verabredungen traf, fühlte sich ihre Tochter bedroht. Die neunzehnjährige Rhoda, eine junge Frau, die wenig entschlossen und zielstrebig war, wollte die exklusive Bindung an ihre Mutter, die sich um alle Bedürfnisse kümmerte, nicht aufgeben.

Durch Schärfe, laute und unverschämte Worte gelang es Rhoda, daß sich die neuen Freunde ihrer Mutter äußerst unwohl fühlten. Außerdem überzeugte sie Renée immer davon, daß jeder der Männer, mit denen sie sich traf, ein »richtiger Verlierer« war. Es überrascht nicht, daß Renées Beziehungen unweigerlich nach ein oder zwei Verabredungen im Sande verliefen.
Anstatt darauf zu bestehen, daß ihre Tochter sich anständig benimmt, tat Renée ihre Unverschämtheit einfach ab. Durch die Therapie aber lernte Renée zu verstehen, weshalb sie Rhodas Tyrannei zuließ. Renée erinnerte sich daran, daß sie in den beiden Jahren vor ihrer Scheidung durch eine schwere Depression daran gehindert war, sich um Rhoda, damals ein verletzliches jungen Mädchen, zu kümmern. Obwohl seit dem Bruch sieben Jahre vergangen waren, konnte sie ihre Schuldgefühle immer noch nicht abschütteln. Sie war überzeugt, daß die Scheidung und die Jahre emotionaler Labilität davor Rhoda geschadet hatten. Indem sie der Forderung ihrer Tochter nach einer exklusiven Mutter-Tochter-Beziehung nachgab, versuchte sie, ihr früheres »Versagen« zu kompensieren. Sie hat vielleicht sogar Rhodas aggressive Wut gutgeheißen. Wenn wir uns schuldig fühlen, provozieren wir oft Bestrafung. Zur gleichen Zeit stellte Renées Masochismus sicher, daß sie das gesellschaftliche Leben, das sie sich wünschte, ihrer Meinung nach aber nicht verdient hatte, nicht für sich beanspruchte. Durch ihre falsche Mutterliebe hielt Renée sich und ihre Tochter nur zurück: Renée konnte die gewünschten Beziehungen zu Männern nicht pflegen, und Rhoda war auf die wenig reizvolle Rolle des Saboteurs und der Göre festgelegt.

Es ist weit verbreitet, daß geschiedene Frauen die persönlichen Schwierigkeiten ihrer Kinder auf die kaputte Ehe schieben und versuchen, den Schaden wiedergutzumachen, indem sie sie verwöhnen, sich selbst die Schuld geben oder beides tun. Es stimmt, daß eine Scheidung – wie jedes andere unvorhergesehene Ereignis – ein Kind negativ beeinflussen kann, aber weder Verwöhnen noch Selbstbestrafung sind da gut.

Vielmehr hilft es Müttern und Töchtern, wenn sie über vergangene Verletzungen sprechen, sich für vergangene Fehler entschuldigen, um Verlorenes trauern und dann weitermachen. Normalerweise kann ein energischer Außenseiter diesen Prozeß erleichtern. Mutter und Tochter können einander nicht Psychotherapeut sein, »dem anderen in den Kopf kriechen« verhindert nur ihre notwendige Abnabelung. Auch wenn sie ihre Tochter manchmal im Stich gelassen hatte, hatte Renée die Verantwortung, sorgsam auf ihr kostbares »Glasei« – ihr Leben – zu achten. Renée hatte auch die Verantwortung, Rhoda dazu zu ermutigen. Durch ihre rückschrittliche Mutter-Tochter-Beziehung waren Renée und Rhoda nicht nur aneinander gebunden, sondern sie wurden auch in ihrer Entwicklung behindert.

Bei alleinstehenden Müttern ruft die Aufgabe des Ordnens – Bedürfnisse, Wünsche und Pflichten zu identifizieren, sich von unverträglichen Ehepartnern und den Kindern zu trennen – ebenso wie bei Psyche Angst hervor. Tatsächlich erleidet Psyche nach dem Befehl von Venus, die Flut von Körnern zu sortieren, einen großen Angstanfall, unter dem sie zusammenbricht und sogar an Selbstmord denkt. Zusätzlich zu der Aufgabe des psychischen Ordnens werden alleinstehende Mütter meist mit einem wachsenden Berg finanzieller Verpflichtungen konfrontiert, die sie irgendwie regeln müssen. Für Frauen, die durch stark verringerte Geldquellen behindert sind – und das trifft auf die meisten geschiedenen Mütter zu –, scheint die Aufgabe unmöglich, für sich und ihre Kinder eine wirtschaftliche Ordnung herzustellen. Ich kann mich an keinen einzigen Fall einer alleinstehenden Mutter erinnern, bei dem diese Angst fehlte.

Angst ist ein höchst unangenehmer, manchmal schmerzhafter Zustand, der durch eine Vielzahl körperlicher Symptome charakterisiert werden kann: Müdigkeit, Erregung, Schlaflosigkeit, Kopfschmerzen, Schweißausbrüche, Kribbeln, Zittern, Herzrasen, Aussetzen des Herzschlags, Erstickungsanfälle, Magen-Darmstörungen und sogar Sehstörungen. Auf emotionaler Ebene ist Angst ein diffuses, durchdringendes Gefühl des Entsetzens, das einen unsicher und hilflos macht. Wie der Philosoph und Psychiater Rollo May sagt, wird in der Angst unser »Kern« oder »Wesen« bedroht; wir haben das Gefühl kaputtzugehen. Sigmund Freud vergleicht Angst mit einer kosmischen Erfahrung, weil sie unser gesamtes subjektives Universum durchdringt.

Da Angst eine so unangenehme Erfahrung ist, ist es nur natürlich, daß diejenigen, die darunter leiden, versuchen, dagegen anzukämpfen. Normale Angst jedoch wird pathologisch, wenn die Abwehrmaßnahmen festgefahren und unangebracht sind. Ständiges Leugnen persönlicher Probleme, zwanghaftes Verhalten, Betäuben durch Drogen und Alkohol und wie verrückt, aber freudlos arbeiten, sind nur ein paar Beispiele für solch ungesunde Abwehrmaßnahmen. Obwohl man für kurze Zeit einen Panzer gegen Angst entwickeln und Schmerzen abwehren kann, ist diese Strategie auf lange Sicht sehr kostspielig, weil Angst eine notwendige Voraussetzung für kreatives Wachstum ist. Jeder Schriftsteller, der ein neues Kapitel beginnt, jeder Maler, der vor einer unberührten Leinwand steht, jeder Wissenschaftler mit einem ungelösten Problem und *jede alleinstehende Mutter, die ihr Familienleben neu organisiert, erfährt Angst*. Angst ist die schmerzhafte Anstrengung innerer Neuorganisation, die neue Lösungen gebiert; ohne sie gibt es keine Veränderung, keine Kreativität. Daher schrieb der Philosoph Soren Kierkegaard: »Der aber, der lernt, richtig Angst zu haben, hat das Wichtigste gelernt.«

Rollo May konzeptionierte Angst als »Kluft« zwischen Erwartungen und Realität. Die kreative Bewältigung der Angst bildet eine Brücke dazwischen. Für Mütter von Jugendlichen bedeutet die kreative Bewältigung der Angst oft, ihre geheimen Erwartungen, daß sie immer innigst mit dem Leben ihrer Töchter verbunden sind, mit der Realität, daß ihre Töchter sich von ihnen fortentwickeln, in Einklang zu bringen. Für alleinstehende Mütter, die sich an keinen Partner klammern können, sind solche Trennungsängste besonders intensiv und führen zu Depressionen: ein furchtbares Gefühl der Verlassenheit und Einsamkeit. Hinzu kommt, daß in unserer Kultur die Erwartungen an ein »gutes Leben« Heirat, hübsche, unkomplizierte Kinder und materielle Annehmlichkeiten beinhalten – Erwartungen, die der Wirklichkeit alleinstehender Mütter widersprechen. Diese Mütter fragen sich dann vielleicht: »Stimmt etwas mit meinem Leben nicht?

Stimmt etwas mit mir nicht?« Eine der psychischen Aufgaben einer alleinstehenden Mutter besteht darin, ihre Auffassung von einem guten Leben und von einer guten Mutter zu ändern, so daß sie besser mit den wahren Umständen übereinstimmt. Dabei muß man oft lernen, daß Selbstwert, Sicherheit und Glück nicht von einem Ehemann oder einem unveränderten, intimen Verhältnis zu der heranwachsenden Tochter abhängen und das Glück einer Heranwachsenden nicht von einem Heim mit beiden Elternteilen.

Sich durch Ängste zu arbeiten, ist nicht weniger wichtig, als sich durch Verlust zu arbeiten – beides normale Erfahrungen von Eltern. Unglücklicherweise lernen die meisten von uns, vor unseren dunklen Stimmungen entsetzt zu fliehen, anstatt sich darauf einzulassen und sie zu erforschen.

Da Ärzte ebenso wie der Rest von uns gelernt haben, Leiden zu fürchten, verschreiben sie häufig zu schnell Antidepressiva oder Sedativa und versuchen, ihre Patienten zu früh aus ihrer Depression oder Angst herauszuziehen. Da uns zu wenig moderne Methoden bekannt sind, wie man natürlich mit Angst umgehen kann, ist es eine gute Idee, sich unseren alten Lehrern zuzuwenden, die auch die dunkelsten menschlichen Gefühle willkommen heißen, anstatt sie auszustoßen. Die Göttin Demeter lehrt uns, wie man Depressionen begegnet, und unsere Freundin Psyche zeigt, wie man Angst überwindet.

Obwohl sich Psyche schrecklich fürchtet, als Venus sie vor anscheinend unmögliche Aufgaben stellt, greift sie nicht zu einer Valium, betäubt sich nicht mit Wein und macht keinen Dauerlauf. Statt dessen lernt Psyche, bei ihrer Angst zu bleiben. Sie wird sehr still, richtet ihre Energie nach innen und wartet darauf, daß Lösungen auf sie zukommen. Und sie kommen.

Aus dem letzten Kapitel erinnern sich die Leser vielleicht, daß an einem Punkt ein Adler Psyche hilft, ein Problem zu bewältigen. Dieser Adler mit seinem umfassenden Überblick symbolisiert die gesunde Perspektive, die wir alle brauchen, um schwierige Situationen richtig einzuschätzen. In einem Angstzustand geraten wir oft in Panik; wir fuchteln und schlagen um uns in dem verzweifelten Versuch, Erleichterung zu finden, tauchen aber dadurch nur tiefer in unsere Schwierigkeiten, so daß wir ertrinken. Die bessere Lösung ist, sich mit der Angst treiben zu lassen.

Wenn ich Frauen berate, die sich mitten in einer Krise befinden, rate ich ihnen, Psyches Weg zu folgen. In dem Vertrauen, daß sie Lösungen für ihre Probleme finden können, bitte ich sie, sich auf einen bequemen Stuhl zu setzen und der Angst zu gestatten, daß sie sich entfaltet. Wenn sie auf innere Stimmen, körperliche Gefühle und Bilder hören, die aus ihrem Unterbewußtsein auftauchen, wird sich die Panik unweigerlich legen, so daß sie sich nicht mehr so hilflos fühlen. An diesem Punkt beginnen sie, die notwendige Perspektive zu erlangen, um Wege aus den Schwierigkeiten zu finden. Manchmal ist es möglich, Lösungen bei der Therapie zu finden. Meistens jedoch braucht es viele Sitzungen über einen längeren Zeitraum, um durch die Angst zu konstruktiven Lösungen zu gelangen. Alleinstehende Mütter dürfen nicht die Geduld mit sich selbst verlieren, wenn sie keine schnellen oder einfachen Antworten auf ihre Schwierigkeiten finden.

Rebecca, Witwe und Mutter eines Sohnes und einer Tochter im Teenageralter, ist ein Beispiel für gesunde

Anpassung an eine angsterfüllte Situation. Innerhalb weniger Wochen sah sich ihre Familie vor viele ernste Probleme gestellt. Ihre Tochter erlitt einen Autounfall, ihr Sohn wurde von der Schule suspendiert, nachdem der stellvertretende Rektor ihn auf der Herrentoilette beim Trinken erwischt hatte, und Rebeccas Stelle als Musiklehrerin war bedroht. Durch diese Bürde wurde Rebecca depressiv und ängstlich. Obwohl sie die Tage relativ gut überstand, waren die Nächte, in denen sie sich im Bett hin und her warf, schlimm. In einer dieser schlaflosen Nächte kroch sie aus dem Bett in den Lehnstuhl, der der Lieblingsplatz ihres Mannes gewesen war, und weinte stundenlang. Danach blieb sie ganz still sitzen. Langsam überkam sie eine Ruhe, wie sie sie seit Wochen nicht gekannt hatte. Jetzt war sie endlich in der Lage, ihre Probleme ohne Panik anzugehen; sie konnte mit dem Ordnen beginnen. Und jetzt schienen ihr die Probleme zum erstenmal nicht mehr so schrecklich zu sein. Ja, die ganze Situation schien fast komisch.

Mit Rebeccas Worten: »Meiner Familie ging es so schlecht, daß ich über unser Elend nur noch lachen konnte. Ich stellte mir uns drei vor – meine Tochter auf Krücken, mein Sohn mit einer Flasche am Hals und ich als Bettlerin, wie wir auf den Straßen bettelten und dabei sangen. Ich dachte, wir sind wahrscheinlich ein bißchen zerlumpt und komisch, aber ich wußte, daß wir es irgendwie schaffen würden. Nach meiner »Offenbarung« begann ich tatsächlich zu singen, und zwar so laut, daß ich die Kinder weckte, die dann zu mir kamen. Um vier Uhr morgens lachten wir drei und feierten.«

Rebeccas Angst brachte Lachen hervor. Wie Sigmund

Freud meint: »Humor ist ein Mittel, Freude trotz der traurigen Ereignisse aufrechtzuerhalten, die sie beeinträchtigen.« Ebenso beschreibt der Theoretiker George Vaillant, der Anna Freuds Studien über Abwehrmechanismen weiterführte, Humor als einen der menschlichen Abwehrmechanismen, die gesunde Anpassung an das Leben fördern. Durch die Erneuerung ihres Humors, der durch die Krankheit und den Tod ihres Mannes verschwunden war, konnte Rebecca beginnen, sich um die anstehenden Probleme zu kümmern. Bevor der Morgen anbrach, hatte sie einen Plan. Sie würde private Musikstunden geben, wenn sie ihren Job verlieren sollte, und mit dem Psychologen eines Alkoholikerheims über die Probleme ihres Sohnes sprechen.

Es gibt eine wunderbare Figur aus der Mythologie, Baubo, die die verzweifelte Demeter an dem Freudlosen Felsen besucht. Als Baubo im Spaß ihren Rock hebt, um sich bloßzustellen, hebt sie auch Demeters Stimmung. Der Jungianer Nor Hall schreibt, daß Baubo durch lustige Geschichten und obszöne Gesten Lachen hervorruft, besonders Lachen, das aus dem Bauch kommt. Alleinstehende Mütter, die von den Anforderungen des Lebens überwätigt werden, tun gut daran, sie von Zeit zu Zeit in ihr Herz einzuladen, so wie es Rebecca konnte.

Für Rebecca verwandelte sich Angst in Humor, aber andere Frauen kanalisieren Angst auf andere Art. Marsha litt unter schwerer Angst, nachdem sie erfahren hatte, daß ihre achtzehnjährige Tochter lesbisch war. Sie dachte unaufhörlich über die Gründe für die sexuelle Orientierung ihrer Tochter nach, bis sie körperlich krank wurde. Da Marsha keine definitive Erklärung finden konnte – wie auch diejenigen nicht, die sich mit diesem Phänomen professionell beschäftigen –, gab sie schließlich sich selbst, ihrer Scheidung und ihrem Versagen als Mutter die Schuld für die »Schädigung des Kindes«. Ich schlug ihr vor, anstatt wie besessen ihre Tochter und ihre Beziehung zu analysieren, sich lieber ruhig hinzusetzen und abzuwarten, wohin ihre Ängste führten.

Eine dieser »Sitzungen« fand im Rahmen unserer Therapie statt, und Marsha erfuhr ihre Angst als die Stimme ihrer Mutter, die schrie: »Marsha, du machst aber auch nichts richtig. Sieh doch, du hast deine Ehe ruiniert und – was noch viel schlimmer ist – deine Tochter; du hast sie zu einer Perversen gemacht!« Zitternd beschwor Marsha das Bild ihrer kritischen Mutter herauf und forderte sie zum erstenmal heraus. Sie hörte ihre eigene Stimme, die – erst klein und bebend – sagte: »Nein, Mutter, ich habe eine prächtige junge Frau großgezogen, und es gereicht mir zur Ehre, daß ich es allein getan habe.« Dann wurde sie stärker und nachdrücklicher: »Jetzt möchte ich dir noch etwas sagen. Ich werde nicht mehr zulassen, daß du mich oder mein Kind kritisierst!« Vor ihrem geistigen Auge löste sich das Bild ihrer griesgrämigen Mutter auf und wurde zum Bild ihrer Tochter – einer liebenswerten jungen Frau. Bei einem späteren Treffen erzählte Marsha mir: »Weil ich nicht mehr ständig nach der Bestätigung durch meine Mutter suche, die ich sowieso nie bekommen konnte, ist mein Verhältnis zu meiner Tochter auch entspannter. Ich sage mir: Was soll's, daß sie lesbisch ist … was soll's?«

Eine meiner Lehrerinnen an der Universität erzählte mir, daß sie eine wunderbare Therapie für ängstliche, perfektionistische Patienten gefunden habe, die »Was soll's«-Therapie. Wie sie halb im Spaß erklärte, verwandelte das gedachte und ausgesprochene »Was soll's?« Berge von Problemen in Maulwurfshügel. In Marshas Fall bewirkte es sogar noch mehr: Für Marsha war die Homosexualität ihrer Tochter kein Problem mehr.

Wenn Angst nicht strikt bekämpft, sondern zugelassen wird, ist sie das Vorspiel für innere Veränderung und Entwicklung – eine Erweiterung der Persönlichkeit. Rebeccas wiederbelebter Humor und Marshas neu entdeckte Fähigkeit »loszulassen« sind zwei von vielen möglichen Beispielen gesunder Anpassung.

Kinder, die aus gescheiterten Ehen hervorgehen oder den vorzeitigen Tod eines Elternteils erleben, erleiden beachtliche Ängste, wenn sie ihr Leben neu organisieren. Am Anfang einer Krise gibt der Boden unter ihnen plötzlich nach, und eine Zeitlang ist alles erschüttert, wie der Traum der dreizehnjährigen Betsy lebhaft zeigt.

In ihrem Traum saß Betsy abends mit ihrer Mutter und ihrem kleinen Bruder am Eßtisch, als das Haus plötzlich stark zu wackeln begann. Sie liefen zu einem Fenster und sahen statt der gewohnten grünen Vorstadtlandschaft überall tosendes Wasser, das ihr kleines Haus aufs Meer trieb. In Panik rief Betsys Mutter: »Übernimm das Ruder und steuere das Boot.« Aber Betsy rief: »Ich kann nicht, ich bin noch zu jung«, worauf ihre Mutter antwortete: »Aber Liebes, ich doch auch.«

Wie ihr der Traum schmerzlich deutlich machte, war Betsy noch zu jung und noch nicht reif genug, ihre Familie außer Gefahr zu bringen. Ihre Mutter Hannah jedoch war erwachsen. Wie ziellos und unkontrolliert Hannah durch ihre Depressionen nach dem Scheitern ihrer Ehe auch scheinen mochte, ihre Aufgabe als Mutter bestand darin, die Familie zu führen und ihrer Tochter Sicherheit zu geben. In einer gemeinsamen Therapiesitzung tat Hannah dies, indem sie sagte: »Betsy, die Entscheidung deines Vaters, mich zu verlassen, ist ein furchtbarer Schlag. Deswegen bin ich jetzt deprimiert und habe Angst – und ich habe ein Recht darauf. Wir alle haben ein Recht, aufgeregt zu sein. Du hast ein Recht auf deine Ängste und Alpträume. Aber ich verspreche dir, daß ich dich oder deinen Bruder niemals im Stich lassen werde. Es mag eine Weile dauern, bis ich mich orientiert habe, aber ich werde dich nicht im Stich lassen ... Ich weiß, daß du dich auf mich verlassen kannst, und ich möchte, daß du das auch weißt.« Mit der Zeit und mit Hilfe unterstützender Psychotherapie und den ständigen Zusicherungen ihrer Mutter wurde Betsy stabiler. Sie gewann das Vertrauen, daß sie ihre Angst durchstehen konnte, so wie ihre Mutter es zu tun schien, und sie lernte, daß es akzeptabel war, eine gewöhnliche Dreizehnjährige zu sein.

Erinnern wir uns daran, daß Angst – solange sie nicht lähmend wird – bei einem heranwachsenden Mädchen und ebenso bei einer erwachsenen Frau Zeichen für psychisches Wachstum ist. Es ist eine normale Reaktion auf ein Trauma, wie den Verlust eines Elternteils durch Scheidung oder Tod, und ein Vorspiel zu innerer Neu-Organisation. Und obwohl Mütter einschreiten müssen, wie Hannah es tat, um ihren Töchtern die Sicherheit zu geben, daß ihre psychologische Aufgabe zu bewältigen ist, dürfen sie sie nicht vorzeitig aus ihren normalen Ängsten herausziehen. Der Wert von Angst wird durch ein Märchen der Gebrüder Grimm bestätigt – *Die Geschichte von einem, der auszog das Fürchten zu lernen*. Der Held erkennt seinen Mangel an Angst als menschlichen Mangel und nimmt es auf sich, zu lernen, wie man »schaudert«. Er findet dadurch Zufriedenheit im Leben.

Wenn meine Kinder Angst haben – und ich spüre, daß sie ihre Probleme bewältigen können –, lasse ich sie wissen, daß selbst ihre schlimmsten Gefühle ihnen nicht schaden werden. Ich lasse sie auch wissen, daß ich zwar für sie da bin, ihnen aber zutraue, daß sie auf ihre eigene Art mit diesem Aufruhr fertig werden. Dann überlasse ich sie ihrem Ordnen.

Eine zwölfjährige Waise war zum Teil verantwortlich dafür, daß ich besser mit den normalen Depressionen und Ängsten meiner Kinder zurechtkomme. Einen Monat, nachdem der Vater des Mädchens an einem Herzinfarkt gestorben war, sagte mir das Kind, daß ihre Verwandten sie davon abhielten, sich zu sehr aufzuregen. »Sie versuchen ständig, mich aufzuheitern, aber ich habe das Gefühl, dadurch geht es mir nur schlechter. Ich wünschte, sie würden mich und meine Mutter so lange verrückt sein lassen, wie wir es brauchen.«

Alleinstehende Mütter – und alle anderen Mütter, die ihre eigenen Ängste tapfer durchstehen, um sich ein neues und besseres Leben zu schaffen – haben die perfekte Gelegenheit, ihren Töchtern dasselbe beizubringen.

Einige Jugendliche reagieren auf die Krise der Scheidung oder des Todes eines Elternteils ungesund. Sie wissen nicht, wie sie ihre Angst richtig ausleben sollen. Anstatt sich mit der Zeit an ihre neue Situation anzupassen – und das nimmt geraume Zeit in Anspruch –, bleiben sie weiterhin durch ihre Angst gelähmt. Wenn ihre sichere kleine Welt plötzlich ins Wanken gerät, kann eine Jugendliche übertriebene Wachsamkeit an den Tag legen, um das Gefühl der Kontrolle wiederzuerlangen und weitere »Katastrophen« abzuwehren. Um die Beschreibung meiner Freundin Judah Levine auszuborgen: das ängstliche Mädchen muß auch an einem wolkenlosen Tag einen Regenschirm mitnehmen, aber das reicht noch nicht als Schutz, weil der unvermeidliche Sturm ihren Schirm wegblasen könnte, so daß sie bald zwei Schirme mitnehmen muß, die auch nicht ausreichen, ihr Wohlbefinden zu sichern, weil sie auch weggeblasen werden können.

Ich kenne ein junges Mädchen, daß sich nach dem Tod ihres Vaters nur selten aus dem Haus wagt. Indem sie zu Hause bleibt, nährt sie die Illusion, sich selbst und ihre depressive Mutter vor einem weiteren Trauma zu bewahren, aber die Angst, die trotzdem durchbricht, erinnert sie daran, daß sie nicht sicher sind. So war auch zu erwarten, daß ihre Einsiedelei eine wünschenswerte psychische Trennung von ihrer Mutter verhindert und diese Jugendliche der Abenteuer beraubt, die zum Erwachsenwerden gehören. Eine andere ungünstige Reaktion auf den Verlust eines Elternteils kann der Fatalismus sein. Manche Jugendliche denken, daß schlimme Dinge geschehen müssen und daß man diese Tatsache akzeptieren muß. Einige meiner älteren jugendlichen Patienten glauben, daß ihre Liebesbeziehungen zu einem ebenso schmerzlichen Ende verurteilt sind wie die

Ehen ihrer Eltern. Sie erwarten den »unvermeidbaren« Kummer und führen ihn dadurch selbst herbei. Indem sie ihre Beziehungen sabotieren, gewinnen sie wieder einige Kontrolle, während das schlichte Warten auf den erwarteten Bruch nur ihr Gefühl der Hilflosigkeit verstärkt. Ein junger Mann erzählte mir, daß er sich eine gute Beziehung nicht vorstellen könne. Wegen der bitteren und bösen Scheidung seiner Eltern konnte er sich nicht vorstellen, daß sich zwei Menschen für immer lieben könnten. Aus diesem Grund begann er jede neue Beziehung mit kaltem Herzen und verließ das Mädchen beim ersten Anzeichen der Unzufriedenheit.

Mütter können bei der Heilung ihrer verwundeten Kinder helfen, indem sie ihnen das Gefühl geben, daß sie tüchtig sind. Ich habe beobachtet, wie kluge alleinstehende Mütter ihren Töchtern geholfen haben, auf konstruktive Weise wieder die Kontrolle über ihr Leben zu übernehmen. Peggy wußte, daß ihr kleines Einkommen und die mageren Unterhaltszahlungen für das Kind sie und ihre Tochter Mary schließlich zwingen würden, aus der Wohngegend des oberen Mittelstandes auszuziehen. Peggy erkannte, daß ihre Tochter noch von der unerwarteten Scheidung erschüttert war und einen weiteren plötzlichen Wechsel nicht gut verkraften würde. Also tat sie alles, was sie konnte, um das junge Mädchen auf die Veränderung vorzubereiten. Sie sagte ihr genau, wann sie umziehen würden, und forderte Mary auf, den Makler zu begleiten, der ihnen Wohnungen in weniger teuren Wohngegenden zeigen würde. Peggy versicherte ihrer Tochter außerdem, daß ihre Meinung die Entscheidung stark beeinflussen würde. Das Ergebnis war, daß Mary das Gefühl hatte, die Dinge in der Hand zu haben; sie mußte nicht voller Entsetzen auf einen weiteren unvorhersehbaren Sturm warten, sondern konnte künftige Veränderungen mit vernünftiger Genauigkeit voraussagen.

Freya, eine andere Frau, deren Mann bei einem Flugzeugunglück umkam, zog mit ihrer Familie in die Stadt ihrer Schwiegereltern. Sie erklärte mir: »Meine Schwiegermutter und mein Schwiegervater sind beide rüstige Sechziger und leben seit vierzig Jahren glücklich zusammen. Ich wollte sie als Vorbild für meine Kinder haben, damit sie sehen, daß Paare ein gutes, langes, erfülltes und gesundes Leben miteinander verbringen können. Ich möchte wirklich, daß meine Kinder wissen, daß sie im großen und ganzen die Verantwortung für ihr Leben übernehmen können, wie es ihre Großeltern tun, und daß sie trotz des furchtbaren Flugzeugunglücks ihres Vaters keine Angst haben müssen, daß der Himmel einstürzt.«

Zum Schluß dieses Kapitels möchte ich noch kurz zu dem Märchen von Amor und Psyche zurückkehren. Psyches Belohnung für die Erfüllung der beinahe unmöglichen Aufgaben ist die liebevolle Wiedervereinigung mit dem verlorenen Ehemann und die Geburt der Tochter Laetitia (»Freude«). In unserem modernen Sprachgebrauch verbinden wir »Freude« mit Freizeit und sinnlichen Genüssen, aber wie Mario Jacoby bemerkt, hatte das Wort in der Antike noch eine andere Bedeutung. Tugend ist ebenso wie Glück ein Teil der Freude. Dementsprechend wird ein Mensch nur dann mit Freude belohnt, wenn er sich seiner Werte und persönlichen Bedeutungen bewußt ist. In diesem Sinn ist Freude mit unserem modernen Konzept der Selbstverwirklichung und Entwicklung verwandt; sie ist die Frucht psychischen Kampfes und der Reife.

Die alleinstehende Mutter, die ihre Körner trotz der Angst gewissenhaft ordnet, geht mit Freude schwanger.

8
NACH DR. SEUSS:
Adoptivmütter

Als meine Kinder klein waren, habe ich ihnen gerne die Geschichte von Dr. Seuss mit dem Titel *Horton Hatches the Egg* vorgelesen. Horton ist ein sehr lieber Elefant, der einem flatterhaften unsteten Vogel namens Mayzie hilft, indem er ein Ei in ihrem Nest ausbrütet (kein schlechtes Kunststück für einen Elefanten), damit sie einen kurzen Urlaub in Palm Beach verbringen kann. Horton weiß noch nicht, daß die vergnügungssüchtige Mayzie sich entschließen wird, nicht zu ihrem Jungen zurückzukehren, aber genau das geschieht. Mit viel Sorge und »hundert Prozent Hingabe« kümmert sich Horton um das seiner Verantwortung überlassene Nest. Er wird in der Tierwelt zum Ziel des Spotts. Und als nach einiger Zeit ein Junges aus dem Ei schlüpft, ist es kein kleiner Vogel, sondern ein kleiner Elefantenvogel mit Ohren, einem Schwanz und einem Rüssel wie Horton. Die letzte Zeichnung in diesem Buch stellt den stolzen Horton inmitten der bewundernden Tierfreunde mit seinem adoptierten Baby dar – strahlend, weil sie jetzt »hundertprozentig« zueinander gehören. Bei diesem glücklichen Ende klatschten meine Kinder immer in die Hände,

und mir kamen die Tränen; in Dr. Seuss' reizender Bilderbuchwelt werden Fürsorge und Ergebenheit entsprechend belohnt.
Ich habe den Verdacht, daß alle Eltern glauben möchten, was Dr. Seuss andeutet: Wenn das Kind groß ist, wird es den großzügigen Fürsorger mit Liebe, Glück und vielleicht sogar Dankbarkeit belohnen. Viele Adoptiveltern müssen jedoch erfahren, was Dr. Seuss nicht erzählt. Für eine Mutter und ihre Adoptivtochter werden die normalen Konflikte um Trennung meist besonders intensiv, und die Jugendzeit der Tochter ist oft mit Problemen beladen. Wenn eine Psychotherapeutin die Fortsetzung von Hortons Geschichte schreiben müßte, könnte eine Version folgendermaßen aussehen:
Horton ist entschlossen, die beste Mutter der Welt für den Elefantenvogel zu werden. Und tatsächlich wird er eine »Supermutter«. Er verwöhnt sein Junges mehr als die anderen Mütter und gibt ihm von allem nur das Beste. Die anderen Mütter gehen sorgloser mit ihren Kindern um, aber Horton, der so viele Prüfungen und Kummer ertragen mußte, um den Elefantenvogel auszubrüten, nimmt nicht einmal ihre Beziehung als gegeben hin. Er gibt seine eigenen Freuden auf, um jedem Wunsch des Elefantenvogels nachzukommen. Er wacht sorgsam über ihn, um sicherzugehen, daß er einmal glücklich und verantwortungsbewußt wird; und tatsächlich ist er ein reizendes Kind.
Manchmal jedoch sorgt sich Horton, daß sein kleiner Schutzbefohlener etwas von den unerwünschten Charaktereigenschaften seiner Vogelmutter, der faulen Mayzie, geerbt haben könnte. Wann immer sich der Elefantenvogel Tagträumen hingibt oder herum-

lungert, wird Horton nervös und besteht darauf, daß er etwas Produktives tut. Aber selbst wenn Elefantenvogel gehorcht, nagen unangenehme Gefühle an Horton, daß er Mayzie nachschlagen könnte. Weil Horton aus Gründen, die er nicht genau festlegen kann, sich unter den normalen Müttern nie ganz wohl gefühlt hat, denkt er manchmal, es wäre hilfreich, seine Sorgen mit anderen Müttern, die wie er Adoptivkinder haben, zu teilen, aber es ist ihm zu peinlich, sie anzusprechen. So verdrängt er die faule Mayzie aus seinen Gedanken und gibt vor, daß alles in bester Ordnung ist. Da der Elefantenvogel das Thema auch nicht aufbringt, beginnt Horton zu glauben, daß Mayzie eigentlich gar nicht wichtig ist – und das ist eine große Erleichterung für ihn. Trotz des leichten Unbehagens wegen Mayzie und des üblichen Elternärgers liebt Horton sein Mutterdasein. Er ist die Demeter des Dschungels. Zwölf Jahre lang leben Mutter und Kind in Frieden und Harmonie.

Am dreizehnten Geburtstag von Elefantenvogel beginnen sich die Dinge jedoch zu ändern. Elefantenvogel entwickelt Flügel – so wie Mayzie – und fliegt gegen Hortons Wunsch weit von ihrem Heim weg, wann immer er Lust dazu hat. Hinzu kommt, daß er sich von den Elefanten abwendet, mit denen er in seiner Kindheit befreundet war, um sich jetzt in die Gesellschaft einer Schar randalierender Vögel zu begeben. Zu Hause schmollt Elefantenvogel oft und weigert sich, Hortons Hausregeln zu befolgen. Als Horton ihn bittet, sein unangenehmes Verhalten zu ändern, schlägt Elefantenvogel grob mit den Flügeln und krächzt. Eines Tages ist in der Post ein Brief des Reaktors der Junior High School, in dem Horton informiert wird, daß Elefantenvogel, der früher ein ausgezeichneter Schüler war, seine Kurse nicht mehr schafft. Der freundliche Horton ist jetzt am Ende seiner Weisheit. Mit schlagenden Ohren verlangt er wütend, daß Elefantenvogel eine gute Erklärung für seine schlechten Leistungen bringt, woraufhin er kreischt: »Ich muß nicht tun, was du sagst. *Du bist nicht meine Mutter!*«

Horton ist über die grausamen Worte fassungslos. Er unterdrückt seine Tränen und weicht vor Elefantenvogel zurück. »Was ist schiefgelaufen zwischen uns? Wo habe ich als Mutter versagt?« fragt er sich. Voller Verzweiflung legt sich der große Horton auf den Boden und weint; er ist frustriert und fühlt sich elend.

Meine Fortsetzung von Hortons Geschichte bringt uns auf das Thema dieses Kapitels: Adoption und ihre Wirkung auf Mütter und heranwachsende Töchter. Seltsamerweise gibt es wenig Veröffentlichungen zu diesem Thema, so daß viele Adoptivmütter unvorbereitet sind, wenn ihre braven Kinder sich als Jugendliche weniger gut aufführen. »Weshalb hat mich niemand gewarnt?« hört man immer wieder. Wenn sich die Jugendlichen vorübergehend gegen sie stellen, was häufig geschieht, stellen sich diese Frauen vielleicht Hortons Frage: »Wo habe ich als Mutter versagt?« Hortons Selbstbeschuldigung ist jedoch falsch, sie führt zu nichts.

Die wichtigeren Fragen sind: »Inwieweit ist die Beziehung zwischen einer Mutter und ihrem adoptierten Kind eine besondere und anders als die zwischen einer Mutter und ihrer leiblichen Tochter?« »Weshalb ist die Jugend einer adoptierten Tochter oft eine so schwere Zeit?« »Was kann getan werden, um ein gesundes Verhältnis zwischen Mutter und Tochter zu fördern?« Um diese Fragen zu beantworten, müssen wir zuerst die Konflikte verstehen, die der frühen Bindung und darauffolgenden Beziehung zwischen Adoptivmutter und Adoptivkind zugrunde liegen. Wir müssen besonders die persönlichen Verluste verstehen, die jede in ihr gemeinsames Leben einbringt. Lassen Sie uns damit beginnen, die Welt des adoptierten Kindes zu erforschen.

Ob es ein paar Tage oder ein paar Jahre alt ist, das adoptierte Kind nimmt seine Beziehung zu der Adoptivmutter auf, weil es die leibliche Mutter verloren hat. Selbst in den Fällen, in denen ein Baby kurz nach der Geburt adoptiert wird, hat es die Frau verloren, die es neun Monate getragen hat. Die Wissenschaft kann heute die Auswirkungen des Bruchs in der Beziehung zwischen dem Säugling und der Frau, die ihn empfangen hat und in deren Gebärmutter er gewachsen ist, noch nicht beschreiben. Was in der dunklen pränatalen Welt geschieht und welche Auswirkungen das später hat, ist immer noch ein Geheimnis. Aber wir dürfen nicht den Fehler machen, die Qual, die der Verlust der leiblichen Mutter mit sich bringt, zu unterschätzen, nur weil das Kind noch nicht die Worte hat, sich auszudrücken.

Und nur weil Wissenschaftler ihn noch nicht messen können, dürfen wir den Einfluß der leiblichen Mutter auf ihr Baby nicht unterbewerten. Marilyn, die Adoptivmutter einer reizenden Jugendlichen, sagte, sie sei überzeugt, daß ihre Tochter mit einer liebenden leiblichen Mutter gesegnet war, die ihr während der Schwangerschaft ein warmherziges Gefühl eingeflößt hätte; Andrea, die freundliche und hingebungsvolle

Mutter einer Fünfzehnjährigen, die mit sich selbst nicht zurechtkam und schon mehrere Selbstmordversuche hinter sich hatte, erzählte mir, daß sie sich des Eindrucks nicht erwehren könne, daß die leibliche Mutter des Mädchens – ein unverheirateter Teenager, der die Schwangerschaft und den Fetus haßte – das Kind noch in der Gebärmutter emotional vergiftet hatte.

Für die meisten Kinder bringt die Jugend schwierige Trennungen von der Mutter mit sich. Für viele adoptierten Kinder rührt die Trennung von der Adoptivmutter oft auch Erinnerungen an die nicht betrauerte, vage gespürte Trennung von der leiblichen Mutter auf, und wenn diese Erinnerungen aufgerührt werden, verspüren viele junge Frauen große Wut. Ob aus guten oder schlechten Gründen, die leibliche Mutter hat ihr Kind wahrscheinlich weggegeben, als es noch ein hilfloser Säugling war, und die Jugendliche fragt sich jetzt: »Wie konnte ich ihr so wenig bedeuten, daß sie mich Fremden übergab?« »Habe ich irgendeinen geistigen, körperlichen oder seelischen Fehler, daß sie mich verlassen hat?«

Wut drückt sich auf zahllose Arten aus – indirekt oder direkt, gegen sich oder gegen andere gerichtet. Durch Beleidigungen und Trotz kann die heranwachsende Tochter die Wut gegen ihre Adoptiveltern richten, denen sie vielleicht falsche Anschuldigungen entgegenschleudert: »Ihr habt mich nie geliebt!« »Ihr freut euch, daß ich unglücklich bin!« »Ich weiß, ihr haltet mich für dumm und häßlich – ich weiß, ihr haßt mich!« Oder sie richtet die Wut gegen sich selbst durch selbstzerstörerisches Verhalten wie schlechte Leistungen in der Schule, Alkohol- und Drogenmißbrauch, Promiskuität, Lügen und Stehlen, Sabotieren ihrer Erfolge. Sie sagt sich vielleicht: »Ich werde nicht geliebt, weil ich dumm, häßlich und schlecht bin: Was macht es schon, wenn ich mich verletze oder mich von anderen verletzen lasse? Es macht nichts.« Wenn sie noch dazu glaubt, daß ihre leibliche Mutter sie verlassen hat, weil sie ein geschädigtes Kind ist, wird sie vermutlich erwarten, daß ihre Adoptiveltern eines Tages dasselbe tun. Anstatt voller Entsetzen auf die unabwendbare Zurückweisung zu warten, versucht sie vielleicht, sie selbst herbeizuführen. Als Adoptiveltern, die ich beraten hatte, sich entschlossen, ihre drogenabhängige Tochter in ein Internat für gestörte Jugendliche zu geben, sagte sie teils verbittert und teils erleichtert: »Ich wußte immer, daß so etwas kommen würde.«

Um die Dinge zu komplizieren, kann der aus dem Gefühl des Verlassenwordenseins resultierende Zorn des adoptierten Mädchens mit gütigen Gefühlen für die verlorene Mutter vermischt sein – Neugier, romantische Vorstellungen und zärtliche Sehnsucht. Tatsächlich kann die Suche nach persönlicher Identität das Kind dazu bewegen, nach seiner leiblichen Mutter zu fahnden, die den Schlüssel zu ihrem gemeinsamen Erbe in den Händen hält. Und indem das Mädchen die leibliche Mutter idealisiert, wertet es vielleicht gleichzeitig seine Adoptivmutter ab, indem es denkt oder sogar sagt: »Meine richtige Mutter würde mich nicht so behandeln.« »Meine richtige Mutter würde mein Leben nicht so schlimm machen wie du.« »Meine richtige Mutter ist hundertmal besser als du.« Eine Kollegin von mir, die viele adoptierte Jugendliche behandelt, beschrieb eine junge Patientin, Tochter von hochgebildeten und wohlhabenden Eltern, die sich von ihrer sozialen Klasse abwandte, um sich statt dessen mit einer Gruppe betrunkener, drogenabhängiger Nichtansässiger zu verbrüdern. Das junge Mädchen glaubte, seine eigene wahre Identität und den Geist seiner leiblichen Mutter, die ein armes heimatloses Mädchen gewesen war, in dieser Gruppe von Taugenichtsen zu finden. Vielleicht hat Elefantenvogel sich seine randalierenden neuen Freunde aus einem ähnlichen Grund gesucht. Eine andere junge Patientin meiner Kollegin verehrte plötzlich bis zur Besessenheit einen Filmstar, der dasselbe Alter wie ihre leibliche Mutter hatte und ihr äußerlich vielleicht ähnelte. Das Zimmer des jungen Mädchens war übersät mit Zeitungsausschnitten und Erinnerungsstücken und verwandelte sich in einen Schrein zu Ehren der Leinwandgöttin. Das junge Mädchen verbrachte enorm viel Zeit mit Tagträumereien. Eine Zeitlang war es von seinen Phantasien derart gefangengenommen, daß es die Verbindung zur realen Welt von Gleichaltrigen, Familie und Schule verlor. Der selbstzerstörerischste Ausdruck der Suche nach der verlorenen Mutter, den ich selbst beobachtet habe, betraf zwei verwaiste Schwestern im Teenageralter, die ich behandelte. In ihrem, wie ich glaube, verzweifelten Bemühen, wieder mit ihrer toten Mutter zusammenzusein, schmiedeten die Mädchen den düsteren Plan, sich gemeinsam umzubringen, der zum Glück vereitelt wurde.

Ich möchte nicht andeuten, daß die Suche der adoptierten Jugendlichen nach ihrer leiblichen Mutter und der Wunsch, mit ihr in Verbindung zu treten, notwendigerweise ein Zeichen für geistige Krankheit sein muß. Adoptierte möchten, obwohl sie ihre Adoptiveltern als ihre wahren Eltern betrachten, gern etwas über ihre biologischen Eltern erfahren. Sie wünschen sich Informationen, die ihre biologischen Eltern in günstigem Licht erscheinen lassen und nicht darauf hinweisen, daß sie von ihnen abgelehnt wurden. Nur allzu oft jedoch zensieren adoptierte Kinder ihr Interesse an den leiblichen Eltern, um die Gefühle der Adoptiveltern nicht zu verletzen.

Die Wichtigkeit einer positiven Bindung zwischen einem Kind und der ersten Mutter wird in dem Märchen *Aschenputtel* sehr zart beschrieben. Die Version der Gebrüder Grimm beginnt: »Einem reichen Manne, dem wurde seine Frau krank, und als sie fühlte, daß ihr Ende herankam, rief sie ihr einziges Töchterlein zu sich ans Bett und sprach: ›Liebes Kind, bleibe fromm und gut, so wird dir der liebe Gott immer beistehen, und ich will vom Himmel auf dich herabblicken und will um dich sein.‹« Als sie alt genug ist, pflanzt Aschenputtel einen Haselnußzweig auf das Grab ihrer Mutter. Durch ihre häufigen Besuche genährt und durch ihre Tränen gewässert, wird aus dem Zweig ein Baum mit Zauberkräften, die dem jungen Mädchen helfen. Indem er sie mit Silber und Gold überschüttet, verwandelt der Mutter-Baum das ärmliche kleine Mädchen in eine strahlende Frau, die der Liebe eines Prinzen wert ist.

Der wachsende Baum symbolisiert die verinnerlichte gute Mutter aus der Kindheit, die über das Kind wacht. Alle Kinder, adoptiert oder nicht, möchten wissen, daß die leibliche Mutter sie liebt und schätzt. Ohne die mütterliche Bestätigung ihrer angeborenen Güte fühlen sie sich wertlos oder sogar gestört – so düster wie Aschenputtel in Lumpen.

Wie Aschenputtels Stiefschwestern, die gierig nach Juwelen, Perlen und schönen Kleidern sind, wünschen sich Mädchen, die sich ungeliebt fühlen, kostbare Dinge, die sie als Ausdehnung des eigenen Ich empfinden und beweisen, daß sie selbst auch schön und wertvoll sind. Ich kenne ein adoptiertes Mädchen, das tief getroffen war, als es erfuhr, daß Babys durch Privathändler von der leiblichen Mutter verkauft und von Adoptiveltern gekauft werden. Die Vorstellung, daß sie selbst vielleicht für Geld eingehandelt worden war, gab Hilary nicht das Gefühl, daß sie ein wertvolles menschliches Wesen ist, sondern sie fühlte sich wie eine Ware mit einem Preisschild. Als Kompensation für ihr Minderwertigkeitsgefühl wurde sie sehr materialistisch. Aber wie Aschenputtels Stiefschwestern, die trotz ihrer Pracht von dem Prinzen abgewiesen werden, glaubte Hilary weiterhin, daß sie nicht liebenswert sei.

So wie das Märchen *Aschenputtel* die Verbundenheit zwischen dem Kind und dem Geist der leiblichen Mutter hervorhebt, konzentriert sich der Film *Paris, Texas* von Wim Wenders auf die Wiedervereinigung von einem Kind und seiner Mutter, die es weggegeben hatte. An der Oberfläche ist diese Geschichte die Verwirklichung eines Alptraums von Adoptivmüttern: ein Vagabund, selbst verloren und ohne Identität, entführt seinen leiblichen Sohn aus dem Heim liebevoller mittelständischer Adoptiveltern, um ihn wieder mit seiner Mutter zusammenzubringen, einer »Hostess« in einem Eros-Center, in dem die sexuellen Phantasien von Männern befriedigt werden. Auf einer tieferen Ebene jedoch wendet sich Wenders' Film an das menschliche Bedürfnis, herauszufinden, wer man ist, zu erfahren, wo man herkommt, und die Erlaubnis zu haben, zu seiner mütterlichen Quelle zurückzukehren. Es bedeutet, Vertrautheit und nicht Fremdheit zu erfahren, Zusammengehörigkeit und nicht Entfremdung.

Dieser Fim erinnert mich an die Erfahrung einer Patientin mittleren Alters, die vor vielen Jahren zu mir kam. Obwohl Cassandra eine herrliche Beziehung zu ihren Adoptiveltern genoß, wollte sie unbedingt ihre leiblichen Eltern finden und sicherte sich schließlich trotz vieler enttäuschender Erlebnisse mit Bürokraten eine Kopie ihrer Geburtsurkunde. Wie Cassandra erklärte, fühlte sie sich allein durch den Namen ihrer Eltern auf diesem ungewöhnlichen Dokument als etwas Besonderes. Cassandra hatte nicht den Wunsch, ihre leiblichen Eltern zu treffen; die Bestätigung von deren Existenz reichte aus, daß sie jemand mit einer eigenen Geschichte war.

Während viele Menschen sich wie Cassandra durch die Wiederentdeckung ihrer leiblichen Eltern selbst kennenlernen, tun andere das durch Stärkung ihrer Bindung an die erworbenen Vorfahren. Nora, eine zwanzigjährige Patientin, verbrachte eine ruhelose und aufgeregte Jugend in und außerhalb psychiatrischer Institutionen. Sie war als Dreijährige von einem jüdischen Paar mit zwei eigenen Kindern adoptiert worden. Nora war von Geburt nicht jüdisch, eine Tatsache, die sie verfolgte, und, wie ich annahm, das Gefühl der Entfremdung von der eigenen Person, der Adoptivfamilie und deren Welt verstärkte, mit der sie sich so gern identifizieren wollte. Im Laufe unserer Therapie interessierte sich Nora leidenschaftlich für eine Sekte orthodoxer Juden und wollte trotz einer

Lernschwäche unbedingt die hebräische Sprache und das jüdische Gesetz lernen, um ein »rechtmäßiges Mitglied des Stammes« zu werden. Bei der formalen Konversion zum Judentum nahm Nora den Namen Nashamah, das ist das Wort für »Seele«, an, weil sie, wie sie mir erklärte, schließlich ihre gefunden hatte. Ich habe auch beobachtet, daß manche Töchter, die von ihren leiblichen Müttern getrennt wurden, sich besonders zur »Mutter Natur« hingezogen fühlen. Die Gebrüder Grimm berichten uns über Aschenputtels Gewohnheit, den Baum auf dem Grab der Mutter zu besuchen: »Aschenputtel ging alle Tage dreimal darunter, weinte und betete, und allemal kam ein weißes Vöglein auf den Baum, und wenn es einen Wunsch aussprach, so warf ihm das Vöglein herab, was es sich gewünscht hatte.« Es ist, als ob der Geist der Mutter in dieser sanften Taube und den anderen kleinen Vögeln lebte, die immer zu Aschenputtel kamen, wenn sie niedergeschlagen war. Andere Mädchen, die ihre Mutter verloren haben – und den glücklichen Status der Ganzheit, den sie symbolisiert –, entdecken vielleicht wie Aschenputtel ihre Freundschaft zu Tieren neu. Durch die Sorge für diese lebendigen Wesen erfahren sie selbst Zuwendung. Die Beziehung zu Tieren kann durch die grundlegende, einfache und bedingungslose Liebe – wie die ursprüngliche Mutterliebe – die Heilung alter Wunden bewirken. Eine unglückliche Patientin, die als Mädchen zwischen Pflegeheimen hin und her geschubst wurde, erzählte mir, daß sie sich nur in Gesellschaft ihres Hundes auf einer Bergtour wohl fühlt, wenn sie eins mit der Natur ist.

Die oft verzweifelte Identitätssuche der adoptierten

Tochter beeinflußt natürlich auch die Adoptivmutter, besonders wenn eine geistige Wiedervereinigung mit der leiblichen Mutter stattfindet. So wie das heranwachsende Mädchen eine Wut auf die Frau haben kann, die sie verlassen hat, hegt vielleicht auch die Adoptivmutter feindselige Gefühle. Sie wird sich wahrscheinlich fragen: »Wie konnte diese Frau nur ihr Kind verlassen?« und »Weshalb sollte meine Tochter – für die ich all diese Jahre gesorgt habe – dieser verantwortungslosen Person wiederbegegnen?« Die Leser werden sich daran erinnern, daß der sanfte Horton selbst nicht freundlich über die leibliche Mutter Mayzie dachte. Tatsächlich verstört ihn ihr Einfluß so sehr, daß er beschließt, sie ganz aus seinen Gedanken zu verdrängen.

Aber so wie das heranwachsende Mädchen eine Gelegenheit bekommt, sich mit der leiblichen Mutter auszusöhnen, kann sich auch die Adoptivmutter mit der Frau, die ihr Kind geboren hat, besser stellen.

Es kann natürlich auch bedrohlich sein, die Beziehung zwischen Tochter und leiblicher Mutter anzuerkennen.

Mehrere Adoptivmütter haben mir erzählt, daß sie zwar versucht haben, negative Gefühle zu unterdrükken, daß sie sich aber immer Sorgen gemacht haben, ihre Tochter würde die leibliche Mutter eines Tages mehr lieben als sie. Die normale Distanzierung der jugendlichen Tochter von der Mutter kann diese Ängste verschlimmern. Da adoptierte Kinder wegen des frühen Verlassenwerdens durch die leibliche Mutter Wut aufgestaut haben, benehmen sie sich oft der Adoptivmutter gegenüber besonders abweisend und verstärken damit deren Erwartung, daß sie die Liebe des Kin-

des ganz verlieren wird. Die schneidenden Worte von Elefantenvogel zu Horton: »Ich muß nicht tun, was du sagst. *Du bist nicht meine Mutter!*« sind der Schlag, auf den manche Adoptivmutter voller Entsetzen wartet.
Sigmund Freud hat als erster die Neigung präpubertärer Kinder entdeckt, Phantasien über die eigene Herkunft zu erfinden. In ihren Tagträumen stellen sie sich oft vor, daß ihre wirklichen Väter und Mütter im Gegensatz zu den einfachen Leuten, die sich Eltern nennen, vornehm, hoheitsvoll, schön, reich, gütig und berühmt sind; und eines Tages werden sie diesen großartigen Menschen zurückgegeben und ihr aristokratisches Erbe beanspruchen. Damit werden sie dann ihrem düsteren Alltag und den schrecklich gewöhnlichen Eltern, denen sie ihn verdanken, enthoben.
Der psychologische Zweck dieser Phantasie besteht darin, dem Kind bei der notwendigen Lösung von den Eltern zu helfen. Es ist schließlich einfacher, Eltern zu verlassen, die viele Fehler haben, als die perfekten, allwissenden Eltern der frühen Kindheit. Die durch Trennung bedingte Angst wird gemildert, indem die wirklichen Eltern durch Erfindung anderer und besserer abgewertet werden. Was für Kinder, die bei ihren leiblichen Eltern leben, ein reines Spiel ist, ist für das adoptierte Kind ein realer Zustand. Und während viele leibliche Mütter mit der Abwertung durch die Jugendlichen spielend fertig werden, weil sie spüren, daß es ein normaler Teil des Erwachsenwerdens ist, fühlen sich Adoptivmütter oft sehr stark bedroht. Sie spüren vielleicht, daß sie nicht zu einer eingebildeten idealisierten Version ihrer selbst, sondern zu einer wirklichen Frau – der gefürchteten »anderen Frau« in Konkurrenz stehen.

Eine meiner bewegendsten beruflichen Erfahrungen habe ich mit Colleen gemacht, die ihr uneheliches Baby weggegeben hatte. Obwohl Colleen den Vater ihres Kindes sehr liebte, wußte sie, daß er weder verantwortungsbewußt noch stabil genug war, um Vater zu sein, und sie war davon überzeugt, daß jedes Kind das Recht auf zwei sorgende Elternteile hat. Außerdem war ihr klar, daß sie als Alleinerziehende das Kind in eine Kindertagesstätte würde geben müssen – und das konnte sie nicht akzeptieren. Im letzten Drittel ihrer Schwangerschaft entschloß sich Colleen, das Baby einem Ehepaar zu übergeben, das ihm die nötige Aufmerksamkeit und Liebe geben konnte. Es überrascht nicht, daß sie tief um das Kind trauerte, das sie aus Liebe und selbstlos weggegeben hat, aber sie fand sich damit ab.

Sie kann jedoch immer noch nicht akzeptieren, daß die Adoptiveltern sich weigern, dem Kind, wenn es älter ist, einen Brief von Colleen zu übergeben, in dem es etwas über seine leiblichen Eltern erfährt. Colleen spürt, daß die Adoptiveltern Angst haben, sie könnten die Loyalität ihres Sohnes verlieren. Colleen hingegen wird von der Angst verfolgt, daß der Junge niemals etwas über seine leiblichen Eltern und deren Liebe zu ihm erfahren und unnötig leiden wird. Ich als Therapeutin bin enttäuscht, daß die Adoptiveltern nicht verstanden haben, wie wichtig es ist, eine geistige Bindung zwischen ihrem Sohn und dessen leiblichen Eltern zuzulassen.

In einigen unglücklichen Fällen wertet die Adoptivmutter nicht nur die Wichtigkeit der leiblichen Mutter ab, sondern macht sie schlecht. Weil die adoptierte Tochter wahrscheinlich unehelich geboren wurde, stuft die Adoptivmutter die leibliche Mutter als promiskuitiv und unmoralisch ein.

Es ist gefährlich, die leibliche Mutter abzuwerten. Erstens vermittelt die Adoptivmutter der Tochter dadurch, daß die leibliche Mutter geschädigt war, und das kann nur bewirken, daß das Mädchen sich selbst gestört fühlt – das Produkt schlechter Abstammung. Zweitens glaubt die Adoptivmutter vielleicht wirklich, daß das Mädchen schlecht ist, wahrscheinlich eine ebenso »schamlose Schlampe« wie die Mutter vermutlich war.

Ihre furchtbare Erwartung kann dazu führen, das erwachende Sexualverhalten des Mädchens zu stören. Wir haben ja auch gesehen, wie ängstlich unser Freund Horton wurde, als er dachte, daß Elefantenvogel Mayzies Faulheit annahm, und wie er seinem Kind den ganz normalen Hang zum Tagträumen und Trödeln verbot. Außerdem erfüllen sich Erwartungen oft von selbst; das heranwachsende Mädchen spürt, daß seine Mutter damit rechnet, daß es promiskuitiv wird, und erfüllt diese Erwartung dann vielleicht aus Verzweiflung oder Trotz. Ein adoptiertes Mädchen, das im Teenageralter schwanger geworden war, erzählte mir: »Meine Mutter beschuldigte mich, mit meinem Freund Sex zu haben, obwohl das gar nicht stimmte. Als ich ihm schließlich nachgegeben habe, war es, als gäbe ich auch ihr nach – ich tat, was sie die ganze Zeit von mir erwartet hatte.«

Natürlich gibt es auch destruktive leibliche Mütter – diejenigen, die ihre Kinder emotional oder physisch mißbrauchen. In diesen Fällen ist die Feindseligkeit der Adoptivmutter gegenüber der leiblichen Mutter nur natürlich. Trotzdem tut sie gut daran, ihre berechtigte Wut nicht vor dem Kind zu zeigen, das vielleicht die Tatsache, daß die erste Mutter es nicht lieben konnte, noch nicht überwinden kann. Statt dessen sollte sie ihren Zorn in Gegenwart einer mitfühlenden Freundin oder eines Therapeuten abreagieren. Es gibt andere Situationen, in denen sich die Adoptivmutter Sorgen macht, daß das Kind die physischen, emotionalen oder geistigen Störungen der Mutter geerbt hat. Auch hier kann ein kenntnisreicher Berater, der irrationale von rationalen Ängsten trennen kann, der besorgten Mutter zu einer besseren Perspektive verhelfen.

Bei manchen Adoptivmüttern liegt der Grund dafür, daß sie der leiblichen Mutter kein Wohlwollen entgegenbringen können, einfach in deren Fruchtbarkeit. Bei Adoptivmüttern, die selbst keine Kinder bekommen können, ruft die Vermutung, daß die andere Frau ganz einfach schwanger wurde, unter Umständen Zorn hervor. Obwohl Adoptivmütter solche Reaktionen in den ersten Jahren noch unterdrücken können, werden sie vielleicht während der Pubertät des Adoptivkindes geweckt. Die gebärfähige Tochter im Teenageralter, die das Versprechen fruchtbarer Weiblichkeit symbolisiert, kann die Adoptivmutter an ihre biologische Unzulänglichkeit erinnern.

Vielleicht artikuliert niemand die Verzweiflung und den Neid der unfruchtbaren Frau so deutlich wie die biblische Rahel: »Als Rahel sah, daß sie Jakob kein Kind gebar, beneidete sie ihre Schwester und sprach zu Jakob: Schaffe mir Kinder, wenn nicht, so sterbe ich. Jakob aber wurde sehr zornig auf Rahel und sprach: Bin ich doch nicht Gott, der dir deines Leibes Frucht nicht geben will.« Ich vermute, daß viele unfruchtbare Frauen irgendwann das fühlen, was Jakob so unverblümt gesagt hat: Aus irgendeinem, zweifellos schrecklichen Grund bestraft Gott sie, indem er sie der Früchte des Frauseins beraubt.

Marion, eine Adoptivmutter, erzählte einer Kollegin von mir, daß sie sich immer wie die Hester in Nathaniel Hawthornes *Der scharlachrote Buchstabe* fühlte. Das A, das sie trägt, steht jedoch nicht für »Adulteress« (Ehebrecherin), sondern für »Adoptivmutter« und verkündet der ganzen Welt, daß sie als Frau biologisch nicht in Ordnung ist. Wie diejenigen, die an die Erbsünde glauben, nimmt Marion ihre Unfruchtbarkeit als Strafe für Schlechtigkeit. Wenn eine Frau unter diesem Gefühl der Unzulänglichkeit leidet, richtet sie es oft nach außen gegen die leibliche Mutter des Adoptivkindes, der lebensspendende Kräfte gegeben sind, und sogar gegen die Adoptivtochter, die wahrscheinlich eines Tages selbst Kinder haben wird.

Die Adoptivmutter muß verstehen, daß Unfruchtbarkeit kein »Zeichen« von Minderwertigkeit, Schlechtigkeit und Mangel an Weiblichkeit ist. Und sie muß zudem unterscheiden lernen zwischen dem physischen Akt, ein Kind zu bekommen, und der emotinalen Fähigkeit, Mutter zu sein. Manche Adoptivmütter bringen das durcheinander. Sie glauben, da sie unfähig zu Schwangerschaft und Geburt sind, seien sie keine richtigen Mütter. Wie wir in Hortons Fall gesehen haben, wurde er eine »Supermutter«, wie um zu beweisen, daß er seines Kindes würdig war, indem er mehr Mutter war als die leibliche Mutter.

Wenn eine Frau auf ihre Fähigkeit als Mutter vertraut, kann sie viel eher wohlwollende Gefühle der leiblichen Mutter gegenüber hegen. Unsicherheit führt zu

Böswilligkeit; Selbstsicherheit führt zu Großzügigkeit und gutem Willen. Die folgende Szene zeigt, wie zwei Adoptivmütter – eine Freundin von mir und eine Kollegin – ihre Töchter darin bestärkt haben, positive Bindungen an ihre leiblichen Mütter zu entwickeln.

Seit ihre Tochter klein war, erzählte Rosalind ihr Geschichten über das mutige fünfzehnjährige Mädchen, das sich trotz gesellschaftlichen Drucks neun Monate liebevoll um das Baby in ihrem Bauch kümmerte und es dann selbstlos an Eltern gab, die die Mittel hatten, für es zu sorgen. Rosalinds Tochter wuchs in dem Glauben an eine gute leibliche Mutter auf, was ihre Selbsteinschätzung positiv beeinflußte. Interessanterweise gestand Rosalind, daß sie in Wirklichkeit sehr wenig Persönliches über die leibliche Mutter des Kindes wußte, es aber für gut hielt anzunehmen, daß sie eine wundervolle Person war.

Jeanette, die ein verlassenes Vietnamesenbaby adoptierte, legte ein Album mit bunten Photos von Vietnam und schönen Vietnamesinnen an, die vielleicht der unbekannten leiblichen Mutter ihrer Tochter ähneln. Für das junge Mädchen war dieses Album – ein Tribut der Adoptivmutter an die unbekannte Mutter – immer ein wertvoller Besitz, den sie ihren Schulkameraden gern zeigte. Jeanette ist sich der Wichtigkeit der vietnamesischen Abstammung ihrer Tochter sehr wohl bewußt und hat ihr deshalb als Geschenk zum High School Abschluß eine Reise in ihre Heimat versprochen. Obwohl Jeanette klar ist, daß sie ihrer Tochter keine Identität schenken kann, ist sie entschlossen, die Suche ihrer Tochter danach zu erleichtern und nicht zu verhindern. Und im Gegensatz zu vielen gutmeinenden, aber falsch informierten Müttern, die die rassischen oder kulturellen Unterschiede ihrer Kinder minimieren oder ignorieren, hebt Jeanette sie hervor. Sie hat ihre Tochter immer ermuntert, andere vietnamesische Kinder und deren Familien zu treffen, bei denen sie vielleicht eine besondere Verbundenheit, Vertrautheit und Behaglichkeit verspürt.

Aber die Adoptivmutter muß nicht nur sich selbst, das Kind und die leibliche Mutter akzeptieren, sie muß auch mit jemand anderem Frieden schließen: mit ihrem Baby, das nie geboren wurde, dem Traumkind, das nie Wirklichkeit wurde.

In gewisser Weise trauern alle Mütter von Jugendlichen um das kleine Kind, das sie verlassen hat. Indem sie sich von ihren Müttern trennen, beanspruchen Jugendliche das Recht auf ihre eigene Identität, eigene Interessen, Ziele ... und Seelen. Sie sind nicht mehr die Babys, die ihre Körper in die Arme der Mutter schmiegten, oder die Kleinen, die Mutters Vorstellungen brav entsprachen, oder die Schulmädchen, die die Mutter idealisierten – sie bestehen jetzt auf den Unterschieden zur Mutter; und die muß um die Trennung trauern und loslassen. Im Falle der leiblichen Mutter ist dieser Prozeß einfacher, weil die Tochter der Mutter in vielerlei Hinsicht ähnelt – körperlich, intellektuell, künstlerisch und vom Temperament her. Das gemeinsame genetische Erbe sichert eine Kontinuität zwischen ihnen, wie sehr die Tochter auch die Unterschiede hervorheben mag.

Wenn das adoptierte Mädchen heranreift, werden die Unterschiede zwischen ihr und der Adoptivmutter jedoch deutlicher. Mutter und Tochter stellen vielleicht fest, daß sie sich wenig ähneln und stark unterscheiden. Demzufolge kann die Adoptivmutter nicht die

narzißtische Freude genießen, daß die Tochter ihr nachschlägt. Aus diesem Grund sehnt sie sich vielleicht wieder nach ihrem eigenen Kind – Fleisch von ihrem Fleisch, das sie unsterblich gemacht hätte.
Die Adoptivmutter ohne eigene Kinder wird einer gewissen mütterlichen Freude beraubt. Ich erinnere mich noch daran, wie sehr meine Mutter und ich uns freuten, als meine Tochter plötzlich Interesse und beachtliches Talent fürs Zeichnen zeigte. »Gar kein Zweifel. Leah hat deine künstlerische Ader geerbt!« verkündete meine Mutter lauthals, und ich platzte fast vor Stolz. Und ich gebe zu, daß es ein schönes Gefühl ist, wenn mein Mann sagt, daß er meine Tochter und mich bei schnellem Hinsehen nicht auseinanderhalten kann. Die Adoptivmutter, die sich manchmal nach einem eigenen Kind sehnt, das ihr ähnelt, zeigt deshalb nicht weniger Zuneigung; sie drückt einfach eine normale, nur zu gut verständliche Sehnsucht nach etwas aus.
Obwohl ich hier nicht befürworten will, daß die Adoptivmutter diese Sehnsucht vor ihrer Tochter zur Schau stellt, bin ich auch nicht dafür, daß sie sie leugnet. Zensierte Gefühle verschaffen sich irgendwie Ausdruck – oft negativ. Die Adoptivmutter, die offen genug ist, eine gewisse Traurigkeit zuzugeben, weil sie kein Kind geboren hat, findet sich unweigerlich mit ihrem Verlust ab; sie verarbeitet ihren Kummer. Und indem sie ihre eigene Enttäuschung zugibt, wird die Adoptivmutter verständnisvoller für die ihrer Tochter. Eine junge adoptierte Frau beschrieb es als die »große Traurigkeit, niemals den Trost zu erfahren, im Gesicht meiner Mutter eine ältere Version meines eigenen zu sehen«. Die weniger offene Adoptivmutter stellt viel-

leicht fest, daß sie oft ohne Grund auf ihre Adoptivtochter wütend ist; ihre versteckte Traurigkeit verkleidet sich als Feindseligkeit oder Gereiztheit oder Verachtung.
Für einige Paare ist das adoptierte Kind weniger Ersatz für ein eigenes, sondern nimmt eine Bedeutung an, die ein leibliches vermutlich nicht annehmen könnte: Es wird ihre Mission. Eltern suchen und finden in ihren Sprößlingen das Gewöhnliche und Vertraute: die Kleine hat vielleicht Großmutters graue Augen, Mamis bogenförmigen Mund, Opas komische Ohren, die Erregbarkeit des Onkels und Dads schlechte Augen. Ein nicht verwandtes adoptiertes Kind jedoch ist geheimnisvoll, und aus diesem Grund sieht man in ihm alle Möglichkeiten. Das Kind kommt – für viele Adoptiveltern ziemlich plötzlich – in seiner niedlichen Verpackung wie ein Engel, der vom Himmel fällt. Im Gegensatz zu manchen leiblichen Kindern ist das adoptierte Kind immer gewollt – manchmal verzweifelt herbeigesehnt.
Weil das Kind für die Eltern so wichtig ist, könnte das Gefühl entstehen, dieser Zuneigung nicht wert zu sein. Vielleicht wird von dem Kind zuviel erwartet, und es ist ganz einfach überfordert oder empfindet Schuldgefühle, was schließlich zu Feindseligkeit führen könnte. Die Menschen neigen dazu, diejenigen abzulehnen, denen sie ständig Dankbarkeit schulden. Ich habe ein Paar behandelt, das sich selbst als Übermenschen sah, weil sie ein schwer zu vermittelndes Kind adoptiert hatten, und nun erwarteten, für ihre humanitären Bemühungen durch Dankbarkeit und Leistungen belohnt zu werden. Wie zu erwarten war, zahlte das Kind nicht mit Dankbarkeit, sondern mit

Vorwürfen. Ein anderes Adoptivelternpaar erwartete, daß sich ihre adoptierte Tochter für die anbetende Liebe, die sie erfährt, zu der Prinzessin entwickeln würde, die sie sich wünschten. Da dieses Kind sich ganz normal entwickelte und nur durchschnittlich intelligent war, fühlten sich die Eltern betrogen.

Wie George und Martha muß jedes Ehepaar das erfundene Kind – das Traumkind – loslassen, um ehrlich leben zu können. Die Trauer ist immer schmerzlich, aber wenn sie abgeschlossen ist, können sich Adoptiveltern einem wirklichen Kind zuwenden – einem, das wie jeder von uns seine Grenzen und Fehler hat, aber real ist – anstatt einem Traumkind.

Auf einem Treffen von Adoptivmüttern hörte ich einer Frau zu, die den tragischen Weg beschrieb, den ihre heranwachsende Tochter eingeschlagen hatte. Trotz der Liebe und Freundlichkeit dieser Frau und ihres Mannes entwickelte das junge Mädchen nicht die Fähigkeit, etwas für andere zu empfinden – sie war unfertig. Erst nach vielen Jahren vergeblicher Versuche, eine wirksame Behandlung für sie zu finden, verstanden die Eltern, daß nichts dieses emotional behinderte Kind heilen würde. Aber nachdem sie sich mit der schweren und dauerhaften Störung ihrer Tochter abgefunden hatten, konnte das Paar inneren Frieden finden. Diese Ausnahme-Eltern waren schließlich fähig, die Tochter, ein leidendes, beeinträchtigtes menschliches Wesen zu akzeptieren und die Traumtochter, das erhoffte gesunde, glückliche Kind loszulassen.

Bevor ich weiter schreibe, wie gestörte Adpotivkinder das Leben ihrer Eltern beeinflussen, würde ich gerne etwas deutlich machen. Da ich Psychologin bin, sehe ich meistens Menschen in einer Krise; im großen und ganzen sind die Adoptivmütter und adoptierten Töchter, die zu mir – und meinen Kollegen – kommen, mit Problemen beladen. Aber natürlich haben nicht alle Adoptivmütter emotionale Schwierigkeiten mit den adoptierten Kindern. Ich bin sicher, daß es viele Familien mit adoptierten Kindern gibt, deren Leben mehr oder weniger glatt verläuft. Trotzdem glaube ich, daß ernste emotionale Probleme in Familien mit adoptierten Kindern häufiger sind, weil jede Adoption das Ergebnis der verlorenen Beziehung zwischen dem Kind und seiner ersten Mutter ist.

Sue Weatherley hat mir erzählt, daß die Adoptiveltern schwer gestörter Jugendlicher, die in ihre Beratung kommen, emotional meist sehr müde sind, sowohl als Ehepartner als auch als Eltern. Bevor sie professionelle Hilfe suchen, haben die meisten Eltern bereits zahllose erfolglose Möglichkeiten ausprobiert, ihre aufgebrachten Kinder zu beruhigen. Viele sind von den Provokationen ihrer Adoptivkinder so erschöpft, daß sie vielleicht schon planen, sie in Internate oder Pflegeheime zu schicken oder – falls schwere psychologische Probleme vorliegen – in psychiatrische Anstalten. Damit wird die Prophezeiung der Adoptierten, daß sie ein zweites Mal verlassen werden, realisiert.

Es überrascht nicht, daß diese überreizten Eltern in ihrer Frustration und ihren Schuldgefühlen aufeinander losgehen. In der Therapie lernen sie oft, wie sie Energie umlenken und sich einander wieder liebevoll und nicht vorwurfsvoll zuwenden können. Erst wenn sie wieder vereint sind, können sie dem verzweifelten Kind wirksam helfen. Die Anpassung adoptierter Kinder hängt stark von der ehelichen Zufriedenheit ihrer Eltern ab. Weatherley meint, daß die Teilnahme an Selbsthilfegruppen, die nur aus Adoptiveltern bestehen, verzweifelten Paaren helfen kann, mit ihren besonderen Belastungen und Spannungen fertig zu werden. Sie schlägt sogar als Vorsichtsmaßnahme für Adoptiveltern und deren Kinder vor, in solche Gruppen zu gehen, bevor Probleme auftauchen. Auf dem Adoptivmüttertreffen, das ich vor kurzem besuchte, fragte ich, was den Müttern über ihre schlimme Zeit hinweggeholfen habe. Eine Frau antwortete, allein das Wissen, daß die schweren Probleme ihrer Tochter zum Teil der Adoption und nicht schlechten Erziehungsmethoden zuzuschreiben waren, habe ihr Leid und das ihres Mannes gemildert: »Ich brauchte jemanden, der uns sagte, daß wir keine schlechten oder verrückten Eltern sind. Durch die Probleme unserer Tochter fühlten wir uns als Menschen so furchtbar unzulänglich.« Horton hatte auch das Gefühl, daß es ein Trost wäre, seine ständigen Sorgen mit anderen Adoptiveltern zu teilen.

Selbst wenn die heranwachsende Tochter keine explosiven Probleme auslebt, kann sie sie in der Familie auslösen. Ein Hauptereignis in der Jugend eines Mädchens ist natürlich ihre sexuelle Verwandlung vom Kind zur jungen Frau. Melinda erklärte mir, daß ihre eigene Ehe durch die erwachende Sexualität ihrer vierzehnjährigen Tochter bedroht wurde. Sie erklärte: »Ich saß meinem Mann und meiner Tochter beim Sonntagsfrühstück gegenüber, und mir wurde plötzlich bewußt, daß Amelia kein Kind mehr war. Anscheinend über Nacht war sie eine reife, runde, herrlich sinnliche junge Frau geworden. Ihre Brüste waren tatsächlich voller als meine, und ich war eifersüchtig! Ich stocherte in der Grapefruit vor mir und ahnte, daß auch mein Mann ihre neue üppige Schönheit bemerkte, und plötzlich war mir schlecht. Ich mußte aufstehen, weil ich eifersüchtige Wut auf sie und Mißtrauen gegen ihn empfand. Ich dachte: David ist überzeugt, daß Amelia mehr Frau ist als ich, und dafür haßte ich sie beide.«

Bis zu einem gewissen Grad fürchtet jede Frau, daß die Sexualität ihrer Tochter die eigene überholt und das junge Mädchen jetzt von dem Vater bevorzugt wird. Da die normale Entwicklung bei jungen Mädchen dahin geht, daß sie sich emotional von der Mutter entfernen und dem Vater nähern, kann das Mädchen diese Ängste noch verschlimmern. Bruno Bettelheim zeigt, daß die frühen Versionen von *Schneewittchen* die ödipalen Verstrickungen während der Jugendzeit der Tochter deutlich machen. In einer dieser Versionen treffen ein Herzog und eine Herzogin – Symbole für die Eltern – auf einer Kutschfahrt Schneewittchen – die reife heranwachsende Tochter – und bitten sie eindringlich, mitzufahren. Sie machen den Fehler so vieler Eltern und setzen sie zwischen sich. Die Bewunderung des Herzogs für das Mädchen versetzt die Herzogin in Wut, so daß sie sich überlegt, wie sie das Mädchen loswerden kann. Auf Bitten der Herzogin steigt Schneewittchen aus der Kutsche, um einen Strauß Rosen zu pflücken, und währenddessen befiehlt die Herzogin dem Kutscher, schnell wegzufahren.

Normalerweise hat die Beziehung zwischen Vater und heranwachsendem Mädchen nichts mit Sexualität zu tun, da das Inzesttabu zwischen ihnen sehr stark ist.

Die meisten Mütter können also sicher sein, daß ihre Töchter keine ernsthaften Konkurrenten um die Gunst des Ehemannes sind. Wenn die Tochter jedoch mit dem Vater nicht blutsverwandt ist, ist das Inzesttabu schwächer – oder zumindest glaubt die Mutter das. Als Melinda sah, daß Amelia körperlich heranreifte, verlor sie vorübergehend ihre mütterlichen Gefühle und empfand das Kind als unwillkommenen Eindringling, die »andere Frau«, die ihr den Ehemann stehlen wollte. Gleichzeitig verdächtigte sie ihren Mann, Opfer des attraktiven jungen Mädchens zu werden.

Melinda konnte schließlich die Gründe für ihre Ängste verstehen. Tatsächlich weckte Amelias sexuelle Entwicklung schmerzliche Erinnerungen: »Wieder kämpfte ich mit der alptraumhaften Erfahrung meiner Unfruchtbarkeit. In Träumen und Phantasien kamen wieder die erniedrigenden Untersuchungen von Gynäkologen, die medizinischen Tests, das angstgeladene Warten auf Ergebnisse, die unvermeidliche monatliche Enttäuschung und der Neid auf meine schwangeren Freundinnen hoch. Ich fühlte mich so unweiblich und sexuell reizlos wie damals. Irgendwie dachte ich wohl, Amelia sei jetzt mehr Frau als ich, und ich habe diese Gefühle auf David übertragen, der in Wirklichkeit mit mir als Frau sehr zufrieden ist.«

Mit viel gutem Willen und gegenseitigem Entgegenkommen konnten Melinda und David offen darüber sprechen. Indem David Melinda versicherte, daß auch in Zukunft sein sexuelles Interesse nur ihr gelte, half er ihr, ihr Selbstvertrauen wiederzufinden und den Neid loszuwerden. Melinda wiederum konnte Amelias und Davids immer enger werdende Beziehung unterstützen; David war wie alle guten Väter nicht verführerisch, und Amelia mußte nicht wie weniger glückliche Mädchen den schrecklichen Preis zahlen, durch ihre neue Weiblichkeit die Zuneigung des Vaters zu verlieren.

Bis jetzt habe ich mich auf die Auswirkungen weiblicher Unfruchtbarkeit auf die Beziehung zu Mann und Kind beschränkt. Natürlich gibt es auch viele Adoptionen, ohne daß Unfruchtbarkeit ein Problem ist. Viele Paare mit eigenen Kindern adoptieren noch eines, und es ist nicht ungewöhnlich, daß Frauen, die man für unfruchtbar hielt, Kinder bekommen, nachdem sie eins adoptiert haben. Und es gibt andere Fälle, in denen Adoption das Ergebnis der Zeugungsunfähigkeit des Mannes ist.

Wenn eine Frau erfährt, daß ihr Mann keine Kinder zeugen kann, wird sie vermutlich eine Mischung aus Ärger und zärtlicher Besorgnis ihm gegenüber empfinden. Wenn sie sein Gefühl der Unzulänglichkeit und Beschämung spürt, wird sie wahrscheinlich ihre eigene Enttäuschung unter einer Schicht des Mitgefühls verbergen. Wenn das Paar dann ein Kind adoptiert, glaubt sie vielleicht, daß die Zeugungsunfähigkeit ihres Mannes kein Problem mehr ist. Die aufregenden Jugendjahre des adoptierten Kindes können jedoch ihren vergangenen Groll gegen ihn wieder aufrühren. Wenn die adoptierte Tochter Probleme hat, macht die Frau vielleicht unbewußt den Mann dafür verantwortlich, daß er ihr eigenes perfektes Kind verhindert und ihr dafür dieses »fehlerhafte« aufgezwungen hat. Oft und fälschlicherweise widersteht die betrübte Frau dem Drang, ihren Zorn auszusprechen oder auch nur anzuerkennen – sie weiß schließlich, daß ihr Mann sie nicht absichtlich am Kinderkriegen gehindert hat. Aber versteckte Wunden heilen schlecht.

Für problematische Adoptivfamilien beinhaltet Heilung auch Selbst-Akzeptanz auf allen Seiten. Die adoptierte Jugendliche muß lernen, daß sie ein wertvoller Mensch ist, nicht ein »beschädigtes Produkt«, das die ursprüngliche Mutter loswerden wollte. Adoptiveltern müssen lernen, sich selbst auch zu schätzen. Das bedeutet, mit der Tatsache ihrer Unfruchtbarkeit oder der des Partners Frieden zu schließen. Wenn ihnen klar ist, wie ungeheuer schwierig es ist, adoptierte Kinder aufzuziehen, tun sie gut daran, vernünftige Erwartungen an sich selbst zu stellen – zu lernen, als Eltern mit »gut« und nicht »perfekt« zufrieden zu sein, und zu lernen, den Kindern ihren notwendigen Kampf um Identität und Wiederverbindung mit der leiblichen Mutter zu gestatten. Als Mann und Frau sollten sie den Geist gegenseitiger Zuneigung kultivieren und, um mit Mutter Teresa zu sprechen, sich im Angesicht von Schwierigkeiten »aneinander klammern«.

Am Ende dieses Kapitels über Adoptivmütter möchte ich kurz zu Horton und dem Elefantenvogel zurückkehren. Ich habe an früherer Stelle geschrieben, daß die Erzählung von Dr. Seuss nicht die ganze Geschichte der Adoption erzählt. Dennoch erzählt uns aber Dr. Seuss, aufmerksam und sensibel wie er ist, das Wichtigste. Auf seiner Zeichnung von dem Elefantenvogel als Baby sehen wir ein kleines Geschöpf mit einem Rüssel und Schwanz wie Horton. Dieses Porträt deutet richtig an, daß die Adoptiveltern dem Kind etwas von sich mitgeben können. In den Jahren von

Liebe, Hingabe, Opfern, Sorgen und Freude an der Tochter ist die Adoptivmutter die richtige Mutter und die adoptierte Tochter die richtige Tochter. Aber Dr. Seuss malt dem Elefantenvogel auch kleine rote Flügel. Für mich bedeutet das, daß alle Kinder – adoptiert oder nicht – wie der Elefantenvogel eines Tages von ihrer Mutter fortfliegen müssen.

Die weitergehende Aufgabe der Mutter besteht darin, dafür zu sorgen, daß die Flügel ihres Kindes stark und gesund genug sind, um es fortzutragen. Für das adoptierte Kind ist es schwerer, das Nest zu verlassen, als für das nicht adoptierte. Als Baby oder Kleinkind vermutlich der Mutter entrissen, fühlt es sich vielleicht nicht wohl, wenn es sich von ihrer zweiten Mutter – selbst wenn der Zeitpunkt richtig ist – trennen soll. Dementsprechend sind die Trennungsversuche vielleicht besonders unbeholfen und störend. Wenn es sich seiner selbst unsicher ist, schwankt es vielleicht zwischen großartigen Trennungsgesten und klammerndem kindlichen Verhalten, so daß es manchmal sehr unabhängig und dann wieder ausgesprochen unreif wirkt. Aber trotz solcher Schwankungen darf die Mutter den notwendigen Flug ihrer Tochter und die Identitätssuche nicht verhindern, indem sie ihr die Flügel stutzt.

Wenn alles gesagt und getan ist, haben alle Mütter – Adoptivmütter wie leibliche – dieselbe Aufgabe: die Kinder loszulassen anstatt festzuhalten. Vielleicht ist die Adoptivmutter ja auf diese Aufgabe besser vorbereitet. Sie erkennt vom Beginn ihrer Mutterschaft an, was andere Mütter im Laufe der Jahre mühsam lernen müssen: Ihr Kind ist nicht eine Fortsetzung oder ein Abbild von ihr selbst. Weil sie keine gemeinsame Erb-

masse haben, sind die Adoptivmutter und ihre adoptierte Tochter gezwungen, die Unterschiede deutlicher zu sehen und sie zu respektieren.
Jeanette, die Adoptivmutter, von der ich an früherer Stelle schon gesprochen habe, machte mir das besonders klar: »Meine ältere Tochter, die nicht adoptiert ist, sieht aus wie ich, spricht wie ich und ist in den Dingen gut, in denen ich gut bin. Manchmal erweise ich ihr den schlechten Dienst und denke, daß sie ein Abbild von mir ist. Ich nehme ihre Erfolge und Fehlschläge sehr ernst, als gehörten sie zu mir und nicht zu ihr. Meine adoptierte vietnamesische Tochter dagegen erinnert mich ständig an unsere Unterschiede und bringt mich dazu, sie um ihrer selbst willen und nicht als Erweiterung meiner eigenen Person zu lieben.«

9

GOLDKÖPFCHENS DILEMMA

Stiefmütter

Beinahe jedes kleine Mädchen hofft, eines Tages Mutter zu werden. Aber hat je eine davon geträumt, Stiefmutter zu werden? Die Stiefmutter personifiziert schließlich Bösartigkeit: die durchtriebene Frau, die ihren schwachen Mann beschwatzt, Hänsel und Gretel in einem Wald allein zu lassen, in dem hungrige Tiere und eine böse Hexe hausen. Die eitle, materialistische Mutter, die ihre beiden gierigen Töchter verwöhnt, aber das arme Aschenputtel zu Sack und Asche verdammt; die neidische Königin, die eiskalt das schöne und unschuldige Schneewittchen töten lassen will. Was die meisten kleinen – und weniger kleinen – Mädchen jedoch ignorieren, ist, daß Stiefmütter auch Millionen normaler, gutmeinender Frauen sind, die sich bemühen, faire und tüchtige Mütter zu sein.

In der Literatur können wir häufig lesen, daß es Stiefmütter, mehr als Stiefväter, sehr schwer mit ihren Stiefkindern haben.

Katalin Morrison und Airdrie Thompson-Guppy, zwei kanadische Psychologen, glauben, daß die Belastungen, die die Position der Stiefmutter in der neu formierten Familie mit sich bringt, ein Syndrom verursachen, das durch niedrige Selbsteinschätzung, Angst, Feindseligkeit, Schuld und Traurigkeit charakterisiert wird.

Um die Gründe, Konsequenzen und Lösungen von dem sogenannten »Cinderellas Stiefmutter-Syndrom« zu erforschen, werde ich mich auf die persönlichen Geschichten eines Ehepaares in mittleren Jahren – Roger und Lee Hancock – konzentrieren, die wegen ständig wachsender Spannungen in ihrer Ehe, hervorgerufen durch die strapazierte Beziehung zwischen Lee und Jill, ihrer zwölfjährigen Stieftochter, vor zwei Jahren um Hilfe baten. Obwohl die Umstände in jeder Familie anders sind, meine ich, daß die Sorgen der Hancocks von so vielen anderen geteilt werden, daß es sich lohnt, sie zu erzählen.

Roger, ein Bankier, ist ein großer, rotwangiger Mann mit blitzenden blauen Augen, einer dröhnenden Stimme und einem tiefen Lachen. Lee, Konzertpianistin, wirkt klein und schüchtern neben ihm, eine zarte Blume, auf die der Blick durch einen großen Baum verstellt wurde. Tatsächlich sprach sie bei unserer ersten Begegnung kaum ein Wort und überließ es ihrem Mann, die Situation zu erklären.

Roger war laut eigener Aussage von seiner Ehe und dem Familienleben im allgemeinen entzückt. Obwohl Lee, die selbst kinderlos ist, begeistert schien von der Aussicht, Jill zu bemuttern, merkte Roger, daß sie innerhalb weniger Monate kalt und hart wurde. Zudem war er überzeugt, daß Lees unfreundliche Art Jills Rückzug und ihre Feindseligkeit provozierten. Da jede mit ihrem Groll gegen die andere zu ihm kam, fand er sich in der undankbaren Position des Vermittlers, der in zwei entgegengesetzte Richtungen gezogen wurde.

Was Roger jedoch am meisten verstörte, war die Tatsache, daß Lee, die ihm gegenüber warm und liebevoll war, »bei seiner Tochter versagte«, einem Mädchen, das – dessen war er sicher – mütterliche Zuwendung brauchte. Von ganzem Herzen hatte er gehofft, daß sie eine »richtige Familie« werden würden – eine engverbundene und herzliche Familie, die er und Jill bei seiner alkoholsüchtigen ersten Frau vermißt hatten –, aber sein Traum schien zu zerplatzen. Und da er mit seiner Tochter gut auskam, konnte er die Gründe für Lees Kälte ihr gegenüber nicht verstehen. Manchmal fragte er sich, ob Lee einfach die Fähigkeit fehlte, ein Kind zu lieben und eine richtige Mutter zu sein. Dann wieder verdächtigte er Lee, seine Tochter absichtlich zu schikanieren. Jill hatte sich bei ihm darüber beschwert, daß Lee ihr nicht erlaubte, mit Freunden auszugehen, wenn er für eine Woche nicht in der Stadt war, sondern darauf bestand, daß sie zu Hause blieb. Diese seiner Meinung nach ungerechtfertigten Verbote veranlaßten ihn, jegliche elterliche Verantwortung selbst zu übernehmen, aber das verstärkte seinen Groll gegen Lee und seine Ernüchterung über ihre Ehe nur noch. Am Schluß unserer Sitzung fragte er, ob ich seiner Frau beibringen könne, wie man sich als Mutter benimmt. Konnte ich herausfinden, *was mit ihr als Mutter nicht stimmte?*

Bevor ich mit den Hancocks als Paar arbeitete, schlug ich vor, daß Lee Einzelsitzungen bei mir haben sollte. Ich wollte ihre Geschichte hören, denn ich glaubte, daß Rogers dominierende und kritische Art ihre Ausdrucksfähigkeit beeinträchtigte. Widerwillig stimmte sie zu. Unsere erste Stunde war seltsam. Sie wich meinen Fragen aus, vermied jeden Augenkontakt und blieb unerreichbar; sie erinnerte mich oft an ein zartes Edelweiß, das hoch in den Schweizer Alpen blüht und für alle, bis auf die beharrlichsten Bergsteiger, unerreichbar ist.

Mit der Zeit jedoch vertraute Lee meinen Versicherungen, daß ich nicht schlecht von ihr dachte, und war bereit, sich zu öffnen. Sie erklärte mir, daß sie sich darauf gefreut hatte, sich um Jill zu kümmern und das Kind so zu lieben, wie es Jills »emotional verkrüppelte, trinkende Mutter« niemals konnte. Tatsächlich hatte Lee in den Monaten vor Jills Ankunft in wundervollen Phantasien geschwelgt und sich vorgestellt, daß sie mit Jill Einkäufe machte, sich mit ihr vertraulich über Jungen und Frisuren unterhielt und ihr sogar Klavierstunden gab. Eine ihrer Lieblingsvorstellungen war die, daß sie beide an dem großen Flügel saßen und klassische Duette spielten. Vom ersten Zusammentreffen an jedoch lief es zwischen Lee und Jill schief. »Als Jill aus dem Flugzeug stieg, ging sie ohne ein Wort an mir vorbei und fiel dem wartenden Roger in die Arme, als seien sie ein Liebespaar und nicht Vater und Tochter. Auf dem Weg zur Gepäckausgabe gingen die beiden Arm in Arm und unterhielten sich glücklich, während ich anderthalb Meter hinterhertrottete, mit ihrer übervollen Reisetasche beladen. Dann auf der Heimfahrt sprang Jill auf den Vordersitz neben ihren Vater, und ich saß hinten mit ihrem Gepäck als Gesellschaft.

Zuerst habe ich versucht, mir die beunruhigende Idee auszureden, daß Jill um Roger buhlt, aber die Gedanken, daß Jill unsere Ehe kaputtmachen will, blieben.

Sie kritisiert mich ständig vor Roger – wie ich koche, wie ich den Haushalt führe – als sei sie entschlossen, mich in schlechtem Licht erscheinen zu lassen. Wenn ich ihm sage, daß seine Tochter sich zwischen uns drängt, beschuldigt er mich krankhafter Eifersucht. Dr. Bassoff, bin ich verrückt? Oder bemerkt Roger die Durchtriebenheit seiner Tochter gar nicht?
Es stimmt, daß ich Jill gegenüber jetzt feindselig eingestellt bin, aber in den ersten gemeinsamen Monaten habe ich mich wirklich angestrengt, gut von ihr zu denken. Ich habe den Vorfall am Flughafen abgetan; ich habe weggesehen, wenn Jill mit Roger flirtete und mich wie Luft behandelte. Ich versuchte, Jill zu mögen. Ich versuchte, sie zu lieben – wie eine neue Mutter ein Kind lieben sollte. Ich habe ihr hübsche Dinge gekauft und den Kühlschrank mit Mini-Pizzen und Joghurt und Hansens Sodas vollgestopft, die sie so mag. Ich habe sie meinen Freunden als ›meine Tochter‹ vorgestellt und ihr angeboten, mich ›Mami‹ zu nennen. Ich habe alles an Wärme und Freundlichkeit aufgeboten, um ihr das zu geben, was ihre richtige Mutter ihr nicht geben konnte. Aber sie strafte mich weiter mit Verachtung. Sie hat mich weder körperlich noch emotional an sich herangelassen; wir haben uns nicht ein einziges Mal umarmt. Wenn ich mich bei Roger über ihre Arroganz und Kälte beschwere, wendet er sich ab, beschuldigt mich, kalt zu sein, und wendet sich ihr zu. Sie sind immer auf derselben Seite, während ich mehr und mehr abseits stehe.«
Bei einer späteren Einzelsitzung führte Lee ihre Selbstzweifel aus. »Roger glaubt, daß ich nicht weiß, wie ich mich Jill gegenüber verhalten soll, weil ich selbst nie ein Kind hatte. Und ich glaube, er hat recht.

Ich tue irgendwas oder tue irgendwas nicht, was sie gegen mich aufbringt. Im Laufe der Zeit wächst ihre Feindseligkeit mir gegenüber nur, und ich werde immer unsicherer. Ich möchte, daß Roger alle Regeln festsetzt, weil ich Angst habe, Fehler zu machen. Außerdem interessiert es Jill gar nicht, was ich sage. Selbst wenn ich mehr Selbstvertrauen hätte, wäre es vergeblich, ihr gegenüber die Mutterrolle einzunehmen. Meistens kommt und geht sie, wie es ihr paßt, und rührt nicht einen Finger, um im Haus zu helfen. Trotzdem denkt Roger, daß ich besonders hart zu Jill bin – ich glaube, er sieht mich als furchtbare Märchenstiefmutter. Er scheint zu glauben, daß ich böse zu Jill war, als sie während seiner Geschäftsreise die ganze Zeit über zu Hause bleiben mußte. Die Wahrheit ist: Ich hatte furchtbare Angst, ihr könnte während seiner Abwesenheit etwas Schlimmes geschehen – ein Autounfall oder eine Entführung –, und er würde mir dann Vorwürfe machen, weil ich eine schlechte Mutter bin. Ich habe Jill zu Hause gehalten, damit sie in Sicherheit ist, aber ich traue mich nicht, ihm das zu sagen. Er würde mich für verrückt halten. Ich habe Angst vor Rogers Mißbilligung. Ich habe Angst, ihn zu verlieren … ich frage mich, ob ich ihn nicht schon verloren habe.«

Ich würde hier gern Rogers, Lees und Jills gestörte Beziehung untersuchen. Wenn wir die falschen Erwartungen des Paares erkennen, können wir verstehen, warum es so schief gelaufen ist, und nach Möglichkeiten suchen, das Familienleben neu zu strukturieren. Als ich den Hancocks zuhörte, fiel mir auf, daß sie erwartet hatten, daß Lee Jill wie eine Mutter lieben müßte und daß diese Liebe von einem Moment zum nächsten erreicht werden könnte. Die Literatur über zum zweiten Mal verheiratete Männer zeigt, daß Rogers und Lees Erwartungen von sofortiger Mutter-Kind-Liebe weit verbreitet sind; die Wahrheit ist aber, daß die Liebe zwischen einer Frau und ihrer Tochter im Laufe der Zeit entsteht – neun Monate Einssein, dann die Geburt, gefolgt von Jahren der Fürsorge, des Lachens, Opferns und Loslassens. Wie kann eine Frau, die ein Mädchen kaum kennt – wie es bei Lee und Jill der Fall war – erwarten, sofort mütterliche Gefühle zu empfinden.

Babys bezaubern durch ihre Kleinheit, Weichheit, die lustigen Bewegungen und gurrenden Laute Erwachsene, die sich dann leicht in sie verlieben können. Kaugummikauende, laute und rauhe Teenager mit ihren Launen und ärgerlichen Heucheleien rufen diese Reaktionen bei Erwachsenen bestimmt nicht hervor. Ich erinnere mich, daß eine Freundin, die gerade eine scheußliche Auseinandersetzung mit ihrer siebzehnjährigen Tochter über Ausgangszeiten hatte, seufzte: »Nur eine Mutter kann sie lieben!« Und doch haben Roger und Lee erwartet, daß Lee das unfreundliche heranwachsende Mädchen, das aus dem Flugzeug in ihre Welt trat, automatisch lieben würde.

Und nicht nur das: Lee sollte auch Jills natürliche Mutter ersetzen, die sie als wertlos abtaten. Das Paar schien nicht zu merken, daß Jill keinen Ersatz für ihre Mutter wollte, und obwohl diese Frau Alkoholikerin ist, blieb sie wichtig für sie. Teilweise lehnte Jill Lees mütterliche Angebote – vertrauliche Gespräche und gemeinsame Unternehmungen – ab. Sie würde jede Frau ablehnen, die sich widerrechtlich die Stelle ihrer eigenen Mutter anzueignen drohte.

Eine Stiefmutter kann drei Positionen einnehmen: Sie kann versuchen, die einzige oder wichtigste Mutter zu werden, indem sie psychologisch die leibliche Mutter ersetzt – das hat Lee versucht. Sie kann die »andere Mutter« des Kindes werden, so daß das Kind zwei Mütter gleichzeitig hat; oder sie kann die erwachsende Freundin des Kindes werden und überhaupt keine Mutterrolle annehmen.

Ein Kind braucht eine Mutter für das psychische Überleben und bewertet eine Freundin als weniger wichtig. Wir können davon ausgehen, daß ein Kind die Mutter, solange sie lebt, als die primäre Quelle von Liebe und Wärme erfährt und keinen Ersatz duldet. Jills Zurückweisung erinnert mich an die ablehnende Reaktion einer anderen jungen Frau ihrer Stiefmutter gegenüber. Bei einem Essen zur Feier des Collegeabschlusses ihres Bruders saß Angela neben der neuen Frau ihres Vaters. Mitten in ihrer herzlichen und angeregten Unterhaltung entschuldigte sich Angela abrupt, erklärte, daß die Sonne, die durch das Fenster schien, ihr Migräne verursachte, und ging schnell zum anderen Ende des Tisches, wo ihre eigene Mutter saß. Unnötig zu sagen, daß das Licht neben ihrer Mutter genau richtig war und die Kopfschmerzen des Mädchens so schnell verschwanden, wie sie begonnen hatten.

Früher führte fast immer der Tod der Frau/Mutter und nicht etwa Scheidung zu einer Heirat mit einer neuen Frau, damit der Mann weiterleben konnte und seine Kinder eine neue Mutter hatten. Der Tod einer Mutter erlaubt dem Kind, besonders dem kleinen Kind, wenn die Trauerarbeit abgeschlossen ist, sich einer neuen Mutterfigur zuzuwenden, die dann nicht als Konkurrenz erlebt wird. Das Kind von geschiedenen Eltern jedoch – und die überwältigende Mehrheit der heutigen Stiefkinder sind Kinder aus gescheiterten Ehen – wird seine lebende Mutter kaum durch eine neue ersetzen wollen oder dieser »Fremden« den Status einer »anderen Mutter« einräumen, ohne sich untreu vorzukommen. Und doch erwarteten Lee und Roger genau das von Jill. Weil sie es nicht tat, vermutete Roger, daß mit seiner Frau etwas nicht stimmte.

Obwohl viele Frauen darin übereinstimmen, daß es unmöglich ist, »Mutter« einer jugendlichen Stieftochter zu werden, fragen sie sich doch, ob sich eine Freundschaft entwickeln könnte. Wie sieht eine Freundschaft zwischen einem Teenager und einer erwachsenen Frau aus? Schließen Konkurrenzgefühle zwischen Stiefmutter, Stieftochter und leiblicher Mutter guten Willen aus? Wenn nicht, wie kann eine Freundschaft gefördert werden? Wenn eine Stiefmutter die Freundin ihrer Stieftochter wird, verliert sie dann die Autorität?

Eine Bekannte von mir gibt ein Beispiel für eine schöne Beziehung zwischen Stiefmutter und Stieftochter: Als sie die siebzehnjährige Tina kennenlernte, versprach Gloria, daß sie nie ihre Mutter werden wolle, aber daß sie im Laufe der Zeit vielleicht Freundinnen werden könnten – keine Freundschaft unter Gleichaltrigen, die jedes Geheimnis voneinander kennen, sondern eine Freundschaft über Generationen hinweg. Diese kluge Frau sprach immer respektvoll von Tinas Mutter, so daß die wachsende Beziehung zwischen Stiefmutter und Stieftochter kein Verrat an der tieferen Bindung zwischen Mutter und Tochter war.

Wäre Lee von Anfang an ermutigt worden, eine solche Freundschaft zu Jill zu entwickeln anstatt »Mutterliebe auf den ersten Blick«, wäre beiden viel Leid erspart geblieben. Jill reagierte kalt und abweisend, um sich gegen die Tyrannei von Lees angeblicher mütterlicher Zuneigung zu wehren. Gleichzeitig vermutete Lee, daß mit ihr als Frau etwas nicht stimmte, weil Jill sie nicht als Mutter akzeptierte.

Die Rolle der erwachsenen Freundin ist alles andere als unbedeutend, sie bietet wunderbare Möglichkeiten. Mit ihrer Klugheit und ihren Interessen kann eine erwachsene Freundin das Leben eines jungen Mädchens bereichern. Als Beraterin und erwachsene Freundin vieler Jugendlicher wird mir oft mein Einfluß auf ihr Leben klar. Und meine jungen Patienten geben meiner Welt durch ihren frischen Enthusiasmus Energie, so daß die Verbindung beiden Teilen nützt.

Eine sechzehnjährige Patientin, die die Wochenenden und Ferien bei ihrer Mutter und deren Freundin Chloe verbringt, erzählte mir, daß sie mit Chloe über ihre Unwissenheit, Ängste und anfänglichen Schamgefühle wegen des lesbischen Lebens ihrer Mutter reden konnte. »Ich konnte meiner Mutter bestimmte Dinge nicht sagen, weil ich dachte, sie würden sie zu sehr verletzen. Chloe kann zuhören, ohne sich schuldig zu fühlen oder zu weinen oder mir Schuldgefühle zu verursachen. Sie lockt mich wirklich aus der Reserve. Durch sie verstehe ich Dinge, die meine Freunde, die keinen homosexuellen Elternteil haben, nicht verstehen können. Chloe lehrt mich, daß jede Liebe wundervoll und es eigentlich egal ist, ob sie sich zwischen Männern und Frauen oder zwischen Frauen abspielt.

Es ist die Liebe, die zählt. Sie hilft mir, toleranter und offener zu werden. Ich weiß nicht, ob Chloe noch lange bei Mutter bleiben wird – sie ist rastlos und will immer weiter –, aber ich bin froh, daß sie zumindest zeitweise zu unserem Leben gehört.«
Obwohl meine Tochter und ich einander sehr verbunden sind, hält sie meistens ein wenig Abstand, in diesem Lebensabschnitt ist es ihre psychische Aufgabe, sich von mir zu trennen. Sie hat jedoch ein paar ganz besondere Frauen zu ihren Vorbildern und Hilfen auserkoren, und da sie ihr Leben bereichern, bin ich ihnen dankbar. Ein Vorfall sticht besonders hervor. Eines nachmittags kam ich zu früh, um Leah von ihrer Theatergruppe abzuholen. Ich beobachtete, wie ihre Lehrerin Melody Page, eine Frau in meinem Alter, meine unerfahrene Tochter durch eine zärtliche Kußszene mit einem jungen, ebenso unerfahrenen Schauspieler führte.
Der natürliche Abstand zwischen Melody und Leah – Experte und Lehrling – erlaubte paradoxerweise eine Nähe, die zwischen Mutter und Tochter nicht möglich ist. Wann immer ich Gespräche über Liebe und Sex anfing, hat Leah sie abgeblockt. Aber bei Melody schien sie sich vollkommen wohl zu fühlen und probierte ohne Hemmungen ihre neuen, wunderbaren weiblichen Kräfte aus. Die Tatsache, daß Melody nicht Leahs Mutter ist, erlaubte ihr eine gewisse Freiheit und Spontaneität, die ich meiner Tochter gegenüber nicht habe.

Stiefmutter und Stieftochter brauchen viel Raum, damit ihre Beziehung wachsen und ihre einzigartige Form entwickeln kann. Aber das bedeutet nicht, daß ihre Beziehung keine Struktur oder Hierarchie hat. Einige Stiefmütter, die sich mit ihren Stieftöchtern anfreunden wollen, glauben, daß sie sich auf eine Stufe stellen können. Ich glaube, es ist wichtig für eine Stiefmutter zu erkennen, daß sie zwar nicht die emotionalen Privilegien der leiblichen Mutter haben kann, wohl aber zusammen mit ihrem Ehemann dem Haushalt vorsteht. Der älteren Frau und nicht der Jugendlichen steht die Autorität zu. Die Zwei-Generationen-Freundschaft zwischen Stiefmutter und Stieftochter bedeutet nicht Gleichheit. Beide müssen ihren Platz kennen.

Roger erwies Lee unbewußt einen schlechten Dienst, als er ihr jedes Recht nahm, Grenzen für Jill festzusetzen. Und Jill verstärkte ihr eigenes Gefühl der Unzulänglichkeit, indem sie ihm alle Autorität überließ. Es ist sicher ein Fehler, wenn Stiefeltern die Rolle des Zuchtmeisters annehmen. Das heranwachsende Kind wird Stiefeltern, die den Haushalt übernehmen, indem sie neue Regeln aufstellen und zu Lehrmeistern werden, ablehnen. Aber es ist auch ein Fehler, wenn Stiefmütter Unhöflichkeiten oder Beleidigungen gegen die eigene Person zulassen. Es ist ein schwieriges Unterfangen, die Balance herzustellen, und erfordert das Mitgefühl des Ehemannes – sowohl für die Tochter, die sich nicht von einem »Außenseiter« sagen lassen will, was sie tun darf, als auch für die Frau, die versucht, eine rechtmäßige Rolle in der Familie zu finden. Ich habe einige Stiefmütter kennengelernt, die frustriert sind, weil sie jeglicher Autorität in der Familie beraubt sind. Sie wollen die Kinder nicht verärgern aus Angst vor der Mißbilligung des Ehemannes, und das bedeutet für diese Frauen einen ständigen Eiertanz. Selbst wenn die Teenager sie durch Grobheit oder Trotz ausnutzen, haben sie Angst, sich zu behaupten.

Ich vermute, ein Grund dafür, daß viele Stiefmütter ihre rechtmäßige Autorität – was auch beinhaltet, Grenzen zu setzen, Forderungen zu stellen und manchmal Auseinandersetzungen zu haben – nicht beanspruchen, liegt in ihrer Sorge, daß sie, wenn sie das tun, zu bösen Stiefmüttern verdammt werden.

Ehemänner können die Situation verschlimmern, wenn sie erwarten, daß die reizende Frau, die sie geheiratet haben, sich früher oder später in eine böse Stiefmutter verwandelt. Um ihre unglücklichen Kinder vor ihrem Verrat zu schützen, entmutigen diese Männer oft ihre Frauen, selbst berechtigte Forderungen zu stellen, wie es auch bei Roger der Fall war.

Es wäre absurd, wollte ich andeuten, daß es eine leichte Sache ist, mit einer Jugendlichen, für die man Verantwortung trägt, *eine Freundschaft* zu entwickeln, die Kameradschaft und Autorität vereint. Selbst die Frau, die respektvolle Distanz hält und nicht versucht, ein Muttерersatz oder eine zweite Mutter zu werden, wird von ihrer Stieftochter kaum herzlich in der Familie willkommengeheißen.

Ich glaube nicht, daß Jills anfängliche Kälte Lee gegenüber ungewöhnlich war. Unglücklicherweise haben sowohl Roger als auch Lee erwartet, daß sich zwischen Stieftochter und Stiefmutter schnell eine einfache Beziehung entwickelt. Eine Stiefmutter jedoch bedroht ihre Stieftochter auf eine Weise, wie es eine nicht verwandte Erwachsene nicht tut. Zumindest in der ersten Phase ihrer Beziehung wird das Mädchen die neue Frau des Vaters als Eindringling und Zerstörer und nicht als potentielle Freundin empfinden. Kluge Stiefmütter warten geduldig ab, manchmal Jahre, bis sich ihre Stieftöchter öffnen.

Eine kurze Geschichte illustriert die Wut, die eine Jugendliche der neuen Geliebten oder Frau des Vaters gegenüber empfindet. Vor vielen Jahren – als Scheidungen und Wiederverheiratungen noch schockierend waren – erzählte mir ein Kollege, wie enttäuscht er gewesen sei, als seine dreizehnjährige Tochter seine Geliebte ablehnte. Seinen Worten zufolge weigerte sich das Mädchen, zu seiner Freundin auch nur einen Ton zu sagen, obwohl diese sich sehr um das Mädchen bemühte. »Weshalb soll ich nett zu ihr sein?« rief das Mädchen tränenüberströmt, als sie und ihr Vater allein waren. »Sie hat dich Mutter und mir weggenommen. Ich werde sie immer hassen, weil sie meine Familie zerstört hat.«

Obwohl Lee Rogers Familie nicht zerstört hat – die beiden trafen sich erst, nachdem er sich von seiner ersten Frau getrennt hatte –, sah Jill sie immer noch als diejenige, die den Platz der wahren Ehefrau eingenommen hatte und die der Wiedervereinigung ihrer Eltern im Wege stand. Selbst nach einer neuen Eheschließung halten die Kinder oft an der Vorstellung fest, daß ihre Eltern wieder zusammenfinden werden. Um diese Vorstellung zu verwirklichen, versuchen sie dann oft bewußt oder unbewußt, das neue Paar auseinanderzubringen. Lees Vermutungen, daß Jill versuchte, sich zwischen Roger und sie zu drängen, waren wahrscheinlich korrekt.

Wenn es Jill jedoch gelungen wäre, die neue Ehe ihres Vaters zu zerstören, hätte sie einen Pyrrhussieg errungen. Jill brauchte wie jeder Jugendliche eine stabile Familie, und ich glaube, sie wußte das. Während Jills leibliche Mutter aufgrund ihrer Alkoholsucht die Schwierigkeiten des Alleinerziehens nicht auf sich nehmen konnte, konnten Roger und Lee Jill ein stabiles Zuhause bieten. Es lag nicht in Jills Interesse, sie auseinanderzubringen, denn wenn es ihr gelänge, würde ihr Leben nur chaotischer werden. Um Jills und auch um ihrer selbst willen mußten Roger und Lee die Stärke und Dauerhaftigkeit ihrer Ehe unter Beweis stellen, anstatt gegeneinander zu arbeiten.

Auf mein Drängen hin übernahm Roger es schließlich, seiner Tochter klarzumachen, daß sein Platz an der Seite seiner Frau war und daß er Jills Manöver, sie auseinanderzubringen, nicht tolerieren konnte. Gleichzeitig lernte er, Jill davon zu überzeugen, daß Herzen sehr groß sind und daß sie als seine Tochter immer einen ganz besonderen Platz in seinem einnehmen würde. Roger setzte dieses Gefühl in die Tat um, indem er sich Zeit nur für sie beide nahm – ein gemeinsames Essen oder ein Spaziergang im Wald.

Eine jugendliche Stieftochter fürchtet normalerweise, daß ihr die Stiefmutter den Vater stehlen wird, so wie sie der Mutter den Ehemann gestohlen hat. Unglücklicherweise hindern einige Stiefmütter aus Unsicherheit Väter und Töchter daran, sich näherzukommen. Eines der großzügigsten Geschenke, das eine Stiefmutter ihrem Mann und ihrem Stiefkind machen kann, besteht in der vollen Anerkennung ihrer Beziehung – abseits von ihr. Töchter müssen natürlich akzeptieren, daß sie ihren Vater nicht ständig oder für immer für sich allein haben können, sondern nur in besonderen Augenblicken.

Gloria, die Stiefmutter, die ich so bewundere, erzählte

mir, daß sie zuerst die gemeinsamen Ausflüge von Vater und Tochter angeregt hatte, indem sie ihren Mann davon überzeugte, daß sie für die ganze Familie wichtig waren. Anfangs fühlte sich Leonard unbehaglich mit seiner Tochter und wußte nicht, was er mit ihr unternehmen sollte. Gloria war diejenige, die Filme, Restaurants mit der richtigen Atmosphäre und besondere Unternehmungen vorschlug, die beiden Spaß machen würden. Mit der Zeit lernten Tina und Leonard, die Zeit, die sie miteinander verbrachten, zu genießen. Gloria glaubt, daß sie Tinas Vertrauen zum Teil deshalb gewinnen konnte, weil Tina nicht mit ihr um die Aufmerksamkeit des Vaters streiten mußte.

Wir dürfen nicht vergessen, daß nicht nur Stieftöchter durch ihre Stiefmütter bedroht sind, sondern ebenso Stiefmütter durch ihre Stieftöchter. In seinem Eifer, eine liebende Familie zu haben, hatte Roger nicht damit gerechnet, daß Lee Jill als Rivalin empfinden würde. Er hatte nicht damit gerechnet, daß es seiner neuen Frau etwas ausmachen würde, die exklusive Beziehung zu ihm aufzugeben, um Platz für seine Tochter zu machen.

Die Spannungen zwischen Neuankömmling und festen Familienmitgliedern werden in dem bekannten Märchen *Goldköpfchen und die drei Bären* beschrieben. Obwohl dieses alte Märchen keine Lösungen anbietet, zeigt es die Probleme, mit denen moderne Stieffamilien konfrontiert werden. Bruno Bettelheim weist darauf hin, daß die Originalquelle von *Goldköpfchen* vermutlich eine alte schottische Geschichte ist, in der eine Füchsin bei drei Bären eindringt, die sie daraufhin verschlingen. In einer späteren Version der Geschichte nimmt sich die eindringende Füchsin Milch und ruht sich auf den Stühlen und Betten der Bären aus, die sie für ihre Übertretungen schwer bestrafen. »Zutritt verboten!« lautet die Warnung der Geschichte. Die Bären – die die festgefügte Familie symbolisieren – und in unserem Fall Lee und Roger entsprechen –, tolerieren die Störungen durch einen Fremden nicht.

In der Version von *Goldköpfchen,* die den meisten erzählt worden ist, können wir beobachten, daß vor dem Eindringen des Mädchens der Bärenhaushalt ordentlich ist und jeder seine besondere Stellung hat, symbolisiert durch die unterschiedlichen Stühle, Betten und Teller. Goldköpfchen bringt unabsichtlich Chaos in diese Ordnung, indem sie den Brei von den Tellern ißt, den Stuhl von Baby-Bär zerbricht und die ordentlich gemachten Betten durcheinanderbringt.

Ebenso bringt die plötzliche Ankunft eines jugendlichen Stiefkindes das Familiensystem durcheinander – ob es ein Zwei-Personen-Haushalt ist wie bei Roger und Lee oder einer mit anderen (Stief)Kindern. Allein das Durcheinander und der Krach, die jedem Teenager zu folgen scheinen, reichen aus, einen Haushalt in ein Chaos zu verwandeln.

Bettelheim weist darauf hin, daß Goldköpfchen durch ihre Wahl, zuerst von Papa Bärs Teller zu essen, auf seinem Stuhl zu sitzen und in seinem Bett zu liegen, ihren Wunsch enthüllt, ihm am nächsten zu sein.

Goldköpfchen bringt nicht nur den ordentlichen Familienhafen der Bären durcheinander, sondern sie bedroht auch die exklusive Beziehung zwischen Mutter und Vater Bär – so wie Jill versuchte, sich zwischen Lee und Roger zu drängen –, und das ist Grund für Alarm!

In der Geschichte von *Goldköpfchen* vertreiben die Bären das hübsche Mädchen (die Füchsin der früheren Version) aus dem Haus, so daß es ihre Einheit nicht länger bedroht. Lee jedoch konnte nicht so unverschämt sein: ihr Goldköpfchen würde bleiben.
In unseren früheren Gesprächen betonte Lee, daß sie den Wunsch hatte, Jill zu lieben. Es dauerte beträchtliche Zeit, bevor sie sich mit den natürlichen und normalen Gefühlen von Feindseligkeit, die sie gegen diesen »Außenseiter« hegte, abfinden konnte. Da Lee ihre feindseligen Gefühle anfangs nicht akzeptierte, maskierte sie sie. Ihre furchtbaren Ängste, daß dem Mädchen in Abwesenheit des Vaters etwas Katastrophales zustoßen könnte – ein Autounfall oder eine Entführung – waren zum Teil Lees unbewußter und zensierter Wunsch, daß dem Mädchen etwas geschah. Bettelheim erzählt uns, daß in den verschiedenen Versionen von »Goldköpfchen« die Bären sie verschlingen, in ein Feuer oder aus dem Fenster werfen, sie ertränken oder von einem Kirchturm stürzen. In unserer verwässerten modernen Version verschwindet sie im Wald.
Was die Bären ausführen konnten, war Lee nur in ihrer Phantasie möglich. Aber allein der Gedanke, dem Mädchen gegenüber gewalttätig zu werden, war für Lee so furchtbar, daß sie ihre Gefühle vor sich und anderen unter dem Mantel mütterlicher Besorgnis und Übervorsichtigkeit verberben mußte.
Im Laufe unserer Therapie erkannte Lee ihre Feindseligkeit an und verstand sie als etwas Normales, Natürliches und – wenn sie sich nicht in Taten ausdrückt – Harmloses. Über unsere inneren Dämonen – Eifersucht, Wut, Rache – zu sprechen, bringt sie an die

Oberfläche, wo sie verstanden und gezähmt werden können. In unserer Phantasie jedoch türmen sie sich so hoch und bedrohlich auf, daß sie uns tyrannisieren. Nach vielen Einzelsitzungen und mit Lees Zustimmung kam Roger in den Therapiesitzungen dazu. Es war auch für ihn wichtig, die Angst vor der wütenden Seite seiner Frau zu verlieren; er hatte sich von ihr abgewandt, als sie eifersüchtig wurde, weil er dem Irrglauben unterlag, daß sich diese Gefühle steigerten, wenn er sie anerkannte.

Für Lee war es wichtig zu erkennen, daß Jill nicht so gefährlich oder raffiniert war, wie sie gedacht hatte. Alles in allem lag die Stabilität der neuen Ehe ihres Vaters auch in Jills eigenem Interesse. Was würde Jill mit ihrem Vater machen, wenn sie ihn der neuen Frau wirklich wegnehmen könnte? Goldköpfchen erkennt selbst, daß es ihr nicht zusteht, Vaters Brei, Stuhl und Bett mit Beschlag zu belegen.

In unseren weiteren Gesprächen und zu Rogers Freude begann Lee, sich in Jill hineinzudenken und zu verstehen, was es bedeutet, in eine neue Familie zu kommen. Aus meiner eigenen Erfahrung kann ich sagen, daß es beinahe unmöglich ist, feindselige Gefühle aufrechtzuerhalten, wenn man versucht, sich in die betreffende Person hineinzuversetzen. Ihre Situationen ähnelten sich tatsächlich so sehr, daß es Lee nicht schwer fiel, Jill mitfühlend in einem anderen Licht zu sehen. So wie Lee manchmal fürchtete, ein Außenseiter in Rogers Welt zu sein – die Frau auf dem Rücksitz –, war sich Jill ebenso unsicher, wo ihr Platz in der Familie Hancock war. Beide Frauen waren von Zeit zu Zeit Goldköpfchen, das sich bemühte dazuzugehören.

In dem bekannten Märchen geht es für Goldköpfchen nicht gut aus – das Mädchen erleidet entweder ein gewaltsames Ende oder verschwindet im Wald. Die heutigen Stiefkinder und deren Stiefeltern müssen glücklichere Lösungen für ihr Dilemma finden als Goldköpfchen und die frustrierten Bären.

Meine Freundin Alice Levine vergleicht Familien mit Wasser. Wasser kann sich in einer ganzen Reihe von Behältern befinden – einem Trinkglas, einem Tank, einem Betonbecken oder in Molen, Sandbänken, Felsen oder sandigen Ozeanen. Ebenso kann eine Familie unterschiedliche Formen haben. Sie kann unter einem oder mehreren Dächern wohnen, ein, zwei oder mehrere erwachsene Köpfe haben, eng oder locker verbunden sein. Rogers ursprüngliche Auffassung von Familie jedoch war eingeschränkt. Für ihn bestand sie nur aus Vater, Mutter und Kind. Als Roger sagte, er wolle eine »richtige« Familie haben, stellte er sich diese im traditionellen Sinne vor. Er erkannte zudem nicht, daß seine zwölfjährige Tochter nicht mehr eine solche Nähe brauchte wie früher. In unseren Therapiegesprächen und durch Kontakte zu anderen zum zweiten Mal verheirateten Vätern ließ Roger schließlich von seinen starren Vorstellungen von einem guten Familienleben ab.

Aber Rogers anfängliches Vorurteil gegen neue Familienformen scheint weit verbreitet zu sein. Mir fällt eine Geschichte ein, die mir eine Freundin über ein Bar Mizwa Fest erzählte, an dem sie vor kurzem teilnahm. Wie bei diesem Fest üblich hielt das junge Mädchen, das bei den Erwachsenen aufgenommen wird, eine kurze Rede, in der sie all ihren Lieben dankte. Die Rede endete mit den Worten: »Vor allem möchte ich meinen wundervollen Eltern danken – allen vier.« An diesem Punkt begannen die Mitglieder des konservativen Flügels nervös zu lachen. Wie meine Freundin erklärte, war das Lachen nicht bösartig. Es war vielmehr das Lachen eines Kindes, wenn es glaubt, daß es hinters Licht geführt werden soll, sich aber nicht sicher ist. Wie Roger war sich diese Ansammlung anständiger Leute nicht sicher, ob man eine Familie mit vier Elternteilen ernst nehmen konnte: War eine solche Familie normal?

Roger nahm zuerst an, daß die Kernfamilie nicht nur normaler oder realer als seine weniger konventionelle ist, sondern vor allem auch besser. Und wie Aschenputtels Stiefschwestern ihre Füße in einen Schuh zwängen, der ihnen zu klein ist, versuchte Roger, seine neue Frau und und seine Tochter in eine traditionelles Mutter-Tochter-Verhältnis zu zwängen, das ihnen nicht paßte. Eine zweite Ehe ist natürlich real, und die Familienmitglieder sind, wie wir entdecken werden, in gewisser Weise vielleicht besonders anpassungsfähig.

Natürlich haben heranwachsende Kinder die besten Chancen, sich gut zu entwickeln, wenn ihre Familien stabil sind, aber die zu engen Beziehungen, die oft traditionelle Familien und Familien mit nur einem Elternteil charakterisieren, können dem Jugendlichen auch schaden. Jugend ist die Zeit, das elterliche Nest zu verlassen, das jetzt zu klein und zu behütet ist. Jugendliche mit nicht nur einer, sondern zwei Familien haben die Gelegenheit, sich von einem elterlichen Territorium ins andere zu begeben und dadurch ihre Welterfahrung zu vergrößern. Wenn ein Mädchen im Teenageralter das Heim der Mutter verläßt, um den

Vater zu besuchen oder bei ihm zu leben, hilft ihm das, sich von der Mutter zu lösen. Das zweite Elternhaus wird eine Zwischenstufe zwischen dem übermäßig schützenden mütterlichen Hafen und der bedrohlichen Welt draußen. Und da die Stiefmutter weniger ängstlich ist als die Mutter, kann sie eine Beziehung bieten, die weder drängt noch klammert; sie kann die erwachsene Freundin sein, die jedes Mädchen irgendwann braucht.

Als Teenager lebte ich an New Yorks oberer West Side. Dort hatte ich einen Freund, der zwischen der Wohnung seines Vaters und der seiner Mutter pendelte und mehr oder weniger gleich viel Zeit mit beiden Familien verbrachte. In dieser Zeit war Larrys Lebensstil eine ziemliche Rarität. Anstelle von Kugelschreibern trug Larry eine Zahnbürste in der Jackentasche. Mit sechzehn war er ungeheuer selbständig und, wie ich fand, sehr erfahren. Vor allem aber schien er glücklich und zufrieden mit der Welt zu sein. Er erklärte, daß die vier Erwachsenen in seinem Leben nicht an ihm zerrten, sondern ihm erlaubten, sich dem zuzuwenden, den er brauchte. Einmal beschrieb Larry seine unkonventionellen Haushalte als »Auftankstationen« und meinen traditionellen als »Kernfestung«.

In manchen Kulturen wurden Kinder in der Pubertät ausquartiert – von ihren Eltern weggeschickt –, und dieses Ausquartieren sollte nicht die berufliche oder erzieherische Entwicklung der jungen Leute sichern, sondern vielmehr die Generationen zu einer Zeit trennen, zu der sie ansonsten unter unerträglichen Spannungen gelitten hätten. Übermäßiges Zanken zwischen Müttern und heranwachsenden Kindern, das in modernen Familien so typisch ist, kann ein Zeichen dafür sein, daß die beiden Generationen nicht länger harmonisch unter einem Dach leben können, daß sie einander entwachsen sind und sich am besten trennen.

Stabile Familien mit zum zweiten Mal verheirateten Elternteilen bieten den Jugendlichen zwei Heime, zwischen denen er/sie sich bewegen kann. Wie mein Freund Larry mir erzählte, packte er einfach seine Tasche, wenn er sich in einer Familie unterdrückt fühlte, fuhr eine kurze Strecke mit der U-Bahn und ließ sich eine Weile bei der anderen Familie nieder. Obwohl damals niemand von uns überlegte, wie sein Kommen und Gehen seine Eltern und Stiefeltern beeinflußte, kann ich mir jetzt vorstellen, daß sie von dieser flexiblen Regelung auch profitierten. Eine erschöpfte Bekannte sagte mir einmal, daß jede Mutter von Jugendlichen einen »Kibbuz irgendwo in Kansas« brauche, wo die Kinder von Zeit zu Zeit hingeschickt werden, damit sie ein bißchen Ruhe und Frieden hat. Larrys zweites Elternhaus erfüllte eine solche Funktion: dort konnte er beruhigt hingehen, wenn die Beziehungen im ersten Elternhaus zu gespannt wurden.

Im Fall der Hancocks kamen Roger, Lee, Jill und Jills Mutter schließlich überein, daß es für Jill wichtig wäre, ihre Mutter oft zu besuchen. Es stellte sich heraus, daß nicht nur Mutter und Tochter von ihrem jeweils kurzen Zusammensein profitierten, sondern Lee und Roger konnten, wenn Jill weg war, die Momente »ganz für sich allein« genießen, die jedes Paar braucht. Wie Lee mir gegen Ende unserer Therapie sagte: »Es wird einfacher, Jills Mutter zu mögen. Schließlich ist sie immer nett, wenn sie ihre Tochter bei sich haben kann, und überwindet sich sogar, unseren

Terminplänen entgegenzukommen. Und immer wenn Jill für ein paar Tage wegfährt, können Roger und ich eine Intimität genießen, die in ihrer Gegenwart nicht möglich ist.«

In unserer Gesellschaft lassen die gehetzten, überarbeiteten oder nicht geforderten Vollzeitmütter nur zu oft ihre Frustrationen an ihren Kindern aus und verfallen selbst in krankhafte Depressionen. Wieviel besser waren doch ihre Mütter, Großmütter und Urgroßmütter dran, die in Großfamilien lebten, wo immer ein zusätzlicher Arm ein bedürftiges Kind umarmte und ein zusätzliches Ohr ihre Klagen anhörte! Ich erinnere mich an die Traurigkeit einer Freundin – eine traditionelle Mutter –, die erschöpft von den emotionalen Bedürfnissen ihrer großen Familie und der Aufgabe, ein großes Haus allein zu führen, seufzte: »Sag mal, ist das ein Leben?«

Jetzt frage ich mich, ob unsere neuen Familienformen – diese gemischten Stieffamilien mit Eltern und zahlreichen (Stief)Kindern nicht eine Reinkarnation der Großfamilie sind. Könnten diese neuen Familien nicht eine Möglichkeit sein, die zu schwere Last der Kindererziehung von den Schultern eines Elternpaares oder Elternteils zu nehmen und auf mehrere Erwachsene zu verteilen? Ist es vermessen zu hoffen, daß Stiefmutter und leibliche Mutter und Stiefvater und leiblicher Vater sich verbünden können, um den heranwachsenden Familienmitgliedern die Unterstützung und Hilfe zu bieten, die sie brauchen?

Es ist traurig, aber ich kenne nicht viele Stieffamilien, die ein hohes Maß an Kooperation und gutem Willen erreicht haben. Lees frühe Abwertung von Jills Mutter war ein Beispiel für die Feindseligkeit, die nur zu oft die Beziehung zwischen Stiefeltern und leiblichen Eltern charakterisiert. Aber ich erinnere mich an eine besonders nette Ausnahme von diesem beunruhigenden Muster, das anderen hoffentlich als Vorbild für gesunde Beziehungen dienen kann. Vor ein paar Monaten erzählte Ruth, eine fünfzigjährige Patientin, folgende Geschichte:

»Nach meiner Scheidung und der Heirat meines Ex-Mannes war ich jahrelang eifersüchtig auf seine Frau. Obwohl der Gedanke, daß sie ihn glücklich machen konnte und ich nicht, mich mit Verzweiflung erfüllte, regte mich die Vorstellung, daß meine kleine Tochter Emily sie mir eines Tages vorziehen könnte, noch mehr auf. Nach Emilys Erzählungen von ihren Besuchen bei ihrem Vater war Sheila sehr freundlich und sehr liebevoll.

Natürlich sah ich Sheila nur selten, aber auf einer dieser Familienfeiern – meine ehemaligen Schwiegereltern feierten ihren vierzigsten Hochzeitstag – trafen wir uns. Obwohl Emily mit mir gekommen war, wollte sie sich unbedingt mit ihrem Vater und Sheila unterhalten, und ich habe sie natürlich nicht zurückgehalten. Einmal bemerkte ich, wie Sheila sich hinunterbeugte, um Emilys Schuhe zuzubinden. So unbedeutend das anderen erscheinen mag, mich traf es wie ein Stich mit einem Messer. Ich konnte es nicht ertragen, daß Sheila sich um meine Tochter kümmerte. In dieser Nacht weinte ich mich in den Schlaf.

Ich verstehe nicht ganz, warum mein Haß auf Sheila verschwand, aber mit der Zeit war es so. Vielleicht habe ich mich im Laufe der Jahre einfach daran gewöhnt, daß sie zu Emilys Leben gehört, und mir weniger Gedanken darüber gemacht, daß Emily sie mehr

lieben würde als mich. Auf jeden Fall ist Sheila keine Bedrohung mehr für mich, und unser Verhältnis ist ziemlich herzlich geworden.
Vor vier Monaten, an ihrem sechzehnten Geburtstag, hatte Emily einen Autounfall. Tagelang wußten wir nicht, ob sie leben oder sterben würde. Mein Ex-Mann war so niedergeschmettert und aufgeregt, daß er alles nur schlimmer machte. Ich konnte es nicht ertragen, wenn er im Krankenhaus war, weil er selbst Trost zu brauchen schien und Emily nicht die ständige Zuversicht geben konnte, die sie brauchte.
Es war Sheila, die sich um Emily kümmerte – und um mich. Sie löste mich von der Wache an Emilys Bett ab. Sie hilft mir, Emily durch ihre lange Rehabilitation zu bringen. Sie bietet mir an, Emily zu ihren täglichen Krankengymnastikterminen zu fahren, damit ich andere Dinge tun kann.
Ich brauche wohl nicht zu sagen, daß ich Sheila inzwischen sehr gern mag. Durch unsere gemeinsame Liebe zu Emily sind wir aneinander gebunden. Ich finde, es sollte eine Bezeichnung für die Beziehung zwischen Mutter und Stiefmutter geben. Aber es gibt keine. Keinen Namen, nicht einmal ein Wort, das unsere gegenseitige Zuneigung beschreibt.«
Ich stimme Ruth zu. Ohne eine Bezeichnung für die gesunde Verbundenheit, die möglich ist, müssen wir glauben, daß es entweder gar nichts zwischen Mutter und Stiefmutter gibt oder daß ihre Beziehung reine Rivalität ist.
Die Möglichkeiten herzlicher und stützender Beziehungen zwischen Müttern und Stiefmüttern sind noch nicht erkannt worden. Traurigerweise werden Frauen traditionell zu Konkurrentinnen um die Gunst

von Männern und Kindern erzogen. Kein Wunder also, daß die böse Märchen-Stiefmutter ein akzeptables Ventil für Aggression von Frauen gegen Frauen geworden ist. Da sich jedoch mehr und mehr Frauen in der Rolle der Stiefmutter finden oder sich gezwungen sehen, die Sorge um ihre Söhne und Töchter mit den neuen Frauen ihres Ehemannes zu teilen, haben sie die Wahl: Sie können einander fremd bleiben; sie können eifersüchtige Konkurrenz fördern, was die meisten Menschen von ihnen erwarten; oder sie können Freundinnen werden. Ebenso haben Stiefmütter und Stieftöchter im großen und ganzen die Möglichkeit einer für beide Seiten angenehmen Beziehung noch nicht erkannt. Aber es gibt schon einige Erfolgsgeschichten zu erzählen, und vielleicht werden es mit der Zeit mehr.

In der letzten Sitzung mit den Hancocks fragte ich Lee, ob Jill ihr neben all den Problemen auch ein bißchen Freude gemacht hätte, und sie antwortete folgendes: »Bevor Jill kam, hatte ich so viele Vorstellungen davon, wie wir als Mutter und Kind zusammensein würden. Ich hatte wirklich gehofft, daß jill sich von mir Klavierstunden geben lassen würde. Jill und ich werden wahrscheinlich niemals Mozarts Sonate in F für vier Hände spielen, und vielleicht bin ich deswegen ein bißchen enttäuscht. Aber Jill kam gestern abend zu mir, als ich übte, und fragte, ob ich ihr ein einfaches Stück beibringen könnte. Sie wollte nicht ernsthaft Klavierspielen lernen, sie wollte nur ein Stück spielen können. Wir haben schließlich eine mitreißende Version von ›Heart 'n' Soul‹ hingelegt – nicht gerade Mozart, aber was soll's? Wir hatten unheimlich viel Spaß. Ja, ich würde sagen, daß Jill mir Freude macht … und zwar auf eine Weise, die ich nie vermutet hätte.«

Stiefmütter sind nicht zu neidischen, kalten Beziehungen zu ihren Stieftöchtern verdammt, wie unsere Märchen uns glauben machen wollen. Statt dessen können sie wie Lee und Jill mit Geduld und Entschlossenheit lernen, zusammen leichte Musik zu machen.

10

LOSLASSEN

Von Mutter zu Mutter zu Tochter

Carl Gustav Jung schrieb, daß »sich in jeder Mutter ihre Tochter befindet und in jeder Tochter die Mutter und daß jede Frau sich in ihrer Mutter und in ihrer Tochter fortsetzt.« Um alle Möglichkeiten ihres individuellen Lebens zu erkennen, muß sich die Mutter im mittleren Alter nicht nur von ihrer heranwachsenden Tochter lösen, sie muß auch die Trennung von ihrer alternden Mutter vollenden. Nur indem Mütter und Töchter sich voneinander fort entwickeln, kann jede eine ganze Frau werden.

Trotz dieser Tatsache lösen viele Frauen in der Lebensmitte ihre Bindungen an die Mutter nur ungern oder haben sogar Angst davor. Das Mädchen in ihnen klammert sich an die Illusion, daß der Mutter absolutes Wissen und absolute Macht gegeben sind und daß sie nur für die Tochter erreichbar ist, solange diese ihr gefällt und ihren Vorstellungen entspricht. Aus diesem Grund sehen sie selbst angemessene töchterliche Verweigerung oder Meinungsverschiedenheiten als potentielle Katastrophen an. Wie meine Patientin Tanya es ausdrückte: »Wenn ich zu meiner Mutter, einer kränklichen und fordernden Dame, nein sage, bin ich überzeugt, daß entweder sie sterben wird oder ich!« Tanyas Reaktion ist nicht ungewöhnlich. Viele andere Patientinnen haben mir erzählt, daß es irgendwie gefährlich scheint, sich gegen Mutters Wünsche durchzusetzen oder sie zu kritisieren. Nachdem Carol ihrer Mutter erzählt hatte, daß sie Weihnachten nicht zu ihr käme, sondern die Feiertage mit der Familie ihres Mannes verbringen würde, litt sie eine Woche lang unter Migräne. Nach einer wütenden Auseinandersetzung, in der Natalie ihre Mutter beschuldigte, sie ständig zu bevormunden, begann sie, an Selbstmord zu denken. Diese beiden erwachsenen Töchter schienen sich selbst dafür zu bestrafen, daß sie sich gegen ihre Mütter gestellt hatten.

Nicht alle Frauen sind bereit, unangenehme Probleme mit ihren Müttern durchzusprechen. Bei einigen blokkiert die Angst, daß die Mutter sich so beleidigt fühlt, daß sie ihre Liebe ganz zurückzieht, jede ehrliche Begegnung. Patientinnen haben mir erzählt, daß sie lieber die Manipulationen oder haarsträubenden Forderungen der Mütter ertragen, als mit ihnen zu hadern und ihren Ärger auf sich zu ziehen.

Frauen, die ihre Mütter als schwach oder zerbrechlich empfinden, hält vielleicht die Angst, daß ein Konflikt die ältere Frau emotional vernichten wird, von einer notwendigen Konfrontation ab. Nach ihrer wütenden Begegnung gab Natalie zu: »Wenn ich meine Mutter irgendwie kritisiere, distanziert sie sich von mir, so wie sich ein verwundetes Tier von seinem Angreifer zurückzieht. Wenn ich etwas sage, das meine Mutter beleidigt, fühle ich mich wie eine Kriminelle – eine Mörderin. Das ist mir die Sache einfach nicht wert«. Für all diese Töchter ist die gefürchtete Konsequenz der Verlust der Mutterliebe. Tanya drückt das so aus: »Obwohl ich vom Intellekt her weiß, daß ich das Recht habe, Dinge zu tun, mit denen meine Mutter nicht einverstanden ist – ich bin schließlich vierundvierzig –, erlaubt mir ein unbestimmtes, aber andauerndes Gefühl nicht, ihr zu mißfallen. Ich tue immer noch, was sie sagt – oder tue ihr gegenüber zumindest so.«

Tanya, Carol und Natalie, die alle Karriere und Kinder vereinbaren konnten, sind einsichtige, kluge und disziplinierte Menschen. Ihre Schwierigkeiten als Töchter erinnern mich daran, daß selbst die tüchtigsten Frauen, die keine Mühe haben, sich in der Arbeitswelt zu behaupten, es schwer haben können, sich von ihren Müttern unabhängig zu machen.

Obwohl der Ausdruck Trennung in der Literatur über die Entwicklung von Kindern und Erwachsenen sehr populär geworden ist, ist seine Bedeutung nicht offensichtlich. Trennung bedeutet sicher nicht das Zerreißen einer starken Beziehung. Parodoxerweise scheinen sich tatsächlich die Mütter und Töchter, die sich angemessen voneinander getrennt haben, liebevoller zu begegnen als übermäßig voneinander abhängige Frauen. Nur wenn man nicht ständig durch die Kontrolle des anderen bedroht ist, kann man in einer Beziehung ungefährdet großzügig und offen werden.

In meiner Praxis und meinem persönlichen Leben habe ich viele dieser gegenseitig befruchtenden Beziehungen zwischen selbständigen Müttern und Töchtern beobachtet. Diejenigen, die sich trennen, entwickeln eine gute Beziehung mit ausreichendem Zwischenraum, während diejenigen, die sich nicht trennen, gefangen sind. In einer guten Beziehung sind Mutter und Tochter trotz der Loslösung sehr verbunden, aber keine wird behindert. Jede ist frei, sich vorwärts zu bewegen, ohne die andere zu tragen, zu ziehen oder zu schieben; jede ist frei, ihr Leben auf ihre Weise zu führen, und kann Konflikte ertragen. In einer Beziehung jedoch, in der eine oder zwei Personen gefangen sind, bedrängen Mütter und Töchter einander. Keine von beiden kann die Position wechseln, sich ausstrecken oder wachsen, ohne die andere zu reizen. Mehrere Patientinnen haben solche Fallen als »verschlingen« bezeichnet. Wie Carol sagte: »Manchmal habe ich das Gefühl, daß meine Mutter mich bei lebendigem Leib frißt; ich werde von ihr verschlungen.«

Später werde ich zu Beispielen gesunder Trennungen zwischen erwachsenen Frauen und ihren älteren Müttern zurückkehren, aber zuerst möchte ich gern an Beispielen untersuchen, welche Formen gescheiterte Trennungen zwischen Mutter und Tochter annehmen können. Aurelia Plath beschrieb die Verbindung mit ihrer dichtenden Tochter wie folgt: »Zwischen Sylvia und mir bestand – wie zwischen meiner eigenen Mutter und mir – eine Art psychischer Osmose, was manchmal wundervoll und beruhigend war, manchmal aber auch ein unwillkommenes Eindringen in die Privatsphäre.«

In einem der letzten Briefe an Aurelia protestierte Sylvia gegen den Schmerz, den sie zu freimütig geteilt hatten: »Der Schrecken dessen, was du und ich letzten Sommer gesehen haben, steht zwischen uns, und ich kann deinen Anblick nicht ertragen, bis ich ein neues Leben habe.«

Die Verbindung dieser beiden Frauen erinnert an die Einheit von Mutter und Embryo, die ihre Erfahrung der Welt einander osmotisch mitteilen. Man kann nur spekulieren, daß das von Sylvia angedeutete, aber durch ihren Selbstmord verhinderte neue Leben ein losgelösteres sein sollte – Mutter und Tocher Seite an Seite.

Manchmal wiederholen erwachsene Frauen die Einheit mit ihren Müttern in Beziehung zu ihren eigenen Kindern. Wie meine Patientin Carol erklärt: »In meiner Familie herrschte schon immer große Enge. Meine Mutter erwartet, daß ich ihr alles über mich und die Familie erzähle. Wenn ich sie nicht mehrmals in der Woche anrufe, regt sie sich auf; wenn wir nicht jeden Feiertag gemeinsam verbringen können, ist sie außer sich. Aber obwohl ich es fürchterlich finde, wie sie sich an mich klammert, stelle ich manchmal fest, daß ich mich an meine eigene Tochter klammere. Wenn Carla mir nicht häufig aus dem College schreibt, denke ich, daß sie keine gute Tochter ist. Und wenn sie davon spricht, nach dem Abschluß nicht zurückzukommen, sondern nach Los Angeles, Chicago oder in eine andere große Stadt zu ziehen, habe ich ein furchtbares Verlustgefühl. Ich möchte ihr sagen: ›Nein, du mußt zu mir zurückkommen.‹«

Carols Verhaltensmuster ist weit verbreitet. Frauen, die sich als junge Erwachsene nicht von den Rockzipfeln ihrer Mutter lösen konnten, neigen dazu, ihre eigenen Töchter ebenfalls nicht loszulassen. Und die Großmütter dieser Frauen im mittleren Alter hatten sich ebenfalls nicht von ihren Töchtern trennen können. Jede Generation hielt die nächste fest.

Die Sehnsucht nach Fusion zwischen Mutter und Tochter kann auch weniger direkt durchgespielt werden. In den sexuellen Beziehungen Erwachsener kann ein oder können beide Partner die ursprüngliche, primitive Vereinigung von Mutter und Kind simulieren, indem der oder die Geliebte als Mutterersatz dient. Indem eine Frau ihren Liebhaber drängt, sinnlich mütterliche Funktionen auszuüben, wie Halten, Streicheln und Drücken an Stelle von genitalem Sex, kann sie die Gefühle wieder hervorrufen, die sie einst in Mutters Armen erfahren hat. Mir fällt dabei ein bestimmter Fall ein: Peter, ein ehemaliger Patient, erklärte, daß seine fünfunddreißigjährige Frau ihm das Gefühl gab, brutal zu sein, wenn er mit ihr schlafen wollte. Um sie nicht mehr zu verletzen, hatte er zugestimmt, körperliche Intimität auf Umarmung und Küsse zu beschränken. Da er sich zunehmend unbefriedigt und ausgenutzt in seiner fünfjährigen Ehe fühlte, reichte er schließlich die Scheidung ein. Natürlich erlauben gesunde Liebesbeziehungen den Partnern, eine gewisse Menge mütterlicher Liebe zu nehmen und zu geben. Jeder braucht die Sicherheit, die Pflichten des Erwachsenseins ab und zu abzulegen und kindlich im Umgang mit dem anderen zu werden. Erst wenn das Bedürfnis nach mütterlicher Liebe reifere Formen des Zusammenseins verdrängt oder wenn ein Partner darauf besteht, immer das Kind oder der Elternteil zu sein, können Probleme entstehen.

Ich habe keine Möglichkeit zu erfahren, wie verbreitet es unter reifen Frauen ist, anstelle von Sex mütterliche Liebe vorzuziehen, aber ich habe diese Tendenz bei einer Reihe meiner jüngeren Patientinnen beobachtet. Ich habe mehrere Teenager behandelt, die nur deswegen schwanger geworden sind, weil ihnen das verzweifelt ersehnte Umarmen und Streicheln nur zuteil wurde, wenn sie sich auf Geschlechtsverkehr einließen; ausgehungert nach mütterlicher Liebe erlitten sie Sex, um liebkost zu werden. Tragischerweise suchten einige später bei ihren Babys nach mütterlicher Liebe – Zuwendung, bedingslose Akzeptanz, positive Bestätigung – und waren enttäuscht oder wütend, wenn die Kleinen ihnen nicht gaben, wonach sie sich sehnten, sondern selbst Bedürfnisse anmeldeten.

Obwohl eine rückschrittliche sexuelle Verbindung das Nirwana simuliert, das wir in unserem Einssein mit der Mutter erfahren haben, oder zum erstenmal die selige Mutter-Kind-Einheit bietet, nach der sich nicht genügend bemutterte Frauen sehnen, reduziert sie eine erwachsene Frau auf die abhängige und egoistische Rolle eines Kindes. Für manche Frauen mag eine solche Verbindung ein Schritt auf dem Weg zu weniger abhängigen und gleichwertigeren Beziehungen sein. Aber diejenigen, die in einer solchen Beziehung steckenbleiben, werden die Freuden wahrer Liebe niemals erfahren.

Reife Liebe, ob zwischen Mutter und Tochter oder zwischen erwachsenen Liebenden, bringt gegenseitiges Gespür für und Respekt und Ehrfurcht vor der Andersartigkeit des anderen mit sich. Unreife Liebe dagegen benutzt den Partner nur zum eigenen Vergnügen, so wie das egozentrische Baby den Körper der Mutter für Trost und Nahrung benutzt. Ich bin ziemlich sicher, daß Peter sich aus diesem Grund ausgenutzt fühlte. Frauen und auch Männer, die wie Babys verwöhnt werden wollen, werden meistens von den Erwachsenen verlassen, die sich früher oder später von ihnen ausgenutzt fühlen.

Eine Mutterliebe ohne Trennung erstickt nicht nur das

erwachsene Kind, sondern lähmt auch die Vitalität der Mutter: die ältere Frau wird von dem erwachsenen Kind ebenso verschlungen wie das erwachsene Kind von ihr. Damit eine Frau die Möglichkeiten ihrer späten Jahre erkennen kann, muß sie sich nach und nach von den Bedürfnissen ihrer Kinder freimachen. »Ich möchte meine Tochter wirklich nicht beleidigen«, vertraute mir eine sechsundsiebzigjährige Bekannte an, »aber ich bin nicht mehr bereit, mich mit ihren Problemen zu beschäftigen: ihre finanziellen Schwierigkeiten, die Probleme mit Mann und Kindern. Das ist jetzt alles zuviel für mich. Ich liebe sie wie immer, aber ich möchte nicht mehr in ihr Leben verstrickt sein.« Die alternde Mutter im Verhältnis zu ihrer Tochter in mittleren Jahren und die Tochter in mittleren Jahren im Verhältnis zu ihrem heranwachsenen Kind haben ähnliche Aufgaben: Jede muß das richtige Maß an mütterlicher Zuwendung mit dem richtigen Maß an mütterlicher Distanz kombinieren. In meiner Praxis sehe ich meist Mütter, die in puncto Zuwendung zuviel des Guten tun. Aber gelegentlich berate ich Frauen, die – manchmal aus ihrer Entschlossenheit heraus, nicht die zu engen Bindungen zu wiederholen, die sie an ihre Mütter hatten – sich von ihren eigenen heranwachsenden Töchtern zu weit entfernen. Sie reagieren nicht auf die Hilferufe ihrer Töchter, sondern schubsen sie in eine verfrühte Unabhängigkeit. Diese Mädchen fühlen sich dann verlassen und suchen mütterliche Liebe bei den falschen Leuten – bei Freunden oder, was noch schlimmer ist, bei den Babys, die sie zur Welt bringen.

Die Kunst des Mutterseins erfordert sowohl für die ältere Mutter als auch für die Mutter in mittleren Jahren, die heikle Balance zwischen Engagement und Loslösung von den Kindern zu finden, zwischen Halten und Loslassen. Ebenso gehört es zu den wichtigen Aufgaben der Tochter im mittleren Alter, die Balance zwischen Nähe und Trennung von ihrer Mutter zu finden.

Oft steht man in mittleren Jahren vor der Aufgabe, mit dem Tod eines Elternteils oder beider fertig zu werden. Im gesündesten Fall verinnerlicht das erwachsene Kind gewisse positive Eigenschaften des verstorbenen Elternteils, auf die es sich später stützen kann. Wenn ich von Dingen überwältigt bin, »unterhalte« ich mich oft mit meinem verstorbenen Vater und meiner verstorbenen Großmutter. Indem ich mich an ihre liebevollen Ratschläge erinnere, kann ich mir vorstellen, wie sie mir helfen würden. Aber gleichzeitig muß das verwaiste erwachsene Kind frei sein, unerwünschte Aspekte des Elternteils zurückzuweisen. Die persönliche Entwicklung erfordert eine selektive Integration der Werte und Lebensart der Eltern. Trennung vor oder nach dem Tod eines Elternteils bedeutet, daß man die Wahl hat, bestimmten Charaktereigenschaften der Eltern nachzueifern und sich von anderen zu distanzieren. Ich habe mich für die Geduld meines Vaters entschieden, wenn ich meinen Kindern bei den Hausaufgaben helfe, aber ich habe mich entschieden, ihnen nicht seine perfektionistische Auffassung von Ordnung aufzuerlegen.

Durch eine erfolgreiche Trennung von unseren eigenen Eltern können wir unseren heranwachsenden Kindern bewußte Eltern sein. Die Tochter im mittleren Alter, die sich noch nicht getrennt hat, stellt vielleicht fest, daß sie sich ebenso benimmt wie ihre Mutter –

auch wenn dieses Verhalten destruktiv ist. Obwohl sie die schrille Art ihrer Mutter gehaßt hat, schreit sie ihre Tochter an. Obwohl sie sich unter der Zudringlichkeit ihrer Mutter gekrümmt hat, dringt sie selbst in die Privatsphäre ihrer Tochter ein. Die nicht losgelöste Frau ist mit ihrer Mutter nicht durch eine wundervolle Alchimie verbunden, sondern durch eine ganz primitive, die selbständiges Verhalten ausschließt.

Vor gar nicht langer Zeit wies mein Mann mich darauf hin, daß ich bei meiner Tochter genau dasselbe Verhalten an den Tag legte, das mich damals im Teenageralter bei meiner Mutter so gestört hatte. Wie meine Mutter fragte ich meine Tochter viel zu oft: »Was hast du heute mittag gegessen?« »Bist du sicher, daß du genug Schlaf hast?« »Bist du warm genug angezogen?« Langsam verstehe ich, daß ich durch das Wiederholen der Verhaltensmuster meiner Mutter versucht habe, an ihr festzuhalten und die Kontinuität zwischen uns zu sichern. Ich habe Angst, mich zu sehr von meiner Mutter zu trennen, und um das zu verhindern, habe ich ihr Verhalten übernommen, selbst da, wo es mich verletzt hatte. Wann immer ich an meiner Tochter so herumnörgelte, wie meine Mutter es bei mir getan hatte, konnte ich ihre Stimme aus meinem Mund hören! Da mir mein aufmerksamer Mann diese Wiederholungsneigung bewußt gemacht hat, beginne ich jetzt auszuwählen, inwiefern ich meiner Mutter als Mutter ähneln will und inwiefern nicht.

Manche Frauen hingegen haben keine Angst, sich zu sehr von der Mutter zu trennen, sondern Angst vor zuviel Nähe. Matrophobie nennt man die Angst der Tochter, die sich nicht gelöst hat und in Wirklichkeit stark von ihrer Mutter beeinflußt ist, daß sie, wenn sie nicht auf der Hut ist, ihre Mutter wird, und dadurch das Recht auf ein individuelles Leben verliert. Anstatt die Ähnlichkeiten mit der Mutter – oder die Ähnlichkeiten der Tochter mit der Großmutter – zu genießen, haßt sie sie und leugnet sie heftig: »Ich bin überhaupt nicht wie meine Mutter. Ich schlage hundertprozentig meinem Vater nach.« Wie ich muß die an Matrophobie leidende Frau lernen, daß sie wählen kann, welches Erbe sie von der Mutter übernehmen will und welches nicht.

Obwohl der Tod eines Elternteils normalerweise ein trauriges Ereignis für die Tochter ist, wird es sich im besten Fall positiv auf ihre Entwicklung auswirken. Eltern fungieren zu ihren Lebzeiten als Puffer zwischen Kind und Tod, da im normalen Ablauf die ältere Generation vor der jungen stirbt. Solange die Eltern leben, fühlt die erwachsene Tochter sich geschützt. Ohne diesen Puffer jedoch kann sie ihre Sterblichkeit nicht länger leugnen, sondern muß sich mit dem Konzept der Endlichkeit auseinandersetzen. Mehrere Jahre vor ihrem Tod, als ich gerade im Teenageralter war, sagte meine Großmutter, daß sie keine Angst hätte, wenn ihre Zeit käme, und ich glaubte ihr. Durch ihren Mut beunruhigte mich der Gedanke an den Tod nicht mehr so sehr; und das ist noch heute so.

Es ist paradox, aber das Wissen um unseren bevorstehenden Tod – daß wir als nächste dran sind – bringt uns dazu, unsere Lebendigkeit zu schätzen und unsere herrlichen Möglichkeiten zu erkennen.

Ich habe ein paar Frauen behandelt, die sich geweigert hatten, sich zu entwickeln und zu verändern. Zu starke Bindung an ihre Mütter schienen sie sowohl vor den Möglichkeiten als auch vor den Verantwortungen des Lebens abzuschirmen. Obwohl sie in ihren Familien als Tyrann auftraten, da Abhängigkeit immer Feindseligkeit nährt, blieben sie außerhalb des Hauses scheu und kindlich. Wie junge kokette Mädchen trugen sie manchmal ihre mädchenhafte Unfähigkeit zur Schau, als sei es eine »niedliche« Tugend. Mit Hilfe einer Therapie ließen diese unschuldigen und naiven Frauen nach und nach von ihren kindlichen Bindungen ab, wurden unabhängiger und kamen schließlich wirklich auf die Welt.

Connie war ihr Leben lang verwöhnt und beschützt worden. Als Erwachsene lernte sie, die Welt durch ihren Charme und ihr gutes Aussehen zu lenken und von der Freundlichkeit Fremder abhängig zu sein. Mehr noch: sie war von der Fürsorge ihrer ältesten Tochter abhängig. Seit sie ein kleines Mädchen war, glaubte Lois, daß sie sich nicht an ihre Mutter wenden konnte, sondern daß ihre Mutter sich immer an sie wenden können mußte. Der unglückliche Rollentausch zwang Lois, zu früh erwachsen zu werden. Sie entfremdete sich schließlich ihrer Mutter Connie, deren Hilflosigkeit und ständige Forderungen nach Aufmerksamkeit unerträglich wurden. Erst nachdem Lois ihrer Mutter mitgeteilt hatte, daß sie zumindest eine Zeitlang nichts mehr mit ihr zu tun haben wollte, war Connie gezwungen, langsam erwachsen und selbst verantwortlich für ihr Leben zu werden; mit sechzig konnte sie sich nicht mehr auf die »Freundlichkeit« anderer verlassen.

Ähnlich wie Connie war die hübsche Allison immer ein Püppchen gewesen; erst für ihre zu nachgiebigen Eltern und dann für ihren reichen besorgten Ehemann. Als Frau in mittleren Jahren jedoch war es ihr peinlich, daß sie es nicht geschafft hatte, etwas aus sich zu machen, sondern wie ein Parasit gelebt hatte. Sie erkannte, daß es »jetzt oder nie« geschehen mußte, und weigerte sich zum erstenmal, das überaus großzügige Taschengeld ihres Mannes anzunehmen, verwarf den Gedanken ihrer Mutter, daß sie ein »dummes Mädchen« sei, weil sie ihr Leben ändern wollte, und nahm einen Job als Kellnerin an. Als sie direkt von der Arbeit zu einer Therapiesitzung kam, seufzte sie: »Ich bin erschöpft, aber zum erstenmal in meinem Leben habe ich es mir verdient, müde zu sein. Wissen Sie, ich verdammt stolz auf meine geschwollenen Füße!«

Seltsam und traurig finde ich, daß gutmeinende Menschen wie Allisons Mutter und Ehemann Frauen oft den Mut nehmen, ihrer Kindlichkeit zu entwachsen. Im Sommer 1987 besuchten mein Mann und ich das Telluride Film Festival, wo eine neue Low-Budget-Komödie, *I Hear the Mermaids Sing*, gezeigt wurde, Die Frau in diesem Film war Anfang Dreißig, laut eigener Aussage »organisatorisch geschädigt« und genoß anscheinend ihre kindliche, unfähige Art. Damit gewann sie die Herzen vieler im Publikum, die auf ihre Fehler (sie kann nicht tippen, obwohl sie Sekretärin ist) reagierten, als seien es liebenswerte, niedliche weibliche Eigenschaften. Die dankbaren Kinogänger empfanden sogar Sympathie, als sie »versehentlich« eine Tasse siedend heißen Tee über ihre ungeheuer feine, erfolgreiche Arbeitgeberin gießt. Wie viele Menschen waren die Zuschauer in das Bild der ewig süßen, ewig netten, unehrgeizigen, unfertigen Frau verliebt und erkannten weder die feindseligen Tendenzen und die passive Aggressivität, die abhängigen

Charakteren zugrunde liegen, noch die Tragik, ewig Mädchen zu bleiben.

Eins ist klar: Frauen, die schließlich ihre Unabhängigkeit beanspruchen, verärgern oder befremden diejenigen, die sie gern in untergeordneten Positionen halten möchten. Solange seine Frau vollkommen von ihm abhängig war, konnte sich Allisons Mann in dem Glauben wiegen, daß er ein guter, starker und großzügiger Ehemann war, und solange Allison kindlich und hilflos war, konnte ihre Mutter sich im Gegensatz dazu als tüchtig einstufen. Wenn die selbsternannten Beschützer erkennen, daß ihre Schutzbefohlene sich befreien will, halten sie sie unter Umständen um so fester. Wenn die abhängige Frau nicht ihre Unabhängigkeit beansprucht und sich von ihren Beschützern freimacht, bleibt sie ein verkümmerter Mensch.

Trennungen laufen jedoch niemals ohne Schmerzen ab. Das Bewußtsein der eigenen Unabhängigkeit und Eigenständigkeit ruft nicht nur das Gefühl persönlicher Macht und Freude hervor, sondern auch Furcht und Einsamkeit. Connie erklärte es so: »Nachdem Lois unsere Beziehung abgebrochen hatte, bekam ich fürchterliche Angst. Es war, als sei ich von unserem Planeten geschleudert worden und schwebte ohne Boden unter den Füßen durch den Weltraum. Monatelang dachte ich, ich könnte nicht allein überleben. Ich dachte, ich würde mich auflösen.«

Bei der Vorbereitung auf dieses Kapitel habe ich die Literatur auf der Suche nach Heldinnen im mittleren Alter durchgekämmt, die uns als Vorbild für unsere Entwicklung in Beziehungen dienen könnten. Aber wie die feministische Kritikerin Carolyn Heilbrun bemerkt, haben leider nur wenige Schriftsteller Interesse daran, runde Charaktere mittleren Alters zu schaffen. Wie die Allgemeinheit scheinen sie davon überzeugt zu sein, daß eine Frau, wenn ihre Jugend vorbei ist, nichts mehr zu sagen hat, so daß die Handlung Frauen nicht weiter als durch ein paar romantische Abenteuer, Heirat und Geburt verfolgt. Glücklicherweise hat mich mein Mann, der Literaturwissenschaftler ist, auf das Werk von Virginia Woolf hingewiesen.

In *Die Fahrt zum Leuchtturm* folgt Virginia Woolf Lily Briscoe durch ihre frühen und mittleren Erwachsenenjahre und beschreibt, wie sich ihr Verhältnis zu der mütterlichen Mrs. Ramsay verändert. Man versteht durch Lilys Geschichte, daß die Trennung von der Mutterfigur eine notwendige Voraussetzung nicht nur für Selbständigkeit, sondern auch für künstlerische Kreativität ist.

Solange sie unter dem Einfluß der schönen Mrs. Ramsay steht, ist Lily unfähig zu malen, ja auch nur einen »armseligen Rest ihrer Vision am Leben zu halten«. Statt dessen ist sie in einer Beziehung gefangen, in der die eine Frau in der anderen steckt. Sie kann die Welt nur durch die Augen der anderen sehen: »Was hat die Hecke ihr bedeutet, was hat der Garten ihr bedeutet, was hat es ihr bedeutet, wenn die Wellen sich brachen?« Durch Mrs. Ramsays Tod kann Lily sich schließlich von ihr trennen. Ohne die tote Frau abzuwerten, erkennt Lily langsam, daß das Objekt ihrer Idealisierung in Wirklichkeit ein gewöhnlicher Mensch mit einigen Fehlern war. Indem sie Mrs. Ramsays Mangel an Verständnis und ihre Kurzsichtigkeit erkennt – wohlwissend porträtiert Virginia Woolf die idealisierte Mrs. Ramsay auch als physisch kurzsichtig –, beginnt Lily ihrer eigenen Klarsicht zu vertrauen. Sie vertraut auf ihre Erkenntnisse, und dadurch wird ihre Perspektive nicht mehr durch den konventionellen Blickwinkel der älteren Frau verstellt. Lily lernt zu sehen, was sie selbst sieht.

Gegen Ende des Romans kehrt Lily, inzwischen vierundvierzig, in das Haus von Mrs. Ramsay zurück und beendet das Bild, das sie zu Mrs. Ramsays Lebzeiten nie richtig hinbekommen konnte.

»Da war es – ihr Bild. Ja, mit all dem Grün und Blau, den kreuz und quer verlaufenden Linien und dem Versuch, etwas darzustellen. Sie würde es in die Dachkammer hängen, dachte sie. Es würde zerstört werden. Aber was machte das? ... Mit plötzlicher Intensität, als sähe sie für eine Sekunde lang klar, zog sie eine Linie, dort in der Mitte. Es war vollbracht, es war fertig. Ja, dachte sie, und legte unendlich müde ihren Pinsel hin, ich hatte meine Vision.«

Lily Briscoes wunderbarer Triumph wird ein wenig durch die Tatsache gedämpft, daß sie sich erst nach Mrs. Ramsays Tod von ihrer lösen und sie als Mensch betrachten konnte. Dadurch hat sie eine herzliche, respektvolle und vielleicht liebevolle Beziehung zu der älteren Frau versäumt.

Die meisten Töchter haben jedoch ein objektives und reifes Verhältnis zu ihren Müttern. Erst wenn erwachsene Frauen die alles gebende und alles nehmende archetypische Mutter in einen normalen Menschen verwandeln, wird eine gleichberechtigte Beziehung möglich. Die Angst und Wut, die oft die Interaktionen zwischen jüngeren Töchtern und Müttern bestimmen, lassen nach, wenn diese Töchter von ihren Müttern das Verhalten unvollkommener, gewöhnlicher Menschen, die sie tatsächlich sind, erwarten. Erst wenn mangelndes Verständnis, Einfühlungsvermögen und Verfügbarkeit an einer Frau spurlos vorübergehen, anstatt Reaktionen kindlichen Zorns und Enttäuschung hervorzurufen, ist sie in der Lage, ihre erwachsene Freundin zu werden.

Wenn die Tochter vernünftige Erwartungen an ihre Mutter entwickelt, wird sie auch vernünftige Erwartungen an sich selbst in Beziehung zu ihrer jugendlichen Tochter entwickeln. Sie wird sich nicht mehr ständig dafür schelten, eine unvollkommene Mutter zu sein, sondern sich damit zufriedengeben, eine gute zu sein. Wenn man sich selbst als gewöhnliche Mutter sieht und nicht mehr darauf besteht, eine außergewöhnliche zu sein, ist das eine wunderbare Erleichterung. Als meine Tochter mich vor kurzem beschuldigte, sie wie ein kleines Mädchen zu behandeln – und in diesem Fall hatte sie recht –, konnte ich sagen: »Sieh mal, ich hatte noch nie eine Tochter in deinem Alter. Also müssen wir uns mit der Tatsache abfinden, daß ich in deiner Erziehung viele Fehler machen werde!

Aber vielleicht tröstet dich die Tatsache, daß wir deine Fehler auch tolerieren werden, da du zum erstenmal Teenager bist.«

Ein Meilenstein in einer vernünftigen Beziehung ist es, wenn die Tochter ihre Mutter nicht mehr als Göttin, Monster oder Närrin sieht, sondern als Menschen. Einige meiner Patientinnen, die eine für beide Seiten lohnende Beziehung zu ihren alternden Müttern entwickelt haben, beschreiben ihre neuen »Freundinnen« wie folgt:

»Meiner Mutter ist es immer schwer gefallen, Zärtlich-

keit auszudrücken. Sie weiß nicht, wie sie mit mir oder meinen Schwestern lieb sein soll, aber sie hat eine geradlinige und sachliche Art, die ich inzwischen bewundere. Ich vertraue ihr und bin gerne bei ihr.«
»Meine Mutter ist eine furchtbar hochmütige Frau, die aber einen unglaublichen Sinn für Humor hat und immer todsicher weiß, wie sie mich aufheitern kann.«
»Wir sind uns in vielen Dingen nicht einig, aber wir mögen und lieben uns.«
Entwicklungspsychologen, Gerontologen und Forscher scheinen sich einig zu sein, daß eine erfolgreiche Trennung nur erfolgen kann, wenn eine Tochter die Mutter realistisch einschätzt. Was sie jedoch oft vernachlässigt, ist, daß die Tochter auch nicht zuviel von sich erwarten darf. Im Idealfall wird sie verstehen, daß sie als gewöhnlicher Mensch mit Grenzen nicht die Rolle der perfekten, alles gebenden, immer liebenden Tochter spielen kann. In meiner persönlichen und beruflichen Erfahrung habe ich festgestellt, daß von den wichtigen Aufgaben – realistische Einschätzung der Mutter und realistische Einschätzung der eigenen Tochterrolle – die letztere die schwerere ist. Wenn eine Mutter die Tochter enttäuscht, dann tobt und schreit diese vielleicht eine Zeitlang, aber wenn sie ihre Mutter enttäuscht, leidet die Tochter, die ihre eigenen Grenzen nicht akzeptieren kann, unter Schuldgefühlen und macht sich die schlimmsten Vorwürfe.
Vor kurzem fragte meine Mutter, die verwitwet in einer Altengemeinde in Florida lebt, ob sie ein oder zwei Wochen bei uns verbringen könne, da sie sich so einsam und niedergeschlagen fühle. Da ich mitten in meiner kreativen Arbeit war, die durch ihren Besuch zwangsläufig unterbrochen würde, lehnte ich ihre

Bitte ab. Tagelang verzehrte ich mich vor Schuldgefühlen und Angst. Obwohl es nicht leicht gewesen war, hatte ich mir gestattet, zu meinem Mann, meinen Kindern und meinen Freunden nein zu sagen, wenn ihre Bitten mit meinen vernünftigen Bedürfnissen kollidieren, aber ich quälte mich mit der Frage: »Habe ich das Recht, meiner alten Mutter etwas abzuschlagen?« Mein Kopf wußte es, und mein Herz lernt es langsam: Die Antwort lautet ja.

Eine vernünftige, auf Trennung basierende, uneigennützige Beziehung zwischen Mutter und Tochter beginnt damit, daß beide die Tatsache akzeptieren, daß die andere nicht immer für sie da sein kann. Schon viele Kinder haben das unsinnige Gefühl, daß sie nie so sein dürfen, wie sie wollen.

Um sich die Zustimmung der Mutter zu sichern, glauben sie, immer Mutters Vorstellungen entsprechen und sogar eine Art Fortsetzung von ihr werden zu müssen. Viele Frauen tragen diese Bürde der Schuld zusammen mit der Angst vor mütterlichen Repressalien bis in ihr Erwachsenenleben. Als meine Patientin Tanya, über die ich zu Beginn dieses Kapitels schrieb, mir erzählte, daß sie erwartete, eine Absage an ihre Mutter würde eine von beiden umbringen, erlebte sie noch einmal die Panik des Kindes in sich, das sich aus Angst vor Zurückweisung nicht leisten kann, der Mutter zu mißfallen. Ebenso quälten sich Carol und Natalie, die auf einer bestimmten Ebene das Gefühl hatten, ihr Trotz verdiene Strafe – Carol mit einwöchiger Migräne und Natalie mit Selbstmordgedanken.

Gestatten Sie mir, zu dem Vorfall mit meiner eigenen Mutter zurückzukehren und Ihnen einige Beobachtungen mitzuteilen, die ich in den Wochen nach ihrer

Bitte und meiner Ablehnung gemacht habe. Ich bemerkte, daß meine Mutter, obwohl sie ein wenig enttäuscht war, mich nicht durch Liebesentzug oder einen Zusammenbruch bestrafte. Vielmehr hatte sie einen neuen Plan: Sie wollte eine Lieblingsnichte besuchen, die sie seit Jahren nicht gesehen hatte.

Ich vergesse oft, daß meine Mutter – eine Frau, die die Verfolgung durch die Nazis in ihrer Heimat Österreich überlebt hat; allein in das vom Krieg erschütterte England und dann mit nur ein paar Dollar in der Tasche nach Amerika floh; für den größten Teil ihres Lebens als Verkäuferin in einer Bäckerei gearbeitet hatte, um mich, ihre geflüchteten Schwiegereltern und ihre Mutter zu unterstützen; und lange und glücklich mit meinem Vater verheiratet war – nicht von mir abhängig ist, wenn es um ihr Wohlergehen geht. Das großartige Kind in mir, das sich selbst immer noch für den Mittelpunkt des Universums hält, überschätzt seine Wichtigkeit, wenn es an der Illusion festhält, daß nur es allein die Macht hat, das Leben der Mutter zu bereichern oder zu zerstören. Gott sei Dank weiß es die Erwachsene, die ich meistens bin, besser: Mutter kann sich selbst um sich kümmern und ist nicht böse, wenn ich mich um mich kümmere. Die Trennung zwischen uns läßt das zu. Ich verstehe inzwischen, daß meine Mutter stark und vital ist und das Leben ohne mein Dazutun genießen kann. Dadurch lehre ich meine Tochter indirekt, daß ich von ihr nicht erwarte, daß sie mich glücklich macht, wenn ich alt bin.

Während ich mich weiter bemühe, mich von meiner Mutter zu trennen, akzeptiere ich langsam meine Grenzen als Tochter. Zu diesen Grenzen gehört vor allem meine Unfähigkeit, ihr jemals zurückzuzahlen,

was sie mir gegeben hat. In *My Mother My Self* erzählt Nancy Friday folgende Geschichte:
Ein Adlerweibchen wollte während einer großen Flut ihre Jungen in Sicherheit bringen. Als sie mit ihrem Erstgeborenen in den mächtigen Krallen aufstieg, versprach er: »Mutter, ich werde dir ewig dankbar sein, daß du mir das Leben rettest.« Sie nannte ihn einen Lügner und ließ den jungen Adler in das tosende Wasser fallen. Dasselbe geschah mit dem zweiten Kind. Als der große Adler das dritte aufnahm, sagte dieses kluge Kind: »Wenn ich groß bin, werde ich versuchen, meinen Kindern eine so gute Mutter zu sein, wie du es für mich bist«, und die Mutter brachte es in Sicherheit. Zwischen meiner Mutter und mir – wie zwischen allen Müttern und Töchtern – kann es niemals ein quid pro quo geben. Wie könnte ich ihr jemals zurückzahlen, daß sie mir das Leben geschenkt hat? Wie der weise junge Adler kann ich nur versuchen, das Leben meines Sohnes und meiner Tochter zu fördern, bis sie in der Lage sind, selbst die volle Verantwortung zu übernehmen. Wie Nancy Friday so schön sagt: »Die Dankbarkeit, die wir unserer Mutter und unserem Vater schulden, richtet sich nach vorne, nicht zurück. Was wir unseren Eltern schulden; geben wir an unsere Kinder weiter.« Indem ich mich mit der Tatsache abfinde, daß ich die Bedürfnisse meiner Mutter nicht alle befriedigen kann – und es auch nicht versuchen sollte –, wird mir immer deutlicher bewußt, daß meine Tochter dieselbe Freiheit mir gegenüber hat: Sie muß mir nicht ewig dankbar und ergeben sein. Auch ihre Schuld richtet sich nach vorne, nicht zurück.
Wenn eine Mutter sich jedoch nicht richtig auf ihr Alter vorbereitet hat – praktisch, indem sie genug Geld

beiseite legt, und geistig, indem sie ein reiches Innenleben entwickelt hat, von dem sie zehren kann, wenn körperliche Grenzen ein aktives Leben ausschließen –, wird sie ihre Tochter vielleicht in eine sorgende Rolle ziehen und erwarten, daß die jüngere Frau sie finanziell und seelisch unterstützt. Wenn die Kinder langsam alt genug werden, um für sich selbst zu sorgen, so daß eine Frau endlich ihre persönlichen Ziele verfolgen kann, muß sie sich vielleicht ausgiebig um ihre Mutter kümmern.

So wie unsere Gesellschaft versucht, menschliche Mütter dazu zu zwingen, sich in übermenschliche Wesen zu verwandeln, so stellt sie auch unmäßige Forderungen an die Töchter. Ein altes Sprichwort – »Ein Sohn ist ein Sohn, bis er sich eine Frau nimmt, eine Tochter bleibt für den Rest ihres Lebens eine Tochter« – deutet an, daß sie Kindespflichten hat, die ihrem Bruder erspart bleiben. Natürlich müssen erwachsene Kinder, Söhne wie Töchter, in vernünftigem Rahmen Verantwortung für die Eltern übernehmen, wenn diese nicht mehr für sich selbst sorgen können. Und die Entscheidung, was vernünftig ist und was ein unvernünftiges Opfer ist, ist ein kompliziertes, oft herzzerreißendes Dilemma.

Bis vor kurzem gingen Frauen davon aus, daß es vernünftig war und von ihnen erwartet wurde, ihr eigenes Leben zugunsten anderer – Ehemänner, Kinder, Eltern – aufzugeben. Der Preis für diese Selbstopfer jedoch war hoch: Zorn, Verbitterung, passive Aggression, Erschöpfung, das Gefühl, sich vergeudet zu haben. Ich habe nie eine Frau kennengelernt, die es nicht bedauert hat, ihre Möglichkeiten, ihre Begabungen, ihre persönlichen Träume aufgegeben zu haben. Dabei kommt mir wieder Virginia Woolfs treffende Beschreibung der mütterlichen Mrs. Ramsay, der ewig treusorgenden Frau, in den Sinn: »So übermäßig stolz auf ihre Fähigkeit, zu umhüllen und zu beschützen, war sie, daß kaum ein Stückchen ihrer selbst blieb, an dem sie sich hätte erkennen können, alles war so großzügig weggegeben.« Wenn eine Frau, die immer nur für andere gelebt hat, alt wird, erwartet sie wahrscheinlich von ihrer Tochter, daß sie jetzt für sie sorgt – um das Muster der Selbstopferung zu wiederholen und die von Simone de Beauvoir sogenannte »Kette weiblichen Elends« zu verlängern.

Die Frauen von heute müssen eine Art Gleichgewicht zwischen der Konfrontation mit der finanziellen, physischen und emotionalen Verantwortung für einen bedürftigen, abhängigen und manchmal kränkelnden Elternteil und der Verantwortung, ihr eigenes kostbares Leben zu leben, finden. Dieses Gleichgewicht zu finden, ist alles andere als leicht.

Bis jetzt habe ich mich auf Beziehungen konzentriert, die eine herzliche, enge – manchmal zu enge – Beziehung zwischen Mutter und Tochter voraussetzen, in der Ausnutzung, falls überhaupt vorhanden, nicht beabsichtigt ist. Jetzt werde ich mich anderen Beziehungen zuwenden, in denen an Stelle von gutem Willen Böswilligkeit herrscht. In diesen Fällen ist die Trennung zwischen Mutter und Tochter natürlich schmerzlicher.

In meiner Praxis habe ich mehrere Frauen mittleren Alters behandelt, die destruktive Mütter hatten. Leslie kann sich nicht an ein ermutigendes Wort oder eine liebevolle Berührung ihrer Mutter erinnern. Statt dessen erinnert sich Leslie an die Zeit ihrer frühen Pubertät, als ihre Mutter herausplatzte: »Mein Gott, bist du ein häßliches Mädchen.« Sie erinnert sich auch an das selbstgefällige Lächeln ihrer Mutter, als sie zusah, wie ihr Mann seinen Gürtel auszog, um ihre Tochter wieder einmal wegen eines kleinen Vergehens zu schlagen. Die schmerzhafteste von Leslies Erinnerungen ist die an das Geständnis ihrer Mutter, daß ein Kind zu haben ihr größter Fehler gewesen sei – ihr Ruin.

Ich habe einmal eine Anekdote über ein kleines Mädchen gehört, daß beim Besuch eines Friedhofs all die Inschriften auf den Grabsteinen sah und fragte: »Und wo sind all die bösen Leute begraben?« Wir neigen dazu, Müttern nur gute Eigenschaften zuzuschreiben. Leslies vorherige Therapeutin versuchte, sie davon zu überzeugen, daß sie das Positive ihrer Mutter stärker hervorheben und ihre Mängel akzeptieren müssen, da die Zeit ihre belastete Beziehung eher heilen als weiter trennen sollte. »Ihre Mutter hat Sie geliebt«, versicherte sie Leslie. »Sie konnte es nur nicht richtig ausdrücken. Als Frau mit einer eigenen Tochter können Sie doch jetzt bestimmt der alten Frau vergeben und mit ihr Frieden schließen.«

Meine berufliche Erfahrung sagt mir, daß es, ebenso wie böse Menschen auf den Friedhöfen begraben sind, auch böse Mütter auf dieser Welt gibt. Sie sind Opfer einer furchtbaren emotionalen Verarmung, und ihnen fehlt die Fähigkeit, ihre Kinder zu lieben, weil sie sich selbst nicht mögen. Ich spreche nicht von der durchschnittlichen Mutter mit persönlichen Stärken und Schwächen. Ich spreche hier von sadomasochistisch veranlagten Frauen. Während ihre kleinen Kinder zu machtlos und abhängig sind, um sie zu verlassen, können und müssen ihre erwachsenen Kinder es

tun. Mein erstes Therapieziel für Leslie war, ihr dabei zu helfen, sich von einer destruktiven Mutter zu befreien, und nicht, ihr zu vergeben.
Das Alter hatte Leslies Mutter nicht sanfter gemacht. Mit siebzig kritisierte und verhöhnte sie nicht nur weiterhin ihre Tochter, sondern auch ihre heranwachsende Enkelin, Leslies Kind. Es schien, daß sie in diesen jüngeren Frauen eigene Wesenszüge erkannte – Züge, die sie verachtete. Während sie sie unbewußt dafür verdammte, daß sie ihr ähnelten, zürnte sie ihnen gleichzeitig dafür, daß sie Möglichkeiten hatten, sie zu übertreffen. Aus ihrer Bitterkeit heraus vergiftete die alte Frau ihre Tochter und ihre Enkelin.
Als ich Leslie zum ersten Mal vorschlug, die Besuche bei ihrer Mutter einzustellen, weil ihnen unweigerlich starke Depressionen und Minderwertigkeitsgefühle folgten, bekam Leslie Angst. »Ich weiß, daß es absolut lächerlich klingt«, gestand sie, »aber ich habe das Gefühl, daß sie mir irgend etwas Furchtbares antun würde, wenn ich sie für immer verließe. Als ich noch klein war, holte Mutter immer Bücher über Schwarze Magie aus der Bibliothek. Ich habe Angst, daß sie mich für immer verfluchen wird, wenn sie glaubt, daß ich sie schlecht behandle.«
Leslie hatte immer noch die kindliche Vorstellung von einer allmächtigen Mutter. In Leslies Fall war es keine beschützende Mutter, sondern eine böse, allgegenwärtige Hexe. Leslie beendete schließlich die Beziehung zu ihr. Aber diese »Scheidung« erforderte viel Mut – so sehr hatte sich der Glaube an die schreckliche Vergeltungsmacht der Mutter festgesetzt. Die Zuneigung zu ihrer Tochter und der Entschluß, das junge Mädchen nicht mehr von der alten Frau demüti-

gen und beleidigen zu lassen, brachten Leslie schließlich dazu, den Kontakt abzubrechen. Da sie für ihr Kind ein besseres Leben wollte, durchbrach Leslie die Kette des Elends, die Generationen von sadomasochistischen Frauen aneinander bindet.

Leslie erspart ihrer Tochter die Beleidigungen der Großmutter und schützt sich gleichzeitig selbst vor den Angriffen. An dem Tag, als sie ihrer Mutter sagte: »Meine Tochter und ich werden dich nicht mehr besuchen. Ich will sie einfach nicht mehr deinen grausamen Bemerkungen aussetzen«, hörte Leslie auf, sich ihnen selbst auszusetzen.

Ich möchte meine Leser jedoch nicht in den Irrglauben versetzen, daß Leslie mit der Beendigung der Beziehung zu ihrer Mutter plötzlich glücklich und sorgenfrei war. Leslie wurde nicht geliebt und ist daher eine tief verwundete Frau. Wie andere Frauen kämpft sie immer noch dagegen an, in die ihr so vertrauten Depressionen zu verfallen.

Ein wichtiger Schritt in diesem Prozeß besteht darin, sich selbst einzugestehen, daß sie von ihrer Mutter nicht geliebt wurde. Ein solches Eingeständnis ist natürlich schmerzhaft. Obwohl Leslie immer mehr bewußt wird, daß nicht sie, sondern ihre Mutter als Mensch gestört ist, wird sie immer noch von dem falschen Glauben gequält, daß mit ihr irgend etwas nicht gestimmt haben muß, weil ihre Mutter ihr die Liebe versagt hat. Ich erinnere sie in der Therapie oft daran, daß sie wie alle anderen Babys, die auf diesem Planeten geboren werden, zweifellos ausgesprochen liebenswert gewesen ist. Ihre psychische Aufgabe besteht darin, ihr angeborenes Gutes anzuerkennen: sich selbst mit anderen als den kalten Augen ihrer

Mutter zu sehen. Gleichzeitig muß sie jedoch auch erkennen, daß sie ohne eigenes Verschulden schwer verletzt wurde. Anderen Menschen zu vertrauen und sich ihnen zu öffnen, wird ihr nicht so leichtfallen wie einer Frau, die geliebt wurde.

Da es so weh tut, einzusehen, daß man von seiner Mutter nicht geliebt wurde, kämpfen viele Frauen gegen diese Tatsache an. Selbst wenn ihre Mütter sie weiterhin schwächen, drehen sie ihnen nicht den Rücken zu. Sie bleiben vielmehr die ergebene Tochter, die sich nicht löst und ewig auf die mütterliche Anerkennung und Wertschätzung wartet, die niemals kommen werden. Oder sie schaffen sich, wenn sie sich von ihren lieblosen Müttern distanziert haben, Situationen in ihrem gegenwärtigen Leben, die der frühen Beziehung zur Mutter gleichen.

Viele suchen sich unbewußt Liebhaber oder Ehemänner, die ebenso reagieren wie ihre Mütter. Indem sie versuchen, die Herzen dieser Männer zu besänftigen und ihre Liebe zu gewinnen, bitten sie indirekt um Mutterliebe. Leslies gescheiterte Ehe folgte genau diesem Muster. Sie erklärte, daß sie auf die Kälte und den Sarkasmus ihres Mannes mit besonderer Sanftheit reagierte und sich erniedrigte, um wenigstens die Liebeskrümel zu bekommen, die er ihr ab und zu hinwarf.

Es gereicht Leslie zur Ehre, daß sie ihre falsche Hoffnung aufgegeben hat, die Vergangenheit zu ändern, indem sie die Beziehung zu ihrer Mutter fortsetzt oder eine mit einem Mann eingeht, der als Muttersatz dient. Sie sagt:

»Obwohl es mich immer noch schrecklich traurig macht, zu wissen, daß mir die Mutterliebe fehlte, die praktisch jeder sonst auf der Welt hat, ist es doch gleichzeitig eine Erleichterung, mich nicht mehr selbst zu betrügen. Ich habe so sehr versucht zu glauben, daß meine Mutter eine gute Mutter war und daß sie mich geliebt hat. Aber sie war nicht gut und sie hat mich nicht geliebt. Das ist die Wahrheit. Und da ich keine Heilige bin, glaube ich nicht mehr, daß ich ihr vergeben muß – im Gegensatz zu dem, was meine erste Therapeutin gesagt hat. Ich möchte statt dessen selbst meiner Tochter eine gute Mutter sein und meine eigenen Wunden heilen.«

Leslie ist jetzt seit drei Jahren bei mir in Therapie. Gemeinsam arbeiten wir weiter auf diese Heilung hin. Jahrelang hatte ich ein Gefühl der Hoffnungslosigkeit bei der Behandlung von Frauen, die wie Leslie keine richtige Mutterliebe erfahren haben. Ich traute ihnen nicht zu, daß sie ihre frühen Schädigungen überwinden könnten. Und doch konnten einige einen Ausgleich schaffen. Bei manchen folgte die Heilung dem, was die Psychoanalytikerin Alice Miller eine »tief empfundene Trauer« um das, was man vermißt, nennt – die liebende Mutter, die glückliche Kindheit – und dem Akzeptieren, daß ihre unfähigen Mütter sie niemals lieben würden, daß die Vergangenheit nicht zurechtgerückt werden kann. In Gegenwart eines einfühlsamen Therapeuten konnten diese mißhandelten Frauen schließlich ihre eiternden Wunden offenlegen und ihre Verzweiflung ausdrücken. Sie heilten sich, indem sie ihren Schmerz spürten und darüber sprachen – die Demütigung, ein ungeliebtes Kind zu sein, die Wut auf die kalte Mutter, die Angst, so wie sie zu werden, die Angst vor mütterlicher Strafe, weil man sie haßte. Durch eine erfolgreiche Therapie lernten diese Frauen zu verstehen, daß ihre Mütter – unglückliche, unzulängliche, unsichere Menschen – nicht die Macht hatten, sie weiterhin zu verletzen. Wenn ihre Mütter sich weiterhin destruktiv benahmen, konnten sie von ihnen weggehen. Und genauso wichtig ist, daß sie durch ihr eigenes wachsendes Selbstbewußtsein lernten, daß sie die Macht hatten, sich ihren eigenen Töchtern gegenüber anders zu benehmen.

Zusätzlich zu den notwendigen Gesprächen in einer wirksamen Therapie ersetzt meiner Meinung nach der Therapeut in einem gewissen Maße die schlechte Mutter durch eine gute Mutter. Anstatt spöttisch, überkritisch und verletzend wie die Mutter zu sein, bestärkt der Therapeut die Patientin in ihren Möglichkeiten und fördert sie. Langsam – über viele Monate oder Jahre hinweg – macht sich die verwundete Frau den Glauben des Therapeuten an sie zu eigen. Die gute Mutter, zuerst repräsentiert durch die Person des Therapeuten, wird ein Teil von ihr. Leslie hat diese gute Mutter mehrmals im Traum getroffen; in Gestalt einer kleinen dunklen Frau in einer weißen handgewebten Toga nahm sie sanft Leslies Hand und lächelte sie an. Ein anderes Mal hört Leslie in ihrem Kopf die Worte der guten Mutter: »Du bist eine reizende und tüchtige Frau, die es verdient, glücklich zu sein« – derselbe Refrain, den sie so oft während unserer Sitzungen hört. Wenn eine Frau glaubt, daß sie etwas wert ist, glaubt sie auch, daß ihre Tochter – diejenige, mit der sie sich am meisten identifiziert – etwas wert ist. Dann kann sie auch zu ihr sagen: »Du bist ein reizendes und tüchtiges Mädchen, das es verdient, glücklich zu sein.«

Bei anderen kam die Heilung durch die Verbundenheit mit der Natur. In einem früheren Kapitel erklärte ich, daß adoptierte Mädchen, die unter dem Verlust der leiblichen Mutter leiden, durch zärtlichen Umgang mit Haustieren besänftigt werden können. Ebenso fühlt sich auch die schlecht bemutterte Frau oft durch die Natur bereichert.

Die Literatur ist voll von Erzählungen über sogenannte Waldschwestern und -brüder, die sich mit den Tieren des Waldes anfreunden und dadurch ein reiches, geistig ausgefülltes Leben führen.

Wenn eine erwachsene Frau in ihren alltäglichen Beziehungen die vermißte Mutterliebe sucht, überfordert sie ihre Mitmenschen unweigerlich. Außerhalb des Therapiezimmers sind Beziehungen, in denen ein Partner ständig gibt und der andere nimmt, eine schlechte Lösung. Der »Geber« fühlt sich ausgelaugt, und der »Nehmer« fühlt sich schuldig. Wenn sich jedoch eine Frau an die Natur wendet – Sonnenlicht, Bäume, Blumen und zahme Tiere – tut sie niemandem Unrecht. Mutter Natur ist so überreich, daß sie es sich leisten kann, all das zu geben, was die wirkliche Mutter nie gegeben hat. Und erst wenn eine Frau die Liebe und Güte des Lebens erfahren hat, kann sie selbst gedeihen und großzügig werden.

Vor einigen Jahren behandelte ich Tess, eine Patientin im mittleren Alter, die an schwächenden Depressionen litt. Sie war das Kind einer Mutter, die selbst chronisch depressiv war und sich daher um Tess während ihrer Säuglings- und Kinderzeit nicht kümmern konnte. Trotz mangelnder mütterlicher Zuneigung wollte Tess unbedingt ein ganzer, lebenstüchtiger Mensch werden und war eine hart arbeitende Patientin. Während unserer Therapie war ich jedoch überrascht von der Tatsache, daß Tess vor jeder Sitzung die Pflanzen in meinem Büro goß und trotz meiner Vorliebe für kühle Dunkelheit die Jalousien hochzog, um die Nachmittagssonne hereinzulassen, in der sie dann schwelgte. Da ich mir zu der Zeit keinen Reim auf ihr Verhalten machen konnte, tat ich es als eigenartig und unwichtig ab. In meinem letzten Bericht bei Beendigung unserer beruflichen Beziehung erwähnte ich Tess' kleines Ritual nicht und schrieb ihre psychische Gesundheit meiner Unterstützung und ihrer harten Arbeit zu. Jetzt frage ich mich, ob der Philodendron, der Gummibaum, die frischen Blumen und der Sonnenschein von Colorado, die mein Behandlungszimmer schmücken, nicht ein wenig Anteil an Tess' Heilung haben.

In letzter Zeit verordne ich bei der Arbeit mit emotional »unterernährten« Frauen außer der traditionellen Gesprächstherapie auch immer Verbindung zur Natur. Ich schlage meinen Patientinnen vor, im Garten zu arbeiten oder in den Bergen spazierenzugehen oder unter dem Sternenhimmel zu sitzen. Ich mache den Vorschlag, sich ein Haustier anzuschaffen – wenn keinen Hund oder eine Katze, dann einen Goldfisch oder vielleicht einen Vogel. Ich schlage vor, nicht bis zum Muttertag auf einen Blumenstrauß zu warten, sondern sich selbst oft Narzissen und Gänseblümchen, und ab und zu auch eine Rose zu gönnen.

Die Natur heilt und die Natur lehrt. Während ich dieses Kapitel schreibe, sehe ich auf die Hintertür meines Hauses, wo die Blätter pink, rot und golden werden. Vier Rehe in unterschiedlicher Haltung – Ruhe, Bereitschaft, Bewegung – bevölkern den Rasen: eins kauert im Gras, ein anderes steht still, und die beiden anderen knabbern an Holzäpfeln, die auf dem Boden liegen. Vor einer Weile ging meine Tochter von der Straße hinter unserem Zaun über den Rasen. Sie blieb einen Moment stehen, um die Rehe zu betrachten, die ganz still warteten und dann weiter nach Futter suchten, während sie zum Haus ging. Die Szene drückt Harmonie und Trennung, Kontinuität und Wandel aus. Alles ist vollkommen im Gleichgewicht.

Ich sehe, daß die Wangen meiner Tochter einen Pfirsichton angenommen haben. Und wenn ich die Augen zusammenkneife, kann ich in den orange-, pfirsich- und purpurfarbenen Blättern, die noch an den Zweigen des Apfelbaums hängen, menschliche Gesichter ausmachen, so wie Kinder in Zeichnungen in ihren Büchern versteckte Gegenstände entdecken oder lustige Tiere in den Wolken sehen. Am meisten freue ich mich über das Gesicht einer alten Frau. Ich schließe die Augen und stelle mir vor, wie sie lächelt; sie wird so schön wie der frische Teenager, der den Raum betreten hat, in dem ich sitze. In meiner Träumerei verschmelzen die schönen Gesichter der alten Frau und meiner Tochter zu dem meiner Mutter.

Die alte Frau ist schön, wenn ihr Alter Vollständigkeit und nicht Unvollständigkeit verrät. Sie ist schön, wenn die Altersfalten, die sie uns zeigt, Zeichen ihrer Weisheit sind – gesammelte und geordnete Erfahrung. Meine eigene Mutter ist am schönsten, wenn sie ganz entspannt an ihre sorglose Jugend in Wien denkt, die Werbung meines Vaters, dessen Spielleidenschaft und scharfen Blick für Frauen sie zügeln mußte, ihr Glück, nach der Flucht vor den Nazis in England wieder mit ihm vereint zu sein – Glück unter größten Entbehrungen – und die Liebe, von wenig Bedauern belastet, die sie immer noch für diesen Mann empfindet, der vor siebzehn Jahren starb, als ich mit der Enkelin schwanger war, die sie zärtlich liebt. Sie ist schön, wenn sie mit Freude und Erstaunen die Leistungen ihrer Tochter und Enkelin betrachtet – akademische Grade, Artikel in Zeitschriften, eigene Geschichten, Zeichnungen – die über ihre eigenen Leistungen im Leben hinausgehen. Und sie ist schön, wenn sie spontan und freundlich etwas aus ihrer eigenen Erfahrung der Tochter und der Enkelin weitergeben kann. Wie mein Mann bei unserer Hochzeit nach einem Tanz mit meiner Mutter sagte, ist meine Mutter leichtfüßig. Diese Leichtigkeit ist oft ein Gegenmittel für den gewohnheitsmäßigen Intellektualismus ihrer Tochter.

Eine alte Frau ist häßlich, wenn sie sich nicht richtig von ihren Kindern gelöst hat oder die Kinder nicht von ihr; wenn sie die Erfahrung der Jüngeren nicht anerkennt, sondern abwertet; wenn sie ihre eigene Erfahrung nicht freundlich und großzügig weitergibt, sondern den anderen festgeschriebene Gesetze und Ideen aufzwingen will; wenn sie über die Entfernung, die die Kinder inzwischen zurückgelegt haben, nicht lächelt, sondern ihre Kinder mit einer Leine aus Pflichtgefühl und Schuld zurückzieht.

May Sarton hat die Beobachtung gemacht, daß die Esche, wenn sie ihre Blätter verloren hat, wie alles andere in der Natur, auf ihren »Grundbau zurückgeschraubt« ist. In diesem Abschied geht sie tief in ihre Wurzeln, um »Erneuerung und Schlaf« zu finden. Das ist die Lektion der Natur – die Lektion ihrer Zyklen. Und die wohlwollende alte Frau repräsentiert diese Lektion am besten. Sie sollte nicht schrecklich und häßlich sein, wie sie in unserer Kultur, die ihre Frauen und Männer nicht ermutigt, erwachsen zu werden, dargestellt wird. Sie sollte schön sein, wenn sie uns zeigt, wie die Kämpfe und Befriedigungen der Jugend reiferen Freuden weichen.

»Bleib!« sagt die häßliche alte Frau in unseren Alpträumen – die Frau, die uns zu verschlingen droht.

»Laß los!« sagt die schöne alte Frau an den Kreuzungen – die alte Frau, die lächelt und uns weiter winkt.

NACHWORT:
Ein Brief an Leah

Liebe Leah,
heute morgen kam eine Studentin, die ihr erstes Baby erwartet, auf einen kleines Schwätzchen zu mir ins Büro. Sie fragte mich, wie meine Tochter mich verändert hätte. Es ist komisch, aber obwohl ich ein Buch über Mütter und Töchter geschrieben habe, konnte ich ihr keine schnelle und einfache Antwort geben. Als sie mein Büro verlassen hatte, dachte ich jedenfalls lange über ihre Frage nach, und ich möchte Dir die Gefühle, Erinnerungen und Sehnsüchte aufschreiben, die dadurch aufgerührt werden. Mach dich auf einen langen Brief gefaßt!
Ich weiß, Leah, daß ich ohne Dich nicht »ich« wäre, wie ich heute bin – ich wäre ärmer und unbedeutender. Bis Du in meine Welt kamst, war ich ein schüchternes Mädchen ohne Mut und Ziele. Aber von den ersten Wochen Deines Lebens an hast Du mich dazu gebracht, mit einer Zärtlichkeit – und Wildheit – zu lieben, die ich nie gekannt hatte. Ich möchte Dir eine Geschichte über uns erzählen, die ich Dir noch nie erzählt habe.
Sehr bald nachdem der Arzt mir gesagt hatte, daß ich

schwanger sei, schenkten uns Dads Eltern eine Reise durch Frankreich, wo sie uns in berühmte Restaurants einladen und unsere Hotelzimmer bezahlen wollten; es war, als würde ein Märchen wahr. Ich weiß noch, wie aufgeregt ich war, als wir vier uns in den gemieteten Renault quetschten und von Paris aus losfuhren. Als wir jedoch das reizvolle grüne Land erreichten, wurden die Wege holprig, und ich hatte Angst, daß Du – dieses kostbare Lebewesen, das in mir wuchs – hin und her geschüttelt würdest. Also versuchte ich, die Stöße und Schlaglöcher abzufangen, und setzte mich auf meine Hände. Großmama erklärte mir ganz freundlich, daß Du in meiner Gebärmutter gut geschützt seist und ich nicht auf meinen Händen sitzen müßte, die, wie Du Dir vorstellen kannst, nach ein paar Stunden ganz taub wurden. Aber trotz Großmamas Beteuerungen war ich fest entschlossen, Dich auf diese Weise zu beschützen. Und so habe ich zwei Wochen lang vier oder fünf Stunden am Tag in dieser seltsamen Position verharrt, während der kleine Renault durch das Loire-Tal und über die Brücke von Avignon nach Marseille holperte. Damals schon hast Du mich beeinflußt, Leah – Du hast mich gelehrt, zu lieben und mich zu sorgen wie nie zuvor.
Nachdem Du geboren warst, hast du mich zu mehr veranlaßt, als nur auf den Händen zu sitzen. Deinetwegen konnte ich nicht das schüchterne kleine Mädchen bleiben, das um alles bat – ich mußte lernen, den Mund aufzumachen und meinen Standpunkt zu vertreten. Ganz gegen meine sonstige Gewohnheit tyrannisierte ich die Leute im Verkehrsamt, damit auf der Straße in Athens, Ohio, wo du als Baby gewohnt hast, überall Schilder aufgestellt wurden mit der Warnung:

»Langsam fahren. Spielende Kinder.« Ich gebe zu, manchmal war die Art, wie sich meine mütterliche Sorge ausdrückte, ein bißchen unangenehm. Es ist Dir vielleicht peinlich, wenn Du erfährst, daß ich Dich vor jedem Kontakt mit Leuten, die keinen perfekten Nachweis ihrer Gesundheit erbringen konnten, abschirmte. »Tut mir leid«, sagte ich zu dem netten jungen Mann mit Schnupfen, der zu einer politischen Versammlung in unser Haus kam, »aber Sie müssen sofort wieder gehen. Ich habe ein Baby, und ich möchte nicht, daß es sich bei Ihnen ansteckt.« Es erschreckt Dich vielleicht auch, daß ich ohne einen Funken Takt oder Mitleid den freundlichen alten Herren, der neben uns wohnte, ausschimpfte, weil er Dir immer, wenn Du an seiner Tür vorbeiwackeltest, diese gelben, roten und grünen Bonbons zusteckte. Als junge Mutter war ich absolut davon überzeugt, die Macht zu haben, Dich nicht nur vor einer Erkältung zu bewahren, sondern auch davor, etwas Unsauberes, Ungesundes zu essen. Lächle darüber, wenn Du das nächste Mal tiefgefrorene Pizza mit den vielen Konservierungsmitteln ißt.

Trotz meiner Übertreibungen hast Du das Beste in mir zum Vorschein gebracht, Leah. Durch Deine strahlenden Augen konnte ich eine neue, andere Welt sehen. Als Du ein kleines Mädchen warst, brachtest Du Sandkuchen, Ballons und mythische Einhörner in meinen Alltag. In Deiner kindlichen Weisheit schriebst Du in Dein Poesiealbum: »Selbst dieses Geschöpf – mit seinem schlanken Horn in blassem Weiß – ist nur erfunden und kann nicht durch unsere Gedanken existieren, sondern nur in unseren Herzen.« Und seitdem lebt es in meinem.

Du hast auch eine Familie von Kobolden eingeladen, bei uns zu leben. Ihr möbliertes Papphaus, das Du so liebevoll gebastelt hattest, stand viele, viele Monate auf unserem Küchentisch. Wieviel einsamer wäre mein Leben ohne Deine kleinen, zauberhaften, schelmischen Freunde gewesen: Ihr habt mir beigebracht, spielerisch zu sein.
Es ist schade, daß die Kobolde vor einigen Jahren verschwunden sind. Manchmal vermisse ich sie. Manchmal vermisse ich auch die kleine Leah.
Aber Du läßt nicht zu, daß ich mich an die Vergangenheit klammere. Du treibst mich vorwärts. Mit Deinem offenen Lächeln bist Du die offene Tür, durch die ich zu neuen und besseren Zielen gelangen kann.
Als Du mir vor einigen Monaten erzähltest, daß es Dir nichts ausmacht, die Schlechteste im Tanzkurs zu sein, weil Du so viel Spaß hast, zeigtest Du mir, daß ich nicht immer die Beste sein muß – daß ich manchmal einfach genießen und mich entspannen kann. Wenn Du Dich für Kunstgeschichte begeisterst, besonders für die impressionistischen Bilder, mit denen Du Dich in der Schule beschäftigst, sehe ich sie mit neuen Augen. Sie werden leuchtend und lebendig wie nie zuvor. Wenn Du mit Deinen Freundinnen – Sabra, Na, Karen, die die Kobolde ersetzt haben – kicherst, Lehrer imitierst oder Fernsehmelodien singst, steckst Du mich mit Deinem Überschwang an und erfüllst mich mit Musik. Und wenn Du nette Dinge über Leute sagst, die Deinen Weg kreuzen – was Du immer zu tun scheinst –, lehrst Du mich, ein bißchen weniger kritisch zu sein und dafür ein bißchen toleranter.
Und doch, Leah, manchmal bekomme ich Angst, wenn ich Dich ansehe. Mit beinahe siebzehn scheinst

Du zu reizend, zu unschuldig, zu vertrauensvoll für diese Welt; ich möchte Dich immer noch beschützen: vor den Verbrechen, Greueln, Kriegen, Luftverschmutzung, Katastrophen und Seuchen. Es ist richtig, daß Du Dich nicht mehr von mir beschützen läßt; Du erlaubst mir nicht mehr, Dich hinter meinen beschützenden Türen einzuschließen. Weil Du so begierig bist, Deinen Platz in der Welt einzunehmen, und weil ich weiß, daß meine Hände nicht länger das Rütteln und Schütteln des Lebens abfangen können, drängst Du mich, andere Möglichkeiten zu finden, eine fürsorgliche Mutter zu sein. Ich kann Dich nicht mehr vor der Welt beschützen, aber vielleicht kann ich im kleinen versuchen, sie zu einem besseren Platz für alle Kinder zu machen. So wie Du beginnst, ein soziales Gewissen zu entwickeln, bin ich jetzt bereit, nach meinem zu handeln.

Du siehst also, Leah, Du bringst das Beste in mir zum Vorschein. Du hast es immer getan. Und dafür danke ich Dir von ganzem Herzen.

Es hat gerade begonnen zu schneien; das Jahr neigt sich dem Ende zu, und die Ferien fangen an. Du hast mir immer mit Deinen Feriengeschenken eine Freude gemacht – diesen wunderbaren Gedichten und Zeichnungen, die Du selbst gemacht hast und die ich wie einen Schatz hüte. Aber heute habe ich ein besonderes Geschenk für Dich. Es ist eine Geschichte – ein altes Indianermärchen, das ich lange für Dich aufgehoben habe. Jetzt, mit beinahe siebzehn, bist Du alt genug dafür:

Vor vielen, vielen tausend Jahren, zu Beginn der Erde, lebten ein Mann und eine Frau namens Smoke und Wild Pony. Als sie über die junge Erde gingen, trafen

sie ein Zauberwesen, das die Jicarilla Apachen Hatsin nannten und das Wild Pony die Kunst beibrachte, aus Lehm Schüsseln zu formen.

Die Jahre vergingen. Wild Pony gebar Kinder, die wiederum selbst Kinder hatten. Sie machte viele Tonschüsseln für das Korn und das Wasser, das die Indianer zum Überleben brauchten. Wild Pony wurde sehr alt und erkannte, daß ihre Zeit auf der Erde bald beendet sein würde. Sie beschloß, die Kunst, Tonschüsseln herzustellen, an die Tochter ihrer Tochter weiterzugeben. So wie Hatsin es ihr gezeigt hatte, versuchte Wild Pony das Mädchen anzuleiten, aus der roten Erde eine Schüssel zu formen, die Schüssel in der Sonne zu trocknen, sie dann in die Rinde einer Pinie zu wickeln und schließlich in ein glimmendes Feuer zu stellen. Aber trotz ihrer genauen Anweisungen zerbrach das Mädchen jede Schale, die es zu formen versuchte.

In dieser Nacht fiel Wild Pony voller Trauer, daß sie ihre Kunst nicht an die Enkelin weitergeben konnte, in einen tiefen Schlaf. Im Traum erschien ihr Hatsin noch einmal. Dieses Mal erinnerte Hatsin Wild Pony daran, daß es sich neben sie auf die Erde gekniet hatte, eine Handvoll der roten Erde zusammengekratzt und in Wild Ponys Hand gerieben hatte mit den Worten: »Diese Erde sollst du formen.« Die Erscheinung von Hatsin riet Wild Pony, dasselbe mit dem Mädchen zu tun. Dann verschwand Hatsin aus dem Traum.

Als der Morgen anbrach, nahm Wild Pony ihre Enkelin mit zu dem roten Lehm. Sie nahm eine Handvoll Erde, rieb sie in die Hand des Kindes und sagte: »Jetzt sollst du diese Erde formen.« Als die Großmutter sich neben die Tochter ihrer Tochter kniete, begann das Mädchen, den Lehm zu bearbeiten, und er brach nicht. Aber sie machte keine Schüssel, wie ihre Großmutter es ihr gezeigt hatte. Statt dessen formte sie die erste Friedenspfeife der Welt.

Meine liebe Leah, nimm den Ton, den ich Dir gegeben habe und forme ihn nach Deinem Willen. Dein Leben liegt in Deiner Hand.

Ich liebe Dich
Mom

Dezember 1987

BIBLIOGRAPHIE

Apuleius: Das Märchen von Amor und Psyche.

Bettelheim, Bruno: Kinder brauchen Märchen. 1985.

Chernin, Kim: Rote Schatten. 1986.

Friday, Nancy: Wie meine Mutter. 1987.

Grimm, Brüder: Kinder- und Hausmärchen. 1974.

Homerische Hymnen. Hrsg. Weiher, Anton. 1986.

Jacoby, Mario: Die Sehnsucht nach dem Paradies. 1982.

Jung, Carl Gustav: Erinnerungen, Träume, Gedanken. 1986.

Kagan, Jerome: Die Natur des Kindes. 1987.

Kollwitz, Käthe: Ich will wirken in dieser Zeit. 1981.

Lawrence, D.H.: Liebe, Sex und Emanzipation. 1982.

Miller, Alice: Das Drama des begabten Kindes und die Suche nach dem wahren Selbst. 1983.

Morrison, Toni: Salomons Lied. 1979.

Neumann, Erich: Die große Mutter. 1987.

Plath, Sylvia: Briefe nach Hause 1959–1963. 1979.

Seuss, Theodor: Horton Hatches the Egg. 1940.

Woolf, Virginia: Die Fahrt zum Leuchtturm. 1987.